わたしの消費者運動

野村かつ子評論集

野村かつ子 著
石見尚 編

緑風出版

わたしの消費者運動

野村かつ子評論集

目次

解説

石見　尚

野村かつ子さんは私にとって社会運動の先輩であり、友人である。その野村さんから二〇〇一年の晩秋のある日、「私は来年は九二歳になるから、いままで集めた資料を将来どう利用してもらうかについて相談したいから自宅に来てほしい」との電話を受けた。その後、私は日本におけるキリスト教社会主義の歩みをヒヤリングするために、私達の「協同社会研究会」の仲間とともに野村さん宅を訪れた。その成果をブックレットにまとめて報告した。その後、再度訪問したときから、先の資料利用の話が急速に進んだ。

野村さんの書斎にはよく整理された和文、外国語の膨大な資料ファイルがあった。その中には、彼女が長い人生の間に、雑誌などに発表した多数の論文のコピーがあった。これらの論文を私個人が利用するよりは、日本の将来を担う多くの若い人たちに読んでもらえるようにしたほうが良いと考え、野村さんと相談して、その一部分を著書として公刊することを思い立った。

野村さんは「自分は市民運動の運動家であって、ライターではない」と自認されている。「だから書くことが目的ではないのだ」とも言われる。実際、夥《おびただ》しい数の論文は市民運動、消費者問題、軍縮・平和問題、人権問題、協同組合問題・環境問題、国際経済問題など多岐にわたるが、それらはいずれも彼女の運動と結びついた思索の成果である。したがって運動家（またはオルガナイザー）を自認する彼女の書く論文は、生活者の目から問題を個別的かつ具体的にとり扱っていて、そこにはいささかの曖昧性もない。しかも解決の指針は、きわめて原則的でかつ大局的な立場から、オルタナティブな道を示唆するものとなっている。

ひとつの例を示そう。共同通信社の『地域ニュース』（一九七六年三月一七日）に「消費者運動は沈滞しているか」という一文を寄稿している。一九七六年というと、地婦連がカラーテレビの不買運動に立ちあがった年で、消費者運動が小売業者いじめから、ビッグビジネスを相手とする運動に転換した時期である。マスコミが、消費者運動が沈滞していると見たのは、たとえば豆腐や納豆の値段に拘泥している従来の「母ちゃん」型の運動に主婦運動の限界を見たからである。というのは、当時、経済の高度成長のなかで食べ物が氾濫し、食品の成分表示など消費者団体が担当する分野に、行政や企業が不十分ながらも進出しはじめ、主婦型運動が目標を失いかけていたからであった。この観点からのマスコミの消費者運動沈滞論にたいし、野村さんは草の根で出はじめた石油タンパク禁止運動、環境に害のある合成洗剤追放運動、化粧品、プラスチック、原発にたいする反対運動をとりあげ、運動の主体と活動形態に現れた変化に注目すべきことを指摘している。ビッグビジネスがテレビのCMつきで矢継ぎ早に売り出す新種の製品に対しては、全国的な主婦団体の運動では対応できない。全国的団体では役員会を召集して議題を討議しなければならず、時間とエネルギーを会議に費やしてしまって、運動が常に後手に回ってしまうのである。この状況のなかで、消費者運動は全国一律ではなく、やろうと思う人だけが集まって自分たちの責任でやればよいという草の根運動方式に切り替わりつつあることを、彼女はいち早く見抜いた。それゆえ、マスコミからの疑問の投げかけにたいして、いまや消費者運動は量から質に転換する時期にあり、運動は表面的に論じられないと反論している。そして結論として、運動全般の問題点として、日本の消費者運動はいまのところハエたたき型運動であって、戦略目標を設定することが重要な段階にきていることを率直に述べている。その目標とは消費にかんする消費者の主体性を、企業や政府から奪還することに置くべきであると提案している。その個所を引用によって確認しておこう。

「日本の運動は『木を見て森を見ない』という欠点を持っています。OPP問題（米国からの輸入グレイプフルーツの防腐剤使用問題――筆者）が起こるとこれを叩く、今度は化粧品だというと、またそっちの方へ飛んでいって叩く、まるで『ハエ叩き』運動みたいです。もちろん、それはそれなりに大切な意義があるのですが、自分の叩いているのが全体のなかでどういう位置を占めているかの判断を見失いがちです。一にも二にもモノとり主義で、戦略目標に欠けている。戦術と戦略との関連を考える思考性が日本の消費者運動には乏しい。これは悲しいことながら事実です。

私は消費者運動の戦略目標は消費者、生活者の主体性を企業やそれと結託する政府から奪還することだと思います。消費者はものを買っているつもりですが、実際は企業の宣伝にまどわされて、買わされているのです。私は、この買わされている自分から、買う、買わないは自分で決めるという主体性を、企業の手から奪い返すことに消費者運動の目標をおくべきだと思います」

これが野村さんの発想の原点である。この観点から多岐にわたる論文や発言がでてくるわけであるが、彼女独特の発想にあるもう一つの重要な観点を指摘しておかなければならない。それは、運動論にとって不可欠の視点であるが、「自己否定」とその上にたってのさらなる発展という弁証法を試みていることである（彼女の弁証法的発想については、付論「私の野村かつ子論」に譲る）。弁証法的記述は同一論文において実行されているとはかぎらない。他の機会に述べていることが少なくない。しかも外国の事例を借りて、情報として陰伏的に述べる手法もしばしば用いている。したがってこれらのすべてを収録することは容易ではなく、またエンドレスな追跡になる。

したがって論文の山の中から、野村さんが大切な問題で自分でもよく書けていると自薦する論文を取り出し、さらに重複など調整して、消費者・市民運動に的を絞り、運動の思考方法が明らかになるようにまとめたのが本書である。したがって、本書は社会運動のオルガナイザーのための「運動論基礎篇」として読むこともできよう。

第一章は、良心的兵役拒否をテーマにしている。日本ではまだ切実な問題にはなっていないが、欧米では非戦平和主義の信条に基づいて兵役を拒否し、その代替として社会奉仕で義務を果たすという現実的な問題である。イタリアでは身体障害者や薬物依存症者などの自立を支援し社会参加させる社会的協同組合に若者のボランティア活動が多く見られるが、それは良心的兵役拒否の若者たちである。日本ではクエーカー教徒の石谷行《すすむ》氏（一九三二〜二〇〇二　元法政大学教授）らの「良心的軍事費拒否の会」が一九七四年に結成されている。

本書の冒頭に良心的兵役拒否の問題をもってきたのは、男子も女子も性別を問わず、税金から一〇〇〇円について六円ほどの軍事費を払っているからである。自分の生涯を自分で決定することの重要性を問いかけるのが野村流の運動論の出発点である。兵役拒否は消費者一般にとっても、「買う・買わない」と同様に主体性にかかわる問題である。つまり人間的な自立つまり「個」の確立を問うことが、市民運動の出発点になるからである。また著者はこの章で、その運動論の持論である運動の継続性、日常性の重要性を指摘している。

第二章は多国籍企業にたいする消費者・市民運動のあり方を取り扱っている。第一論文は多国籍企業にたいするラルフ・ネーダーの告発である。注目してほしいのは、第二論文の「第三世界からの楔」である。野村さんはＩＯＣＵ（国際消費者機構、会長はマレーシアのアンワ・ファザール）の一九八〇年会議のさい、日本の多国籍企業のアジアにおける横暴の現実を知らされ、日本人として針のむしろに座らせられる思いをする。針のむしろのくだりは、国内問題に埋もれている日本の消費者・市民運動にとって「自己否定」の象徴的契機を意味している。その後、野村さんは消費者運動の国際的連帯を先頭切って主張することになるが、それは観念的な提案ではなく、日本人としての責任という「自己否定」を経過した提案であることに、もう一度注目してほしいのである。

第三章は野村さんの半生を自ら回顧した自伝の短編である。彼女の生涯を決定的にしたのは、三池闘争の中で主婦会のオルグをしながら、みずからインテリとしての自分を「自己否定」し生まれ変わったことである。それ以来、彼女は人間を評価する眼がまるでちがってくる。私との談論風発のなかで出てくる多くの人物評価では、地道な仕事を誠実にしかも有能にこなしている人物に高い評価が与えられるケースが多かった。

第四章は市民運動とは何かを問う章である。その例として、アメリカの市民デモクラシーがとりあげられるが、それはアメリカン・デモクラシーをデモクラシーの模範とする意味では毛頭ない。アメリカという国、また民主主義にも問題が多々あることはいうまでもないところである。この章では、アメリカで生きる権利を守ろうとする市民の社会運動に焦点を当てている。市民が権力と戦うことなくしては、アメリカ憲法で保障されたピープルの権利を確保できないのが、アメリカン・デモクラシーの特徴である。それゆえ、民衆のなかにアメリカン・デモクラシーを組織するオルガナイザーが登場する。それがアメリカの市民社会である。

この観点から、野村さんは、市民社会のオルガナイザーとして、ある点ではネーダーより好きだと言う人物を紹介している。ここに収録した一人は、コモン・コーズの創立者、ジョン・ガードナーである。ガードナーは、連邦議会が大企業との癒着《ゆちゃく》を断ち切り、また連邦政府が官僚支配でない民主政治をおこなうには、草の根の民衆が政治へ直接参加することが必要であるとして、ジョンソン政権での保健教育厚生省長官を自ら辞し、政治浄化のための大衆団体、コモン・コーズを立ち上げた。その市民組織は一九七九年に二二万人、六〇〇支部に拡大した。野村さんがかれを高く評価するのは、その民衆団体の実績だけではない。かれは「組織というものは、規模が大きくなり、指導者が権力の座に長くいれば、必ず腐敗し、運動としては活力を失う」という自らの組織哲学を実行して、三年で会長職を辞退した。この見識を評価するのである。

もう一人はテキサス州農務長官、ジム・ハイタワーである。一九八〇年代といえば、米国農産物を日本に輸入させるための貿易自由化を横柄な態度でしつこく迫ってきた連邦政府農務長官、クレイトン・ヤイターの名を記憶している方が多いと思う。ジム・ハイタワーはヤイターに対して、一九八九年に肉牛の成長ホルモン剤使用を止めさせるべく断固として戦ったアメリカン・デモクラシーの象徴的人物である。アメリカには、連邦国家への政治の集中はあるが行政の集中はないといわれる。これをめぐる民主主義の問題点を浮き彫りにしたのはハイタワーである。日本の市民社会を考える上で、また将来の日米の良好な関係の構築を考える上で、示唆するところの大きい論点である。

第五章は、再び消費者運動がテーマになる。この章はまえに紹介した共同通信社の「消費者運動は沈滞しているか」という論文の趣旨を、その後の経過にあわせて、さらに具体的に発展させた内容となっている。

第一論文の「消費者運動は『浪費をつくる経済』に挑戦する」では、「消費者は王様」とおだてられて、結局は巨大企業に「買わされる」存在になっている消費者が、どのようにして消費者パワーを手にすることができるかを取り上げている。消費者には四つの権利——安全、知る、選ぶ、意見の反映——がある。この権利を侵す巨大企業に対して目的意識的に挑戦することが、消費者の主体性を確保する道である。「創られた需要」に対しては「買ってやらない」立場を堅持すること、消費者が偽物商品、公害たれ流し製品などと対抗するためには、内部告発できる労働者との提携が重要だと示唆している。

第二論文では、草の根の消費者運動が「市民的不服従」の注目すべき行動を各地で創り出している新しい局面を評価しつつ、巨大な市場経済のメカニズムに対抗する市民的経済秩序を創造するには何が必要かを問題にしている。そのためには、個々の行動や経験、知識を一本の糸でつなぐ生活哲学が必要だという。しかしここでは、その生活哲学の内容にはふれず、国内消費者だけの利害の観点に閉じこもることなく、第三世界に対する加害者としての反省がより根本的な生活哲学を発想する契機になると指摘するにとどめている。

この生活哲学の内容に言及しているのが、第五論文「地球的規模で考え地域で行動を」である。国際消費者機構の一九七八年世界会議でのアンワ・ファザールの基調講演がそれを明確に述べている。「他人の痛みをわが痛みとし、不当に痛めつけられた他国の名もなき人々の苦しみを我が苦しみとする、地球的規模のヒューマニズムこそ消費者運動の源泉だ」。

この地球的規模の生活哲学の背景にあるのは、アメリカ消費者運動の歴史であり、それがさらに「地球の日（アースデー）」に具体化していることを、著者はこの章に収録する論文で提示している。

運動論がファザールの消費者の生活哲学までくると、その根底には宗教文化が伏在することに思いいたるのであるが、野村さんはあえてその問題には踏み込まないで、一歩手前のところで、究極の理想に向かうための具体的運動目標の設定に立ち返る。

短い最終章「結びに代えて」は、消費者・市民による企業資本の所有の問題提起である。

ここで本書ではじめての「所有」の問題を野村さんは提示する。彼女の究極目標は「神と共同社会」（「回想の江東消費組合」に収録）である。この問題は拙稿「日本におけるキリスト教社会主義の軌跡」（二〇〇二年）に譲るが、本書の「私の野村かつ子論」でも簡単に取り上げている。「共同社会」に至るには、世俗社会で解決すべき幾多の山を乗り越えていかなければならない。運動の過程はエンドレスである。しかしここでひとまず、中間的区切りをつけようと思う。「結びに代えて」とはその意味である。

本書をまとめるにあたっては、野村さんと石見尚が意見を交換しながら、個別具体的な運動についての論述を通じて、消費者・市民運動の座標軸を明らかにすることに力点をおいた。

収録論文は過去に書かれたものではあるが、本書全体を通じて座標軸が理解できるように編集したので、現在の運動の考察にとって新鮮さを失っていないし、また将来、問題に突き当たったさいの判断の指針になるものと信じている。

二〇〇三年二月一日

第一章　良心的兵役拒否

一　もう一つの平和への道

核兵器廃絶を叫びながら、他方で軍事費を払うのはおかしい。東京、関西、沖縄に四〇〇人の会員をもつ「良心的軍事費拒否の会」は、所得税額の約六%を「軍事費分」として差し引いて税務署に確定申告している。この鋭い、突出した活動は、日本ではまだなじみにくい。だが、欧米ではながい歴史をもっている。

ヘンリー・ディビッド・ソロー(注1)（一八一七〜一八六二年）が奴隷制度を維持するための納税を拒否し、投獄された物語りは有名だ。しかし、これに類する良心的兵役拒否の活動は、ソローよりも以前からある。主にクエーカー教徒が中心。欧米に、いま、怒濤《どとう》のように起っている反核運動の源流である。

良心にもとづいて兵役を拒否するのは、人間の基本的人権で、そのために兵役についたり、兵役にかわるその他の国の定める役務につく必要はない、という考えは、「市民の権利と政治的権利に関する国際契約条項」第八条でも定められている。欧州会議（Council of Europe）は、この趣旨に基づいて加盟各国に良心的兵役拒否者（Conscientious Objectors　以下ＣＯという）の法的身分を確立することを一九六七年の勧告三三七号で勧告した。昨年、私が訪ねた西独フランクフルトに住む友人はＣＯだった。彼は兵役につく替わりに、社会奉仕の役務に一定期間働いて、いまは一サラリーマンとしてカメラ製造会社に勤めている。

ＣＯの問題が、国連の舞台に顔を出したのは一九四〇年代、国際市民サービス（ＳＣＩ）という非政府機関が圧力をかけたことにはじまる。五〇年代に入ると、ＦＷＣＦＣ、その他のグループが国連へＣＯ問題をもち出した。ＦＷＣＦＣというのは、ＣＯの問題を国連で協議して解決しようというクエーカー教徒の国際的なグループである。

六〇年代に入ると、ベトナム戦争が火を吹き、ＣＯや海外亡命者、脱走兵が続出、その数は二十世紀最大の記録となった。一方、戦争抵抗者国際同盟（ＷＲＩ）は、各国の兵役制度やＣＯの動向を調べ、六八年に調査を完了した。そして間もなく、「ＣＯの権利を世界は認めよ」というキャンペーンを起こした。四万人の署名が集り、七〇年一月に国連へ託した。この年の後半、国連人権委員会は、ＣＯ問題を年内討議事項に組みこんだ。この過程で活躍したのは、「国連に働きかける国際学生運動（ＩＳＭＦＵＮ）」という非政府機関だった。

ＣＯに関するさまざまな事実を国連に提出し、非政府機関グループの声をまとめて声明を発表した。七四年になると、国際法律家委員会（ＩＣＯＪ）がＣＯに関する一五〇カ国の法規定をもりこんだ一冊の研究書をだした。

国連をとりまくこうした情勢に加え、南アフリカから海外に亡命するＣＯが激増した。軍隊における人種差別（アパルトヘイト）に抗議する人びとであった。彼らは就職と住宅に困窮した。各国のクエーカー教徒や国連難民高等弁務官事務局の人びとが助けた。七九年、国連総会は、COに関する決議を通さざるをえなくなった。それは「人種差別を強制する軍隊・警察への就役を拒否するものは純粋な政治的難民だ。各国はそのことを認めよ」というものであった。一政府がそれを認めた。

八〇年代に入ると、劇的事件が起った。イスラエルの二七人の学校の生徒が、ガザとトランスヨルダンの占領地区での兵役につくことを拒否する声明を国防相に突きつけたのである。その中の一人は、警備中隊への参加を拒否したので投獄された。NGO（非政府機関）は各国の政府に圧力をかけ、COに関する情報を送るよう要請した。三〇カ国から回答があった。それは非常に有益な報告であった。

八一年に国連総会は、この報告を大いに歓迎し、CO問題の検討を「差別を防ぎマイノリティーを保護する小委員会」に要請する決議を行った。同委員会はザンビアとノルウェー代表に報告の分析を託し、第三五回総会に報告するよう求めた。この分析がまとまれば、CO問題はいっそう前進する。なぜなら海外亡命者に何が起ったか、南アフリカ内部で何が起ったかわかるからである。ナミビアでは、COが野戦病院に就役することが禁止され、兵役拒否を人びとにすすめることを違法としているようだ。

国連によせられた報告では、約四〇カ国が兵役拒否または代替役務に関する立法をもっている。一五カ国が軍隊をもち、COを認めていない。国連加盟国で、徴兵制をとらない、または軍隊さえもたない国が約六〇カ国ある。西独連邦共和国は、社会奉仕義務を明記し、スウェーデンではエネルギー開発関係への奉仕が義務づけられ、スイスは兵役代替義務を全く認めていない。日本はどうだろう？　核兵器廃絶を求める日本の平和運動のなかで、COの出現を期待するのは時期尚早だろうか？

（公労協『生きる権利』一九八二年三月号）

注

1 ソロー（Henry David Thoreau）アメリカ・マサチューセッツ州に生まれ、ハーバード大学に学び、教師、記者を勤めた。のち、一八四五年に世を厭つてウォールデン湖畔に隠棲した。人間を家畜のように売買するマサチューセッツ州の奴隷制度やメキシコへの侵略戦争に反対し、政府への人頭税を拒否した。そのため一八四六年に投獄された。その事件の経過と自分の信条を『市民の反抗』（一八四九年）に発表した。湖畔での生活と観察にもとづいた彼の作品『森の生活――ウォールデン』（一八五四年）はいまなお広く読まれている。

二　欧州〝反核パワー〟の源泉
——自己の良心に従った行動が底辺に

欧州の反核運動について書くようにと依頼をうけたが、正直いって詳しいことは何も知らない。仏・独語の障壁があるからだ。それでも三回ほど短い旅だったが出かけたことがある。今年（一九八一年）も六月にパリ、ハーグ、フランクフルトで、それぞれ一週間あまり滞在した。こんな心細い経験をもとに、最近の反核運動を私なりに考えてみた。

新反核運動の横顔

十月十日の西独ボンの三〇万デモを皮切りに、ロンドン、ローマ、パリ、ブリュッセルへ、「反核・平和」を求める叫びは津波のように押しよせた。そして、一カ月後のいまも、空港拡張反対でフランクフルトは揺らぎ、スペインでは軍縮を求める五〇万の市民・学生・労働者がマドリード大学をゆり動かし、ギリシャでは新左翼政権を迎え、二〇万人をこえる学生・青年労働者が、一九七三年の学生暴動を記念して、米軍基地撤去のデモを首都アテネの米大使館に向けて行った。

これら一連のすさまじいまでの〝反核欧州パワー〟は、いったい、どこから湧出してきたのだろうか? いうまでもなく、その直接的な引き金は、二年前の、あの北大西洋条約機構(NATO)の決定——アメリカの戦域核兵器の欧州配備という決定、そして今夏の米中性子爆弾の製造発表、欧州での限定核戦争の可能性を示唆したレーガン政権の発言だった、といえよう。

だが、それだけだろうか? 私はその源泉がもっと遥かな、根深い、欧州人の思想を形成する構造的なものに根ざしているように思われる。端的にいえば、それは血の贖いによって闘いとられた欧州人の「個」の確立の歴史と思想から導かれたものだと思うのである。

ボンのデモは、大組織の動員によるものではなかった。大組織はむしろそれを阻んだ。デモの中心的な力となったのは「平和のための行動協会」、「贖罪《しょくざい》のための平和行動」というプロテスタントの平和団体だった。いわば、それはひとりひとりが自分の意志にもとづいて参加したのだった。

昨年十一月に出された「クレヘルト・アピール」もそうだった。クレヘルトに集った僅か八人の教会関係者や社民党左派、エコロジストなどの指導者がこのアピールをつくって、NATOの核配備決定に反対する意向を示した。署名はまたたくまに一〇〇万人を超えた。

また、今年の五月にも同じようなことが起った。西ベルリン市の市会議員選挙(五月十日)のための総決起集会が社民党主催で開かれ、時を同じくして別のところで、NATOの核決議への抗議集会が開かれた。前者の参加者は一五〇〇人、後者は四万人も集った。西独では政権担当グループの旗振りがもはや効を奏さなくなったのだろうか?

六月の中旬にもハンブルグで、福音ルーテル派の信徒大会があった。一二万のキリスト教活動家が集った。挨拶に立ったハンス・アペル国防相は、激しいヤジにあい、沈黙を強いられたという。日本では考えられないハプニングだ。

このように、西独での反核運動は、ひとりひとりの強固な意志のうえに築かれている。しかも、その裾野は広く、宗教家もエコロジストも、党規に反してでも自己の良心に忠実たらんとする政党人、労組員をも網羅している。従来の一握りの左翼活動家の旗振り型から、多様な層で構成する市民大衆型へと、運動は量・質ともに脱皮している。これが最近の西独ないしは全欧の新反核運動の横顔のように思われる。

兵役拒否・反核デモ参加

フランクフルトから北へ車で四〇分のところに、ベッツラーという市がある。友人のF氏が住んでいる。彼はまだ二七歳、結婚したばかりの熱心なクリスチャン。兵役拒否の任務を終え、いまは近くのカメラ工場で働いている。

西独には兵役拒否が憲法で保証されている。三回にわたる政府委員会の厳しい尋問をくぐり、心底から本人が宗教上・思想上の兵役拒否者であることが判明すると、一六カ月間、病院や赤十字、「第三世界の店」、あるいは身障者のため、その他公的意義をもつところで働いて兵役にかわる義務を果す。この間、軍隊に入るのと同じサラリーがもらえる。F青年は、自分の兵役拒否の証明書を私に見せてくれた。

彼の家の筋向いに古ぼけた大きな教会がある。一千年の歴史をもっている。建物の一部が戦争でやられたが未修理のまま。献金が集まらないからだろうか？　そうではない。献金は毎週たっぷり集まる。が、それは修理費にではなく、第三世界の援助にまわされる。私が出席した日曜礼拝の献金も「フィリピンのレガスピーの託児所に送る」と礼拝の週報に書かれていた。この市では、このように第三世界の問題が教会の仕事の中にすんなり溶けこんでいる。欧米の町々には、こういった類の教会があちこちにたっている。欧米と日本との文化の違いもこういった側面からもきている。

F青年は、ただの一介の平凡なクリスチャン・サラリーマン。特別にこれというイデオロギーの持ち主ではない。だが、その彼が、最近、手紙をよこし、奥さんと二人でボンのデモに参加したと伝えてきた。まさか彼が……と、私は驚いた。そして、西独の反核運動は、このようなただの市民、敬虔な一介のクリスチャンによっても支えられていることを私は実感として改めて知ることができた。

そして自己の良心に従って行動する――一五一七年、マルチン・ルッターがウイッテンベルクの城の教会の壁に抗議文をはりつけ、形骸化した時の宗教＝時の権力者に「個人」の良心の自由を命がけで迫ったプロテスタントの血がいまなお欧州の反核運動の中に流れていることを知った。

ついでながら、前述した五月十日の西ベルリン市の市議選では、社会民主党が政権の座を下り、エコロジー派の〝緑の党〟が躍進した。また、これより先の三月二十二日に行われたヘッセン邦の地方自治体選挙でも社会民主党は後退した。メルフェルデン・ヴァルドルフでは、〝緑の党〟が議会の一二議席を占めた（NET WORK NO.34）。〝緑の党〟の躍進と反核運動は堅く結びついている。①エコロジー運動、②底辺民主主義、③社会的弱者の防衛、④非暴力直接行動が〝緑の党〟の四原則である。去る五月の仏大統領選挙に出馬したプリス・ラロンド（三五歳、六八年五月革命のソルボンヌ大学のリーダー）の「ラ・ベール（緑の意）」というエコロジー運動も、これと同じような原則に立っている。

反原発と反核運動

欧州の反核運動を理解するうえで、もう一つの側面を見落すわけにはいかない。それは反核運動が、反原発運動の延長線上のうえに構築されているという点だ。日本では必ずしもそうなっていない。だが仏を除けば、両者を分離して考えることは欧米では通用しない。仏では共産党及び共産党系の労組が原発推進に呼応している。

欧州における原発建設の状況はどうなっているのだろうか？　日本原子力産業会議調べ（一九八一年六月三十日現在）では、英三三基、建設中一〇基、計画中二基。仏二九基、建設中三三基、計画中二六基。西独一一基、建設中一一基、発注ずみ五基、計画中八基。オランダ二基、となっている。(注1)

ここでは、欧州で反原発運動が強いといわれているオランダについて、その活動の一端を覗いてみよう。

昨年五月、二〇〇の草の根グループが全国から集ってBorssel（四五〇MW）とDodeward（五〇MK）の二つの原発の封鎖について話し合った。私服の潜入で会議は混乱し、激論がつづいたが、非暴力による封鎖が確認された。

（中間の活動は削除しよう。）

最近の例では、Dodewaard原発に通ずる三つの道の封鎖が、今年九月十九日（土）からはじまった。参加者一万五〇〇〇人。夕方になって、警官の襲撃がはじまった。デモの参加者を包囲し、一メートルも離れていないところからCS催涙ガスを撃った。参加者の中には車椅子の人や子どももいた。このガスは、戦時中の使用が禁止され、発ガン性が疑われている。この国で、このガスが使われたのは二回しかない。何れも国有地の無断侵入者にたいしてであった。夜になると、警官の攻撃はいっそう激しくなった。参加者の顔をトゲのあるロールに押しつけ、溝に押しこめ、大量のガスを放った。この工程は繰り返し行われた。

翌二十日（月）、〝原発反対五〇歳代〟と呼ばれるグループの人たち五〇〇人余がやってきた。この惨状をみて驚き、市長との交渉にのり出した。市議会を占拠し、市長の出番を待った。一方、現地では九人の北米インディアンが激励に来た。前線で太鼓を鳴らし、「われわれの闘いも、ここの闘いも一つだ」と叫んだ。彼らはジュネーブで開かれていた「土着民に関する国連会議」に参加するため渡欧したのだった。北米インディアンの土地でもウランが採鉱され、廃棄物が捨てられ、生活は目茶苦茶。これにたいし、彼らは闘っているのだ。

夜になると、警官の暴力はなおも続いた。多数の負傷者が出た。月曜日になると地元住民と称する六〇〇人が来て封鎖解除を求めた。あとでわかったことだが、右翼のまわし者だった。これ以上の犠牲者を出さないため、火曜日の正午、封鎖は解かれた。活動家は残って農家の垣根の修理などをした。

また一方、オランダでは電気料金分割払いで反原発運動がすすめられている。コンピューター依存の電力会社の管理を混乱させるためである。一〇〇にのぼる地方グループが、各戸を個別訪問し、このことを訴えて歩いている。このキャンペーンは一九八〇年八月にはじまり、二カ年間つづいている。

電力会社は送電停止の威嚇《いかく》の挙に出たが、アベコベに一日三五〇フローリン（三五〇〇円前後）の損害賠償を払わねばならなくなった。分割払いは、合法的権利の範囲内での行為だと当局が認めたからである。そして、アムステルダム地区では、この活動が効を奏し、市議会はオランダ原子炉株（計五七〇株）五九株の売却を決定した（WISE　一九八一年四月五日号）。

このようにオランダでは、民衆の声が直接政治に反映している。オランダの全人口の六〇％は、原発に反対している。反原発→反核へのオランダでは、戦域核配備賛成の自由党が、今年五月の総選挙で票を減らし、反対派が議席を伸ばし、現在、与野党の勢力が伯仲《はくちゅう》している。

（公労協『生きる権利』一九八一年十一月、十二月号）

注

1　その後の経過を見るために、二〇〇一年十二月末日現在の状況を示すと、次の通りである。

	運転中	建設中・計画中	計
イギリス	三三	—	三三
フランス	五七	二	五九
ドイツ	一九	—	一九
オランダ	一	—	一

因みに

アメリカ	一〇三	—	一〇三
日本	五二	一一	六三
韓国	一六	一〇	二六

調査の対象は出力三万ｋＷ以上の発電炉。

日本原子力産業会議「世界の原子力発電開発の動向　二〇〇一年度報告」による。

三　コンピューターで戦争ごっこ

いま、アメリカの上層部の戦術家たちはビデオテープに似た装置で第三次世界大戦のシナリオを練っている。

ペンタゴン（国防総省）の研究・分析・作戦局（ＳＡＧＡＭ）によると、国防省の兵器庫には三五〇以上の様々なシミュレーション（模擬実験装置）、ウォーゲーム、演習のモデルがある。そのあるものは単に練習のための道具にすぎないが、その他のものは通常の大隊規模の小戦から全面核戦争に至るまでの戦いの模擬演習をするために使われる。

ウォーゲームにはコード名と頭字語がつけられている。都市区域で戦う小隊用の「ブロックバスター」とか、ドラゴン対戦車ミサイルの使用訓練用の「ドラゴン」とか。またハリウッド映画の題名のような「スーパー・エースの息子」（兵器配備用）とか、飛行進路や飛行速度がいかに生存率を高めるかを確かめるのに使う「ブルー・マックス」というような名がついている。

ウォーゲームは国防総省の軍需物資を反映している。コンピューターに依存した銃砲、同じくコンピューター依存の戦車、航空機、船舶がアメリカの兵器庫の中心を占めている。国防請負業者上位二五社のうち二二社は高度技術企業で、例えばゼネラル・ダイナミックス(昨年の契約額六〇億ドル)、ウェスチングハウス、IBM、AT&Tなど。国防省に納入している上位一〇〇社のリストには、もちろんウォーゲーム大手製造会社の名が連なっている。シンガン、サンダー・アソシエイツ、サイエンス・アプリケイションズ、ジョン・ポプキンス大学など。またSAGAMの最近の報告によると、少くとも四三のアメリカの企業と大学が国防省のウォーゲームを開発している。例えばサイエンス・アプリケイションズは二二のウォーゲームを開発、ゼネラル・リサーチ社は一八、ポプキンス大学は五、オハイオ州立大学も開発している。

これら国防省で使うウォーゲームのシミュレーションと民間のビデオゲームとの違いについて、ある大手ウォーゲーム開発者は次のように答えている——、「殆んどの家庭用ゲームは非常に単純だから本当の戦闘情況はつくれない。ビデオゲームでは、ただ高い得点を出そうとするだけで、ゲームが終ればそれでおしまい、ゲームで遊んだ人は家へ帰る。だがわれわれのシミュレーターでは、兵士や将校はそのシミュレーターで練習した後、本物の戦車や飛行機に乗りこむ。いわばわれわれのシミュレーターは最終目的へ到達するための重要な手段なのだ」と。

軍で使っているウォーゲームの約半数は、ある程度極秘扱いとなっている。また誰かがもっているかもしれないようなものでも、コンピューターシステムの種類によっては、その利用が制限される。利用への道はこのように制限されてはいるが、国防省は民間企業や友好国政府に多くのウォーゲームを自由に利用させている。一つまたはそれ以上のウォーゲームの利用許可を与えている国として、SAGAMのリストにのっているのはイスラエル、西独、英、伊、ヨルダン、日本、韓国、台湾の軍隊がある。民間企業の利用は容易ではないが、やっとその関門をくぐり抜けて合格した会社には、ボーイング、マクドネル・ダグラス、ノースロップ、グラマン、その他がある。また外国企業では、フランスの大手エレクトロニクス会社のトムソンCSF、ブリティッシュ・エアクラフトがある。この使用者のリストが部分的に示すように、外国のウォーゲーム開発者の名が出てきており、その殆んどが北大西洋条約機構に入っている国の軍隊関係である。現在アメリカの軍隊が使っているいくつかのウォーゲームは、カナダ、西独、イギリスの同盟軍で開発された。

軍事専門家たちは、同じような開発がソビエト圏諸国でも行われていると推測しているが、コンピューター化ウォーゲームの能力という点では、ソビエトはアメリカに数年の遅れをとっていると一般に考えられている。が、ともかく米ソ両陣営とも軍隊のコンピューター化導入には非常に熱心で、現在使われているウォーゲームの正確な調査ができないほど大量の金を注ぎこみ、スピードアップに狂奔《きょうほん》している。SAGAMのリストでさえ時代遅れとなっている。

ターミナル・ウォーズ

現在使われているウォーゲームのなかで最も高度なものはカリフォルニア州のローレンス・リバモア国立研究所で使われている「ジェイナス（JANUS）」である。ジェイナスは相互作用的なコンピューターシステムで、ゲームをする人の行為にたいしてコンピューターが反応する。ジェイナスは様々な兵器がどのように作用するか、また特定兵器の使用が戦闘の筋書きの結果にどう影響するかを実験するのに使われている。ジェイナスはきわ立った八色のコンピューター・グラフィックスを用いている。コンピューター端末装置《ターミナル》に座われば、本物の生き生きしたパノラマのようなものが画面に出てくる。そしてそのパノラマのうえで動いている記号は軍隊と装備をあらわしている。

いくつかの核戦争がジェイナス・システムで戦われた。その動きの中で、プレイする人は核兵器と通常兵器の効果を学ぶことができる。ジェイナスのシミュレーションでは核が〝無能力〟でその他のものの効果が大きいように装置されている。このゲームが好んでしばしば使われ、軍人だけでなく、この研究所を訪れる国会スタッフのあいだでも人気がある。国防省のコンピューター化されたウォーゲームでは、毎日、五〇の核戦争と何千という小規模戦闘——海戦、空中戦、タンク作戦行動——が行われている。

このようなコンピューター化ウォーゲームを一九六二年に国防省が使い始めたときには、野外演習における人的・物的資源のカットで金と時間をうかす手段として用いられていたが、いまはちがう。軍事理論家は、このコンピューター化されたウォーゲームに依拠して戦闘方式と戦略の決定を下す。だから万が一、コンピューターの筋書きの基になっているデータや仮説に誤りがあれば大へんだ。だが軍事理論家はあまりそのことに疑いをもたない。従ってその結果、二つの危険な理論が国防省のなかで広い支持を集めている。その第一は、限定核戦争は戦われうるということ、第二はそのような戦争は勝利可能だという考えである。この危険な理論は、多くのゲーム設計者が核兵器が特大の通常爆発を遥かに凌ぐものだということを見落して設計した点から生まれる。現在、軍隊及びその他の政府機関で使われている核戦争ウォーゲームの筋書きは核戦争の個々別々の側面しか考えておらず、核の爆破と放射線による被害を驚くほど軽視し、その他の要因についてもしばしば無視している。
多くの軍事専門家は、どんな核攻撃の応酬でも最終的には一万以上の核弾頭を使うと考えているが、ウォーゲームでそれに近い数字を出しているものは殆んどない。核兵器局が使っているウォーゲームは「死の灰をつくり出す兵器」は一五〇〇を超えないだろうと推定し、統合参謀本部が開発したウォーゲームは相互攻撃に使われるのは僅か六三くらいの兵器だと推定している。また「ザ・デイ・アフター」を考えるゲームもある。財務省が使っているSDEM（Systems Dynamics Economic Model）がそれである。これは核攻撃の動員とその結果の両方を考えている。つまり「戦時生産と核攻撃に続くアメリカ経済の回復のための能力と政策を評価する」ゲームである。だが、ザ・デイ・アフターに、いったい経済の復興が可能なのか？　こんなバカバカしい筋書きをSDEMは本気でデザインしている。ともあれ、いまアメリカでは、国防省をはじめ各政府機関がこのようなコンピューター化ウォーゲームに血道をあげ、業者のフトコロをホクホクさせている。

『マルチナショナル・モニター』一九八五年一月号より翻訳紹介
（公労協『斗う権利』一九八五年六月号）

四　日本はどうなっている

三年あまり前、北大西洋条約機構は米国製ミサイル、パーシングII一〇八基を西独に、巡航ミサイル、四六四基を五カ国――西独、英、伊、オランダ、ベルギー――に配置する計画を発表した。そしていま、この計画をめぐって米ソは核戦力削減交渉をジュネーブで進めている。交渉期限は今年（一九八三年）の十一月半ば。もしこのときまでに両国が合意に達することができなければ、米国は計画通りミサイルの年内配置にふみ切り、ソ連もまたその対抗策をとるという。おかげで、ひどい迷惑を被るのは一般市民だ。それもちょっとやそっとの迷惑ではない。生か死か、天国か地獄かの迷惑なのである。戦争が起るたびに欧州は戦禍にさらされてきた、もうゴメンだ、もうたくさんだ、いま、欧州の市民は総立ちになってこう叫んでいる。

西独では十月十五日から「反核行動週間」が展開され、「職場の日」、「婦人の日」、「宗教の日」、「教育現場の日」などを設定し、最終日の二十二日には一〇〇万人の国民が西独政府の核ミサイル受け入れ阻止を叫んで参加した。アイルランド、オランダ、フランス、ノルウェー、ポルトガル、スペイン、スウェーデン、デンマーク、ベルギー、スイス、イタリアでも、「人間の鎖」デモが米ソ両大使館を包囲した。

アメリカでも欧州の反核運動に連帯し、全米約三五〇の反核グループが「欧州ミサイル阻止行動」を十月二十一～二十三日に起こした。そして核兵器の施設一五〇カ所を目標に多彩な行動をくりひろげた。ニューヨークでも国連本部前の米代表部からイーストサイドのソ連本部の間を結んで、ローソクを手に手に「人間の鎖」デモが展開された。主催は、昨年同市で一〇〇万人デモを組織した「生存のための動員」。また地味な活動では、「憂慮する科学者連盟」が六団体――社会的責任のために立ち上る教育者の会、核兵器抑制のための弁護士連合、社会的責任のための医師の会、核戦争を防ぐための生徒と教師の会、核戦争を防ぐためのキャンパス連合――などの全国組織と協力し、「新型核兵器で競争するのか、それとも考え方を新しく変えていくのか？」をテーマに、「教育週間」（十一月五～十二日）を設けて、五〇〇以上のプログラムを全米で組んでいる。

秋から年末にかけ、欧米はこのような大規模な反核の波に洗われている。日本はどうなのか？　なぜ黙っているのか？　昨年八〇〇〇万人の反核署名をもってニューヨークの国連軍縮会議にのりこんだ、あのパワーは、いま、どうなっているのだろう？　角栄旋風と年内解散風に浮き足たち、霧散したとでもいうのだろうか？　毎年八月になると、キノコ雲のように「ノーモア・ヒロシマ」の声がふくれ上がり、やがてシャボン玉のように消えていく。日本の反核パワーはなぜこうもはかないのだろう、「芯」がないのだろう？

ところで、「芯」って、いったいなんなのか？　二つあるように思われる。一つは反核と反原発の闘いが一体として捉えられていない芯の弱さ、もう一つは運動が「個」からでなく組織の命令で動く弱さだ。この二つの弱さが欧米の反核運動との質的な違いだ。彼等は日常的に反原発を闘い、機に臨んで反核運動に高揚する。日本は両者が分離して捉えられているから、パッとふくらんでプスンと萎んでしまう。運動の日常性・継続性がない。たとえば今年八月、総合エネルギー調査会（通産大臣の諮問機関）が、「長期エネルギー需要見通し」を発表したときでも、反核パワーはなんの意志表示も示さなかった。運動の継続性・日常性欠如の現われであった。

ワシントンD.C.での反核行進ポスター

「見通し」は、エネルギー需要の減少にも拘らず、依然として供給の伸びを想定して将来のエネルギー見通しをたてている。また原子力利用の拡大を基調にすえている。原発のあるところ、核兵器製造への道は容易だ。

「芯」にからむもう一つの要素は、昨年のニューヨーク市の一〇〇万人反核デモに参加した人なら誰もが気づいたように、欧米のデモ参加者たちは組織動員ではなく「個人」として参加している。従ってデモの形態も、ひとりひとりが思い思いの足どりで、思い思いの意匠《いしょう》をこらしたプラカードをもち、好きな歌を歌いながら行進する。

組織動員で整然と隊列を組んで行進する日本の反核デモとは対照的だ。それは「個」から出発する運動の質とのちがいでもある。いっこうに衰えをみせぬ欧米の反核運動をみて、私はその秘密が二つの「芯」にかかっているような気がするのである。

（公労協『生きる権利』一九八三年十一月号）

第二章　多国籍企業と南北問題

一　ネーダーの多国籍企業論
——法の盲点をつく現代の怪獣

世界市場に君臨する多国籍企業の実態を、ラルフ・ネーダーは一九七三年九月十二日の国連の聴聞会で明らかにし、国連による監視と規制の必要を訴えた。以下はそのときのスピーチ全体の紹介である。

何がなされるべきか

おそらく国際連合の創設と匹敵するくらい重大な意味をもつ国際的な情勢の進展があったため、われわれはここに会合している。巨大な多国籍企業は、ますます「いたるところわが家」にして、アダム・スミスやデビッド・リカードには思いもよらないやり方で、地球上に支配網を張りめぐらしている。

製品が国家間を移動するのではなくて、さまざまな生産原材料が国家間を移動する。そして国家が国際社会に影響を与える経済的なとり決めを行うかわりに、世界的規模の企業がそれをやっている。

ラルフ・ネーダー

こんにち、三兆ドルにのぼる世界のGNPの優に一五％、四五〇〇億ドルは、本国（本社所在国）以外の国にある企業によって生み出されている。米国だけで、この総額の二分の一弱を占めており、上位二〇の多国籍企業のうち一三が米国系である。米国の海外企業は、やがて米本国、ソ連につぐ世界第三の大きな経済勢力になるだろう、とJ・J・セルバン・シュレベール（注1）は予想したが、その通りになった。米国の海外直接投資は一九五〇年から一九七一年までの間に一一八億ドルから八六〇億ドルへと八倍にふくれ上がり、現在一日一〇〇〇万ドルの割合で増えている。ダウ・ケミカル、ゼネラル・モーターズ、コルゲート・パームオリーブ、ファイザー、ジレット、IBM、エクソンといった企業の名は、フランスの男性や英国の女性にも、アメリカ人と同様に、おなじみになりつつある。国際的な企業はいまや誰も彼ものビジネスになっているのだ。

世界のGNPは年々約五％の上昇を示しているに

すぎないのに、世界の多国籍企業は年々約一〇％の成長をとげている。この成長率は、われわれは全体としてこれから先、どういうところに向かっているのかについてのさまざまな予測を生むこととなってきた。なかでも、もっともよく知られているのは、「一九八五年までに約三〇〇の超巨大会社が国際企業を支配し、世界工業生産の半分以上を生産するだろう」というハワード・パールマターの予言である。しかし、どのような予測の正確さよりもいっそう重要なことは、それによってもたらされるショックがどんなものになるか、そしてそれについて何がなされるべきかということである。過去と現在を見れば、そうした超巨大企業がどんなふるまいをし、何を優先させるか、そして彼らを支えるイデオロギーについて、将来を予想するいくらかの材料がある。

独占と技術支配

これら「世界企業」の擁護者たちは、世界企業がいかに富を創造し、分配しているか、また技術を育み伝え、雇用をつくり出し、いかなる政治体よりもいっそう効率的に生産を行い、また事実、はるかによく世界を一体に結びつけていると主張する。しかし、米国における「自由市場」なるものの実態と同様、よくよく検討してみると、これは、現実というよりも往々にしてお説教に過ぎない。世界企業の主張することと実際にやっていることのあいだには重大なギャップがある。

たとえば、競争の領域について考えてみよう。多国籍企業の勃興《ぼっこう》にともない、「独占と寡占が行われる余地はますます大きくなっている」と、経済協力開発機構（ＯＥＣＤ）は一九七〇年十一月に述べている。経済学者スチーブン・ハイマーは、『アメリカン・エコノミック・レビュー』誌の中で、「海外直接投資は、売り手に対抗する選択の道を減らし、国際競争をうながす諸勢力を食止めてしまう傾向がある」と警告している。

問題は、多国籍企業の投資のはるかに大きな部分が、新しい設備の建設よりも、むしろ既存の会社の買収に向けられていることから起こる。一九五八年から一九六七年までのあいだに、ラテン・アメリカにある多国籍企業の子会社の四六％は既存会社の買収によって生まれた。米国の三大自動車メーカーの各社は、米国自動車産業界にとって不愉快な競争を挑んでくるじゃま者だった日本の自動車会社の株主となっている。

たとえば、レイノルズ・アルミニウムは、ブリティッシュ・アルミニウムと、ゼネラル・エレクトリックはフランスのマシン・ブルおよびイタリアのオリベッティと、米国のダンロップ（ゴム）はイタリアのピレリと合併している。その結果は、世界的規模での独占力、市場分割協定あるいは了解となり、購買者が生残るのがやっとというような、わずかのマージンしかあげられないところを含めた、あらゆるところで、購買者により高い価格を押しつけることになろう。

そうした世界的なペテンは、単なる想像上のものでも、ありそうもない話でもない。国際キニーネ（マラリアの特効薬）・カルテルが一〇年ほど前に世界市場を買い占めたとき、キニーネの価格は一オンス当り三七セントから二ドル一三セントにはね上がった。その影響は金持と同様に、貧乏人にもふりかかった。連邦取引委員会の一九五二年石油カルテル・レポートならびに目下進行中の議会調査によって集められた予備的な証拠によれば、国際石油カルテルもまた世界の石油市場を分割してきた。かつて企業が、カルテルによってしていたことを、多国籍企業が追求しているのではないことに注意しなければならない。つまり多国籍企業は効率のためにではなく、力のために競争しているのである。

この独占問題と関連して、技術の多国籍支配の問題がある。ヨーセフ・シュンペーター(注2)やジョン・ケネス・ガルブレイスら(注3)の一部の人は、技術革新をするには会社は非常に大きくなければならないと主張してきたのだが、あがった証拠は全く逆である(J・ブレア著『経済集中』、第五、六、九章、一九七二年)。実際は、大きいということが、技術革新を遅らせることになる。というのは、すでにうまく管理されている市場に新製品が割り込むことにともなって起こる資本の損失を、巨大会社は恐れるからである。ロータリー・エンジンや酸素吹込み転炉鋼プロセスあるいは写真複写のような画期的発明は、個人会社や、ちっぽけな会社から生まれたものであって、国際的な巨大会社から生まれたものではない。そうした技術革新の独立したセンターの数が減るにつれて、技術革新も減退する。

弱みにつけこむ

多国籍企業によって引き起こされる最も重大な国際問題は、彼らが国家、政府、支配者を巧みに操縦したり、あるいはお互いに張り合わせて漁夫の利をえるやり方である。彼らは全世界的に活動しているが、民族国家はそうではない。だから彼らは特定の国の政策や法律の弱みにつけこむことができる。ちょうどデラウェア州が〝株式会社〟レノー(ネバダ)であるように、まさにそれと同じく、パナマ、リヒテンシュタイン(ドイツ)、スイスは、それぞれに世界におけるデラウェアである。

結果はこうだ。つまり、いくつかの国は、多国籍企業がよその国で売れればトラブルを起こす製品や設備を、叩き売る場所になりつつある、ということである。たとえば、ペプシコ社は、チクロが人間の健康に有害であるとして米国で禁止されてから後に、その在庫品を海外で売りさばいている。パーク社はクロロマイセチンをデービス・アンド・メルク社はインドシンを、米国内で要求されている危険性についての注意書きをつけずに、海外で売っている。そして公害として知られる廃棄物をタダで処理する方法を探している会社は、結局、環境規制の最もゆるい国々に住みつくことになる。

労働組合は、とくにこの策略によってやる気をなくされる。というのは、インターナショナル・テレフォン・アンド・テレグラフ（ITT）のスペインの子会社でストが起こっても、ITTはどこかほかで生産を高めて、スト労働者を待ちくたびれさせればよく、ITT王国にはほとんど被害はないからである。会社との争議で、労働者にとってほとんど唯一の武器であったストライキという手段も、その効力を失う。さらに悪いことは、会社は低賃金と強力な反労働者立法をもつ場所にひきつけられる（ガルフ・オイルの例にみられるように、シンガポールはそのお気に入りの場所である。また、フォードが最近実感したようにスペインもそうである）。

そして、労働条件と賃金を高めようとする米国労働運動の努力に懸命に追いつこうとしている国々は、企業の高飛びの脅威にさらされている。英国フォード工場に働く英国人労働者がダグナムで組合を組織しかけたとき、ヘンリー・フォード二世は不快の念を示した。ヒース英首相との会談のあと、彼は周囲の英国人たちを実際に指さしながら、「お行儀をわきまえなさい、さもなくばわれわれはよそに行く」と警告した。

課税や国際収支、それに国際通貨制度もまた、多国籍企業がそのグローバルな創造性を発揮することを許している。第一に、会社は、一〇年または二〇年間、税金なしで生産できる約束がとりつけられる税金天国（たとえば台湾やケイマン諸島）をさがし出す。一つの世界企業が多くの会社に子会社をもっている場合、正確なもうけを偽り、税金の支払いを最小にするために、会社内部でやったりとったりする価格操作によって、諸サービスや取引の費用をごまかすことができる。

巧妙な経理操作によって、会社はいろいろな費用を税金の安い国や、通貨が安定し、インフレのない国へ移したりすることができる。このようにして、世界企業は不安定と不平等の呼び水ポンプになる、言い換えれば、金持をますます金持に、貧乏人をますます貧乏にしているのである。

『フォーチュン』誌で、財政学教授シドニー・ロビンスは、「企業組織内部での価格調整によって税金を倹約することができる大きな可能性がある。が、多国籍企業はまだそうした振替価格操作を十分に開発してはいない」と述べている。しかし、もし税金をまぬがれることによってふやせる利潤があるならば、利潤極大化の追求者であるマネジャーたちは、いつかはそうした国際的抜け穴を利用し、トラックを乗り回さないはずはない。

たとえば、英国の独占企業委員会は最近次のようなことを発見した。ホフマン・ラ・ロシェ製薬会社は一九六六〜七二年間に二五〇〇万ポンドの収益をあげたが、三〇〇万ポンドしか申告しなかった。つまり残りの二二〇〇万ポンドを税金の高い英国から、税金の低いスイスへ移していたのである。コロンビア政府は、実際に、いくつかの製薬会社（たとえばファイザー、ワイス、チバ）に、一九七一年、輸入品の価格を過大につけていたことに対し罰金を課し、その価格を引き下げさせた。

こうした多国籍企業の会計操作は、国際通貨制度の弱点を利用する。たとえば、これらの会社は、金利の低い国で借金し、金利の高い国へ投資する能力をもっている。ある受け入れ国の輸出品がわざと過小評価され、またその受け入れ国が親会社から大量に輸入を行い、そして子会社が親会社へ配当金として利益を本国へ送還するなら、子会社の国にとって収支のバランスはあいまいになってしまう。

もしドイツの通貨が強く、イタリアの通貨が弱いとしたら、企業はドイツへの支払いはすべて前払いですませ、イタリアへの負債は遅らせることができる。あるいは、大量の流動資金を巧みに操作することによって、多国籍企業は強い通貨でも弱い通貨でもつくり出すことができる。米国関税委員会は多国籍企業管理下の短期流動資金を二八六〇億ドル、あるいは、「世界の各国中央銀行と国際通貨機関が保有しているすべての国際準備の合計の二倍以上」と見積もり、「そのほんの一部分を動かすだけで、本格的な危機を生じさせるに十分である」と述べている。したがって、ドイツ人に対する六〇億ドルにのぼるドルのダンピングが、米国の第一回目の平価切下げを早めたとき、『ビジネス・ウィーク』誌が、このドル安売りの張本人は企業の経理部だという、ある筋の談話を引用したのは、全然驚くべきことではなかったのである。ある国際石油会社の経理担当者は、「もし私が小切手を書くなら、飛び上がるのは銀行だ」と意地わるげに語るのだった。

ニワトリの中の象

このような策略の損害は、世界企業に宿を貸している国を支配する多国籍企業を注意深く観察すれば明らかになる。問題は、まず第一に、規模の大きさ、外部からの支配、そして受け入れ国による責任ある政治的管理からの逃避にある。世界企業の上位一〇社（売上げによる）は、約八〇カ国（国民総生産による）より大きく、上位四〇社は、約六五カ国より大きい。こうした規模の不釣合をさらに複雑にさせるのは、利潤を追求する世界企業と、一般人民の福祉を目ざす民族国家との間にある明らかな葛藤《かっとう》である。二つのものは、絶対に両立しない。一国家が次のどちらを選択するか考えてみよう。将来の生産財に投資すべきか、あるいは、現在の消費財に投資すべきか。軍需部門と民需部門、公共部門と民間部門のどちらに重点を置くべきか。人的資源を強調すべきか物的財産を強調すべきか。完全雇用かインフレをなくすことか。オートメーションをもっと取り入れるべきかどうか。高物価か低物価か。経済成長を環境保全といかにバランスさせるべきか。労働者の利益は貨幣価値に基礎づけられるべきか福祉におかるべきか。国営経済か競争経済か。経済政策はこれらの世界企業による支配されたテクノロジーと株式投資よりも、技術導入と借款に重点を置くべきか。それぞれの問題にたいする解答は、各国の発展段階、文化、人口構成によって異なる。米国にとって正しいことが必ずしも中国やスリランカにとって正しいとは限らない。基本的に守られるべきことは、その選択は、それぞれの国に住む人民に属するのであって、西洋や東京にいる、ごく少数の、名も知らぬ、会社の重役たちではないということである。それらの重役たちの権力は、彼らが重大な影響を与え、あるいは苦しめているこれらの人々に対して負っている責任の線をはるかに超えている。

しかし、誰がこれらの問題を決定するのか。それは、支配の問題である。すなわち、支配的な多国籍企業は、現地の規則が自分たちの気に入らないように変更されるなら、いつでも店をたたんで去ることができるのであり、そのような場合に、経済を支配しているのは、実際に、誰なのか。「貧しい国では経済を担当するますます多くの者が、上役――他国の市民であるところの――に対して責任を負うようになっている」とピーター・エバンズは近著『超国家関係と世界政治』でいっている。「もしそのような命令系統が公的機関に存在しているなら、その貧しい国は植民地とみなされるだろう」。これは単に第三世界にだけあてはまることではない。工業の半分近くが米国企業によって所有されているカナダは、「出店」経済であるということは何を意味するか理解している。上位一〇〇社のうち四〇社が外国所有であるチリもそれを知っている。

フランスGMとレミントン・ランド・フランスは生産をほかの国へ移し、フランス人労働者を一時解雇した。そのとき、フランスの工業相は両者に対し、市場の変化にともなう調整のための金銭的負担は雇用者と被雇用者のあいだで分担することになっている現地の慣習に無神経だと非難した。しかし彼は不平をいうぐらいしか、できることはなかったのである。オーストラリア最大の会社――GMホールデン――は、オーストラリア人が株主になることをGMによって許されていていない。そのGMは、GMホールデンを完全に自分の所有する子会社として支配しているのである。米国でさえ、国境または国の権威を軽んずる会社が全くないわけではない。連邦取引委員会（FTC）が最近ゼロックスを相手どって訴訟を起こしたとき、同社は、「FTCは、多国籍企業にかかわる問題解決のための適切なフォーラム（法廷）だとは信じない」といって、最初、FTCの代表に会おうともしなかった。では、何が適切なフォーラムか、ゼロックスは説明しなかった。

企業主権対政治主権という争いは、なにも第三世界、発展途上国に限られたことではないが、その第三世界にあっては、世界企業がニワトリの群れの中の一頭の象のようなものである。ガルブレイス流にいえば、企業の権力に制限を設けるための、労働組合や消費者団体または政府の規制というような対抗勢力が往々にして存在しない。そこでは、現地に影響を及ぼす諸決定は、ロンドンやニューヨーク、パリにある企業の本社にまかされている。

技術の領域をとりあげてみよう。欧米のノウハウが発展途上国に伝えられることは、いいことだ。しかし、従属性と外部の会社へ現地の頭脳が流出していくことが、現地が自立し主導性を築くための土台をきりくずしている。殺虫剤と原子炉が現に導入されているが、殺虫剤の正しい使用を保障する現地のノウハウもないし、また、恐ろしい原子炉の危険に代わるものとして（化石）燃料を使った方がよいか、太陽エネルギーを開発した方がよいか。その選択の自由はない。コロンビアでは、製薬、合成繊維、化学工業分野で、パテントの全所有のうちのわずか一〇％の人間があらゆるパテントの六〇％を所有している。そしてこれらの一〇％の所有者というのは、すべて外国の多国籍企業なのである。こうした技術の産業による支配は、多国籍企業間で特許の使用を相互に認めあうクロスライセンス協定によって、いっそう拡大され、その結果、テクノロジーは停滞しパテントの独占にともなう高価格を招くことになる。

所得を逆に分配

したがって、ノウハウの普及の外見上の恩恵も、長い目でみると負担となりうる。多国籍企業の投資についてもそうである。理想的には、これらの企業が米国内の資金源または留保収益から資金を引出して、そうした投資がなければおそらく存在しえなかった何ものかを受け入れ国においてつくり出すことになるわけである。ところが事実は、現地の投資家に代わって新しい資金を追加するどころではない。たとえば、ラテン・アメリカにおける多国籍企業投資の七八％は、現地資金によるものである。その現地資金には、総額二五〇億ドル以上の在外資産を有している米海外金融機関（とくに、バンク・オブ・アメリカ、チェース・マンハッタン、ファースト・ナショナル・シティ・バンクを筆頭とする多国籍銀行）の資金を含んでいる。巨額の財源をもつ世界企業の信用と、リスクを最小にしたがる受け入れ金融機関の傾向を考えれば、こうした外国借款が現地借款よりも好まれることは予想されるところである。しかし、これは、現地の会社や企業家による開発と競争を阻害する（現地の会社や企業家であったならば、その収益を、外国にいる株主の利益のために海外に送金するよりも、現地の産業に再投資する公算の方がはるかに大きいのだが……）。そして、従属という麻酔剤がつづくと、受け入れ国の主が、世界企業の人質になってしまうのである。

この問題は、たんに、投資資金がどこから来るかだけでなく、どこへ行くかということである。海外投資には高い危険率が伴うということを口実にして、多国籍企業は常により高い収益を海外であげることを求める（そして、明らかにそれを手にしている。上院財政委員会の調査によると、多国籍企業三〇社のうち二一社は海外でより高い利潤をあげていた）。このようなより大きな収益をあげるために、企業はもっともうかりそうな産業に投資する。そして、そうした産業は、受け入れ国にとって雇用と福祉のためにいちばん発展させる必要があるものでは必ずしもないのである。さらに問題なのは、農業投資や、全国にまたがる教育、保健、道路、電気・ガス・水道などインフラストラクチュアへの投資の促進がとことん無視されていることである。多国籍企業の利潤追求と、受け入れ国の、合理的かつ長期的な開発と雇用機会への必要との間には自動的な調和というものは全くないのである。

しかも利潤はふんだんにある。ロナルド・ミュラーは、ラテン・アメリカにある一五の製薬関係子会社の自己資本に対する収益率を調査した。その結果、それらの子会社の収益率が最低四四・二％、最高九六二・一％、平均一三六・三％であることがわかった。もっと視野を拡げてみると、一九五〇年と一九六五年に第三世界への投資から米国へ流れこんだ利潤は、米国からの資本流出の二六四％にもなった。ところが、これと見合う西ヨーロッパへの投資の利潤率は七一％だった。そんな膨大な利潤は、多国籍企業が競争を打ちくだくことができるからこそ、あげることができたのである。このような搾取をいっそう悪化させているのは、税引き後の非常に多額の利潤が米本国へ送金されている事実であり、多国籍企業もこれを間接的に認めている。多国籍企業が主張するように、彼らの投資が、その利潤の本国送金によって米国収支に役立っているならば、その余剰金はどこからか来なければならず、そのどこかとは発展途上国である。そして、この流れは、物資を生産する比較的に貧しい階級から、これらの企業の株主である比較的に富める外国人へと、所得を逆に分配することになる。

責任から無関係

収益が非常に大きいので、世界企業はしばしば政治的手段を使って、自分たちの投資を保護しようとする。デュポンがデラウェア州をカンパニー・ステート（企業城下町）に変えてしまったように、ＩＴＴも自分のイメージに合わせてチリを形成しようと努めずにはいられなかったようである。『主権国家ＩＴＴ』の著者アントニー・サンプソンは、多国籍企業はいつもきまって、「政府を、その他の経営上の障害物と同様、出し抜くか、克服すべき厄介ものとみなしている」と述べている。そして、ＩＴＴが運悪く常軌を逸したと考えるべき理由はなにもない。投資の行くところ、十分に計画された黒幕政治が、しばしば米国またはその他の世界企業の本社所在国政府からの緊密な援助とともに、ついて行く。かくて多国籍企業は発展途上国にとってのトロイの馬となりうるのである。最初は魅惑であるが、そのうち現地投資を切りくずし、技術開発を支配し、安い労働力を搾取し、現地政治を堕落させる。

このように不平をもらしたからといって、なにも産業の発展に反対しているわけではない。最近までは、なりふりかまわず成長を遂げることが目標だった。今日では、東京の住民が一年中スモッグで苦しめられていることでわかるように、成長は質的に高くあるべきで、量的であってはならない、とわれわれは考えている。つまり、国民総生産と、国民総福祉のあいだには差異があることを理解している。受け入れ国は自分たちの未来を高い代償を払って買い戻さなくてすむよう、注意しなければならない。

多国籍企業の問題点は、一口でいえば、責任の問題であって、一国の経済的・政治的・文化的自決を無視し、経済的に健全な責任体制を奪うことにある。ビジネスは世界的規模で行われるが、政府や法律はその国の国内で有効であるだけだ。したがって、世界企業は（一国内での）効果的な支配を受けない存在である。そして責任を免れているから、法の適用を受けない。政府でも世界企業でも、合法性をもつためには、政府または企業の外部の人々や制度に対して責任をもたねばならないし、また、身近に影響をうける有識の労働者や消費者層に支持されねばならない。多国籍企業はそうした制約から自由だ。誰に、彼らは責任があるのか？　彼らを治めるものに対してだ。それは誰か？　それは、自己の不滅をもくろむ寡頭支配《かとうしはい》の執政者である。誰が彼らを選んだのか？　ハーバード大学のＥ・Ｓ・メイソン学長が一〇年前に答えたように、彼らは「自分で自分を選んだ」のだ。

国連による規制を

だから、多国家の統一体たる国連が、多国籍企業を精細に調べるということは、全く当をえたことなのである。遅きに失してはいるが、まだ機会は残っている。利潤申告だけでなく、それ以上のものに対してこれらの企業に最終的責任を負わせねばならない、その機会はまだ残っているのだ。だが、どのようにして責任を負わせるかが問題だ。これまで数多くの選択的方策が提案されてきた——。

(1) 多国籍企業の間で自発的に規範を定めようという提案がある。そして実際、いくつかの会社は「良い行動の規範」について作業を進めていると報じられている。だが、そのような自発主義は、問題を回避するものである。公的摘発や実施を強制するメカニズムをともなわない、そのような規範の構想は、そもそも余計なのだ。

美徳に反する誘因がいくつも存在しているのに、美徳について自発的に保証するだけでは十分ではない。だれも、自動車産業に全国的な公害基準を起草させたりはしないし、製銅会社に彼らのチリにおける社会的責任の限界を自分で決めさせたりはしない。

(2) 受け入れ国は「看守」制度によって多国籍企業の運命に対して支配権を行使しはじめることができる。多国籍企業による永久的な、そしてまた完全な所有を避けるために、受け入れ国は、進出条件の一つとして、次のことを主張することができる。それは、進出企業が所有権の何%かを受け入れ国または民間グループに一定の期間内に移管する案を提示することである。これは、実際、アンデス共同市場がすでにやっていることなのである。しかし、これが効果をあげるには、いくつかの国が集まって、グループでやってみることが必要だ。でないと、そういう規制をやろうとする国だけを、多国籍企業はボイコットすればよいからである。この所有権の移管ということは、究極的には、企業が一国を完全に放棄せねばならないという意味に解する必要はない。合弁事業として企業の技術を国家の権限と調整していくことができるのである。

(3) しかし、最小限、国連は調査機関として有効に行動することができることである。なによりもまず、その信頼ある調査結果を公表することによって説得力をもつことができる。それは法的強制力ではないにしろ、勧告以上の力である。

まず第一に、国連は、加盟国家または国民が世界企業の事業によって権利を侵害されていると感じている状況を調査することができる。アマゾン地域における多国籍企業の活動の拡大と、それがアマゾン原住民の土地、権利に及ぼしている影響など、まさにその好適例である。

第二に、国連は多国籍企業に関する具体的なデータを現在よりもずっと多く収集し、発表しなければならない。有効な政策を策定するためには、現在入手しうるデータではきわめて不十分なのである。そして、これまでに完了している調査報告は、すでに信用を落とした機関によって行われたものがあるだけである。

加盟国が、これらの企業を封じ込めるのに必要な法律を通過させようと試みる場合、または国連が賢明な政策を策定するためには、多国籍企業に関する正確で、すぐ役に立つデータが必要である。だから国連が、上位二〇〇社の多国籍企業と、その受け入れ国政府にそれぞれ質問状を送り、次のような情報を入手することを、われわれはとくに勧告する。(a)各国において、誰がいかなる土地、鉱物その他の資源を所有しているか、(b)新規投資の額、出所、性質、(c)企業の総収入、(d)ロイヤルティ、パテント、ライセンス、管理契約に基づいて外国子会社から受け取った支払い、(e)その他の金融・産業・政府関係の諸会社との結びつきおよび連係ならびに貸借関係、(f)各国別の支払い税額、(g)すべての合併と取得、およびその条件、(h)企業を現在の場所に定着させるために政府が与えた特別の奨励(補助金、その他、国の認めるさまざまな特権や免税措置を含む)、(i)企業の保有するあらゆるパテントおよび技術提携協定、(j)賃金・給付水準、(k)職業上の死傷・病気に関するデータ、(l)環境汚染と保管所に関するデータ、(m)司法・監督措置と、公の記録にのった判決。

盛り込むべき条項

(4) 企業がもっと構造的に責任を負うようにするための基本的な方法は、たとえそれが国際的な企業であっても、国の固有の権利である法人設立許可書の中にいろいろな規則を織り込むことである。法人設立許可書は国と会社との間に交される一契約である。

つまり、もし貴方が、公共の利益を守るいくつかの条件に従うなら、貴方は、サービスまたは製品を供給するための会社を設立することができますよ、と国がいうようなものである。米国企業とその持株会社が全世界に支社を拡げるとき、受け入れ国の法人設立許可書に基づかなければならないのである。

しかし問題は、多くの国は会社を居続けさせ、あるいは誘致するために、法人設立許可基準をゆるやかなものにしていることである。かくて、会社のビジネスのための「競争」で、一切が最低基準へ追いこまれるのである。予備的な方針として、国連主導のもとで、各国に奨励しなければならないことは、法人設立許可に関して、厳格ないくつかの同一条項を制度として策定することである。たとえば法人の情報公開性、反トラスト性、株主の権利、経営者責任、その他広範かつ多様な事項についての積極的な報告の義務を、会社が営業中の国に提出しなければならないといった規定を設ける必要がある。「法人法」は、過去における「商人法」と同様、ただそれよりもずっと速やかに制定することができる。

ところが、世界企業の社会というものは、これに不賛成なのだ。バンク・オブ・アメリカの社長・取締役会長A・W・クローソンは、「法人は、その設立を認可した当の政府の裁可なしでも、一般的な利益を実現することができるものと考えてよい」と反ぱつする。ダウ・ケミカルのカール・ガーステッカーは「どの国にも所有されてない島を買って、国や社会に恩をきなくてもよいような、真に中立的な島の上に、ダウ・ケミカルの世界本部を設立する」夢を、相変わらず捨て切れないでいる。

なぜ法人は、個人や国家とちがって、いかなる国家や社会にも恩を感じないという意味で、法を超えた存在であるべきなのか、明らかでない。自分以外の何物にも責任をとろうとしない、これら法人の無節度で自由奔放な経済力に、世界はもはや寛容でありつづけることはできない。多国籍企業が形成、支配しようと一目散に突っ走っている「世界」は、政治的デモクラシーにおいて明確に行われている力の分散とは全く逆な方向である。選択する自由、ないしは与えられた選択を拒否する自由のある自己決定、自己信頼をつちかう各国固有の諸条件の強化を、このような巨大企業の世界は、否定または奪い去るのである。このような法人の力の影響力は質的に決して新しいものではない。新しいのは、その規模、技術であり、世界企業が海外の子会社のために用意している産業を進出させた政治権力である。

傷つきやすい第三世界に関するかぎり、はたして自立的で公正な経済発展が、次に記す(1)と(2)なしで、なしうるかどうか、という点が今後の問題として残る。

(1)は相対的な経済的自己決定制である(たとえば、ライセンスとクレジット、多国籍組織とのより大きい取り引きなどに関して)。

(2)は資本形成と技能形成を自立的に進める内的文化である。

(『エコノミスト』一九七三年十一月二十七日号)

注

1 ジャシ・ジャック・セルバン・シュレベールはフランスの経済アナリスト。一九六〇年代の資本の自由化に際して、アメリカの世界企業がヨーロッパに対して技術力、組織力で優位に立っていることを『アメリカの挑戦』(一九六七年)の著作で明らかにし、警鐘を鳴らした。

2 Joseph A Schumpeter(一八八三～一九五〇)はオーストリア生まれ。著名な理論経済学者。著書『資本主義・社会主義・民主主義』(一九四二年)の第二部「資本主義は生き延びうるか」で独占企業の行動について述べている。

3 John Kenneth Galbraith(一九〇八～　)はカナダ生まれ、現在はアメリカ経済の組織と構造について鋭い分析を行なっている学者。多の著書があるが『新しい産業国家』(一九六七年)で大企業体制と技術の問題を論じている。

二　第三世界からの楔《くさび》

——南北問題と消費者運動

アジアとの出あい

私が初めてアジアに出向いたのは一九七四年でした。二月四日から八日まで、シンガポールで、「消費者保護のためのコミュニティ教育に関するアジア太平洋地域セミナー」という会議があって、これに、日本消費者連盟創立委員会事務局長の安藤栄雄さんと一緒に出かけました。主催は国際消費者機構です。

国際消費者機構（International Organization of Consumers' Unions　以下ＩＯＣＵ）というのは、一九六〇年にアメリカ消費者同盟の会長コルストン・Ｅ・ウォーン博士が旗を振って創られた組織で、オランダのハーグに本部があります。現在は五〇カ国以上、一二〇団体が加盟していますが、発足当初は米、英、オーストラリア、ベルギー、オランダの五カ国でした。現在、ＩＯＣＵに加盟している日本の消費者団体は、日本消費者協会と日本消費者連盟が正会員、日本自動車ユーザーユニオン、主婦連、全国消費者団体連絡会、国民生活センター、総合生活研究開発センターが、準会員として入っています。当初、設立の目的は製品についての情報交換でしたが、いまではもっと広く、生活全般にかかわる重要な事柄を話し合うフォーラムになっています。

ともかく、初めてこういう国際会議に参加するので様子が分からず、羽田を発つとき、友人のノリ・ハドルさん（サイマル出版会発行『夢の島』の著者の一人）に、空港までタイプをもってきてもらって、万一に備えてのスピーチの英訳をしてもらったのです。この予感は適中しました。開会式の冒頭、「各国の代表はこのセミナーに何を期待して臨んだか」の五分間スピーチをさせられたのです。さっそく、このスピーチを安藤さんに代読してもらいました。その要旨は、「日本の消費者運動が国内に山積みする問題に埋没し、日本企業の公害輸出を事前にくいとめることのできなかった弱さを率直に詫び、今後ますます拡大する巨大企業の多国籍化に即応して、東南アジア諸国の消費者団体はしっかり手をつないで立ち上がらねばならない。とくに日本企業のタレ流すさまざまな社会的害悪については、各国からぜひ具体的な情報をほしい」というものでした。時あたかも、田中角栄首相の東南アジア訪問が現地の学生デモで迎えられた事件の直後だったので、このスピーチは非常な反響を呼び、満場をゆるがす拍手、「ワンダフル」「ハンブル」の声がささやかれました。そしてこのスピーチは、四日間の大会をリードする一種の流れともなったのです。その結果、「多国籍企業」云々の語彙《ごい》が分科会報告や勧告の中に数多く盛り込まれました。たとえば、「不公正な取引き」に関する勧告文の条項では、「環境汚染を作り出し、輸出している多国籍企業の諸活動、および生産国で拒否されている最低基準以下の食べ物および危険な可能性を含む医薬品を、消費者立法の充分整っていない市場へ輸出している多国籍企業の諸活動に関しては、IOCUがその情報を収集し、各国

向かって右からアンワ・ファザール、安藤、野村かつ子、イドリスの各氏

に伝えるべきだ」という勧告が採択されたのです。

また私たちは、いろいろな資料をもって会議に臨みました。たとえば、カネミ油症患者の写真やPCBの説明、中性洗剤の被害の写真、森永砒素ミルク事件の解説、自主講座発行の英文「ポリューテック・ジャパン」など。これらを廊下に展示したところ、黒山のように人が集まり、大きな衝撃を参加者に与えました。その結果、「栄養」に関する分科会報告では、「PCBや重金属、健康に害を与える農薬の残留を通じての食品汚染の問題に、参加者は非常な関心をもった」という一項が挿入されました。なぜなら参加者のほとんどは、当時まだ「PCB」という言葉すら知らなかった状況だったからです。

アジアに落ちる日本の影

会議のテーマは「消費者教育のための社会教育」でしたが、サブテーマは消費者教育、製品規格、消費者組織でした。

会議を通して痛感したことは、日本、オーストラリア、ニュージーランドなどの工業国と、アジアの発展途上国との違いでした。たとえば、「栄養」の問題でも、日本では過剰な食品添加物、残留農薬、大気汚染、水質汚染、ＰＣＢ、水銀汚染が問題になっているのに、発展途上国では、食べ物そのものが足りないので、お米の洗いすぎがせっかくの栄養を流してしまうとか、おかずが不充分だとかが重要問題なのです。

また、栄養のバランスについて考えるとき、各国に共通している悩みは物価高で、その槍玉として日本があげられました。つまり、マレーシア近海では日本企業の底引き漁船がごっそりエビをとっていき、そのエビを缶詰にして五倍の値段で途上国へ売っているとか、あるいはフィリピンでは、日本の商社マンが高い家賃でも喜んで家を借りるので、その結果、一般の家賃が吊上げられてしまう。それがまた一般の物価にハネ返る、というのです。

「製品規格」では、日本にはＪＩＳ（日本工業規格）やＪＡＳ（日本農林規格）がありますが、東南アジアではほとんど表示がない。これから作る必要があります。また途上国は一般に貧しいので、新品より中古品を買うことが多い。車はセコハン。またナイロン製の衣類やカーテンが一般的なため、燃えやすく、死傷者も出ている。これらをどのように表示させるかという点に長い時間をかけて、話が集中しました。ナイロン製のブラウスは日本製ではないか、ともいわれました。こんなわけで、決議のなかに「産出国で消費者にボイコットされたもの、人気がなくなったものをダンピングして途上国に輸出されることに断固反対しよう」という一項が入れられたわけです。

消費者組織の問題では、東南アジアでは圧倒的に無関心層が多く、消費者活動をするにも政府の援助を受けることが多い。政府の援助はいちがいに悪いとはいえないが、そのことによって組織の独立性が侵されてはならないという原則が確認されました。

第三世界から打ち込まれた楔

四日間の討議を通してのハイライトは、なんといってもマレーシアにＩＯＣＵの「アジア太平洋地域センター」の設置が決まったことです。白人中心の世界の消費者運動に、このときはじめて第三世界の杭がしっかりと打ち込まれたのです。

セミナーの参加者は一五カ国、三〇団体、参加者は一〇〇人でした。初日と最終日を除いて、他は分科会でした。全体会の議長はマレーシアのペナン消費者協会事務局長アンワ・ファザール[注1]さん。背の高い、大きいからだ、ロイド眼鏡、その名議長ぶりに私はすっかり魅せられました。彼こそは後年、第九回ＩＯＣＵ大会（一九七八年）で会長に選ばれた人物だったのです。まだ三〇歳を少し出たばかりの「闘士」、しかし穏やかで、幅の広い、大きい人物といった感じでした。

ところで、この会議でひとつのハプニングが起こったのです。私にとって、そして日本の消費者運動にとって、それは大げさにいえば、消費者運動の歴史に新たな頁を加えるほどの重大な事件でした。というのは、私の出た「栄養」の分科会にイドリス（Mohamede Idris）というペナン消費者協会の会長さんが同席していました。四〇歳くらいでしたか、白い木綿のターバンに、同じく白い木綿の服を着たインド系マレーシア人です。彼がすっかり私の分科会での発言にほれ込んだのです。私は日本における残留農薬の問題をもち出し、この問題で私たちが困っている話を、無茶苦茶英語でしゃべりました。しかし、イドリスさんはちゃんと私の訴えようとする「心」をつかんでくれました。分科会が終わると、「ぜひマレーシアへ来い」と言って、自分で帰りの飛行機のコース変更から入国の手続きまでしてくれました。そして半強制的に私をマレーシアへ引っぱっていったのです。もちろん安藤さんも一緒に。

二泊三日、私たちはアンワ・ファザールさんの家に泊めてもらいました。当時、ファザールさんは役所勤めの身で、かたわらペナン消費者協会の事務局長をされていました。私たちは、マレーシアにおける日本企業の公害タレ流しの現状をあちこちでみせつけられました。広々とした原っぱに繁るヤシの樹々が無残にも切り倒され、赤々とした土が肌をあらわに、日本企業の工場建設を待っているではありませんか！それは処女が犯されているような痛ましい光景でした。また、日本の八幡製鉄所（新日鉄の前身）とマレーシアの会社との合併会社であるマラヤワタ製鉄所へも案内されました。工場の空地には煤煙に汚されたスクラップの大きな山があって、現地の人はこれを「ブラック・フジ」と皮肉って呼んでいました。私は、刃をつきつけられたような思いがして、帰ったら、このことを日本の消費者団体に伝えねばならないと、なにか使命感のようなものがこみ上げてきました。分科会での私の下手くそ英語の訴えが、こんな貴重な事実の発見をさせてくれたのだと思うと、やっぱり勇気を出して何事も言わねばならないと思いました。小さな勇気でした。それが、日本とアジアをつなぐ絆になったのです。

それからもうひとつ忘れられない出来事は、マレーシア滞在中に、数人の青年とイドリスさんの事務所で会ったことです。彼等はみなインテリで、中には、もと東大の丸山真男教授や一橋の都留重人教授の論文を精読していた青年もいました。どんなことを話し合ったかはっきり覚えていませんが、総じて彼等は反日的でした。「これを読んで下さい」といって突き出されたのが『マレーシア・ビジネス』一九七三年十二月号でした。それは日本企業のマレーシアにおける実状を紹介している特集号でした。帰国後さっそくその一部を翻訳して『朝日ジャーナル』（七四年六月二十一日号）にのせました。題名は〝『菊と刀』――日本資本の進出にみる〟です。

シンガポールでのアジア・セミナーとマレーシア滞在は、私に、自分がアジアの一員であること、あまりにも欧米に目を向けすぎていたことを反省させてくれました。私の心にも、第三世界の杭がこのときはじめて打ちこまれたのでした。

バトンは第三世界へ

一九七八年七月九日から六日間、ロンドンで開かれた第九回ＩＯＣＵ大会は白人主導の世界の消費者運動が、第三世界へバトンタッチされた画期的な大会でした。というのは、前述したペナン消費者協会のアンワ・ファザールさんがこの大会で会長に選ばれたからです。それまでは、コルストン・Ｅ・ウォーン（米）→ピーター・ゴールドマン（英）→ウィリー・ファン・レイケィフヘルム（ベルギー）さんが会長を務め、みんな白人だったからです。そして大会のテーマも、これまでと少し違って、「世界の危機――食糧とエネルギー危機に消費者はどうこたえるか」というものでした。正直いって、この大会の通知を受け取ったとき、その斬新さに思わずぎくりとさせられました。

これまでの大会テーマを振り返ってみますと、一九六〇年は設立総会でしたが、六二年は「消費者と明日の世界」、六四年は「前進する消費者」、六六年は「消費者革命」、六八年は「消費者の権利——世界的展望」、七〇年は「知識は力なり」、七二年は「生活の質」、七五年は「生計費」。いずれも文化的視点をおびていますが、なんといっても七八年のテーマは時宜に適したものでした。それにしても発足当初の、「製品テストの情報交流の場」というIOCUの目的が、時代の流れとともにこのように変わっていったということに私は驚きを覚えずにはいられませんでした。というのも日本の消費者運動は発想が硬直していて、ずっと製品テスト一本槍。原発問題でもとりあげようものなら、まるで消費者運動ではないように考える人が多いからです。

大会初日、私はテスト委員会をのぞきました。早速、第三世界の問題にぶつかりました。先進工業国が発展途上国に輸出するタバコのニコチン含有量は、同じブランドでも、輸出国で市販されているものよりニコチンが多いというのです。おそらく、儲けるために手を省くからでしょう。

二日目は製品テスト機関や消費者アドバイス・センターの見学、三日目は分科会でした。正直なところ、大会の前半はつまらなかった。ところが後半になると、様子がガラリと変わってしまったのです。アンワ・ファザールさんの基調報告で眼がさめたのです。彼は「私は自分の良心を賭して貧しい飢えた人びとを助けよ、と教えてくれた賢者の言葉に従ってスピーチをしたい」と切り出しました。みんなギクリとしました。というのも、ファザールさんの前に基調報告したカナダの代表はいかにも大学教授らしく、人の心をゆり動かすには物たりないスピーチだったからです。ファザールさんはなおも言葉を続けました。

「宇宙に人工衛星が飛んでいるのに、地上では四億五〇〇〇万人の人が餓死寸前にある。これは明らかに社会的不正義だ。新生児の四分の一が四歳までに栄養失調で死んでしまう。新生児の中の一〇万人が毎年栄養不良で健康障害を起こしている。すべての発展途上国はいま、経済、政治、社会的混乱の真っ只中におかれている。こういう状況の中で、いったい消費者運動はどういう意味をもっているのか？」と。

会場は一瞬、水を打ったようにシーンとしました。私はハッとしました。まるでカナヅチで頭をなぐられたようでした。そのときの衝撃はいまも残っています。

ファザールさんに続いてインド代表が演壇に立ちました。膨大な資料をもとにした、大へん緻密《ちみつ》な内容のエネルギー基調報告でした。要点は、将来のエネルギーの選択は、太陽熱や風力などの再生可能なものを選ぶべきだというものでした。フロアからフランス代表と日本消費者連盟の安藤さんが反原発を訴えました。三人のさきのスピーカーのうち、二人までが貧しい国の出身者だったことは注目に値します。

大会参加者は約四〇〇人、日本からは日本消費者協会、日本消費者連盟、主婦連、全国消団連、総合生活研究開発センターなど、大勢参加しました。ともかく大会のハイライトはファザールさんの演説と、彼の会長就任でした。世界の消費者運動の舵は、この時点から明らかに第三世界の手に移ったのです。

針のムシロに座った五日間

ＩＯＣＵの大会は三年に一度開かれます。しかし、これでは客観状勢についていけないので、大会と大会の間にセミナーが開かれます。八〇年一月六日から十日まで、このセミナーが香港で開かれました。私は、日本消費者連盟の一行二一名に加わって参加しました。そのほか主婦連や全国消団連など、例によって日本代表は総勢四〇名を越え、外国の人びとを驚かせました。大会参加者は全部で一六〇名、そのなかでも第三世界の人たちの参加が多く、国連とベルギー政府が彼等の旅費を支給したということです。

テーマは「法と消費者」でしたが、五日間の会議はまるで「多国籍企業告発大会」のようでした。先進国の多国籍企業は第三世界に清涼飲料やシリアル（コーン・フレークスのようなもの）、化粧品などつまらないものをじゃんじゃん売りつけ、被害を与えているが、消費者を守る法律がない、この現状をどうとらえるかというのが、このセミナーの狙いなのです。

まず、開会の挨拶に立ったIOCU会長アンワ・ファザールさんは例によって熱っぽく訴えました。「香港でいま売られている粉ミルクのうち、長寿印、チャンピオン印、ワシ印のミルクは、インドネシアでは『赤ちゃん用には不適当』と明記して市販されている。しかし、その同じ品物が香港では『生後一週間目からでもOK』と書いて売られている。IOCUの仕事というのは、このように、多国籍企業の各国におけるやりくちを監視し、各国の消費者の権利を守ることにある……。しかし、先進国と発展途上国では、消費者の権利を守るにも、その優先順位が違う。途上国では、安全な食べ物、きれいな水といったような生活の基本となるものを確保することが何よりも大切。幼児の生命にとって、母乳は粉ミルクよりずっと大切だ。それなのに多国籍企業は莫大な宣伝費をかけ、途上国の人びとに母乳をやめさせ、粉ミルクを買わせるように仕向けている。これは明らかに経済的侵略である……。途上国の人は貧しく、充分な教育をうけていない。高価な粉ミルクの調理法も、字の読み書きもできないので、正しく使いこなすことができない。汚い水で、何倍にも薄めて飲ます。哺乳ビンを洗うことも知らない。だから赤ちゃんが栄養失調になったり、疫病にかかったり、死んだりする。母乳なら金もかからないし、調理の心配もない。母乳をもっと大切にしよう。アメリカでは、スイスのネッスル社が莫大な宣伝費をかけ、粉ミルクを第三世界に売りまくっていることに市民団体が抗議し、同社の製品のボイコットをしている。われわれもこれに学ぼう。総じて、先進工業国が途上国に押しつけてくる、あってもなくてもどうでもよいような、ムダな浪費文明にふりまわされることなく、自分の国にもとからあるもの、固有の文化・伝統を大切にする生活スタイルを打ち立てよう」と。

またフィリピン大学法律センターの婦人弁護士ゼナイダ・S・レイズさんも、フロアから発言しました。「わが国の産業の九〇%は零細企業、そのうえに九三の多国籍企業が君臨し、その売り上げ高は国の税収を上回っている。ゴム、石ケン、ハミガキ、薬などの生活必需物資の九〇%は彼らが押さえている。彼等の優れた生産技術はフィリピン人には開放されない。輸出は買い叩かれ、輸入は高値、これがこの国の赤字要因の最たるものだ」と。

私が参加した「広告」の分科会でも、多国籍企業が槍玉にあがりました。たとえば、バングラデシュの新聞に「Buy Mother's Milk！ Buy MORINAGA」という広告を、日本の森永が出した。これは明らかに不当表示ではないか、なぜなら森永粉ミルクは母乳ではないから、といって森永が槍玉にあがったのです。分科会のわきに、畳二枚ほどの大きなパネルが立っており、新聞、雑誌の広告の切り抜きがベタベタ貼ってあり、森永の広告もその中にありました。

多国籍企業の横暴

たしか二日目だったと思いますが、フィリピン消費者協会のミス・アマルゴ会長（注2）が執拗に発言しました。

多国籍企業についての特別分科会を急遽《きゅうきょ》特設しろ、と。彼女の存在は、さきのシンガポール・セミナーのときから、印象に残っていました。急所を衝く、鋭い質問をするからです。このセミナーでも、議長の制止を振り切ってしばしば立ち上がって発言、多国籍企業の悪行を告発しました。そして、すったもんだの末、ついにその日の夜、多国籍企業の特別委員会が、自由参加の形で、急遽、特設されました。公認会計士で、まだ四〇歳前後かと思われるアマルゴさんは、まさにアジアにおける〝女ラルフ・ネーダー〟でした。

最終日は、このセミナーについての評価でした。五日間、日本企業を含む各国の多国籍企業批判に終始した香港セミナーは、私にとって文字通り「針のムシロ」でした。あと数分で閉幕というとき、私は思わず立ち上がって、マイクを持ちました。「日本企業を含め、各国の多国籍企業が第三世界の皆さんのお国で、いろいろよからぬことを消費者にしていることを教えられました。こういう事実に、目をつむって沈黙したり、知らん顔をしていることは、沈黙の暴力であり、傍観の暴力です。私はこれを乗り越えて進んでいきたい」と。ヒョウタンからコマというのでしょうか、この発言が割れるような拍手のなかで、しめくくりになってしまったのです。そしてこのセミナーは、次期IOCU大会の主要テーマに多国籍企業の問題を取り上げることを、IOCUへの勧告文に盛り込んで幕を閉じました。

帰途、私たち一行は再びペナン消費者協会を訪れました。私は六年ぶりの再訪問ですが、事務所も、白い垣根に囲まれた二階建ての瀟洒《しょうしゃ》な建物に移っていました。以前は数人に満たない専従者しかいなかったのに、今度は三十余名の専従者と二十余名のボランティアが働いていました。みんな二〇歳前後という若さです。本部事務所に隣接して大きな図書室があり、図書館学を身につけた専門家一人が配置されていました。スチールのファイル箱には新聞の切り抜きなどが見ごとに整理されていました。ペナン消費者協会は、いろいろな意味でアジアの最強の組織といえるでしょう。

二階の小さな会議室に案内されたとたん、私は度肝《どぎも》を抜かれてしまいました。そこにはアジアの地図を描いた大きなポスターが貼ってあって、黒い大きな手がアジアを鷲づかみにしているではありませんか！それは先進工業国がアジアの諸国を鷲づかみにして商品を売りつけている象徴なのです。ポスターの下の方には、「先進工業国は世界人口のわずか四分の一にすぎない。しかし、彼等は世界の富の九〇％、金の埋蔵量の九〇％、科学能力の九五％をコントロールしている。さらに彼等は肉の七〇％、動物性たんぱく質の八〇％を牛耳っている。そして残りを、世界人口の四分の三で分け合っている」と書かれていました。この数字は、私にとって大きなショックでした。

そしてペナン消費者協会の若ものたちが、こんな高い問題意識をもって活動しているのかと思うと、空おそろしい感じさえしました。彼等の活動は①環境問題、②調査活動、③苦情処理、④教育活動、⑤農林活動、そのほか⑥ボランティア活動に分かれているそうです。

こんどの訪問でも、ペライ工業団地からたれ流される工場排水で、河と海が汚染され、とれた魚が売れなくなって生活の道を断たれたクアラ・ジュルーの漁村、その対岸に建つペライ工業団地などを見学しました。しかし、私がいちばん胸をつかれたのは、ペナン消費者協会のイドリス会長の昼食会に招かれたときのことです。

会長はインド系マレーシア人ですから、エビのカレー煮をご馳走してくださったのです。男子の親指ほどもある大きいエビでした。一行の一人が、「素晴らしいエビですねえ。海に囲まれ、いつもこんなおいしいエビが食べられていいですねえ」とお世辞抜きで言ったのです。そうするとイドリスさんは、分厚いロイド眼鏡のうしろから大きい目玉をギョロリとさせ、「めっそうもない、小さいエビさえ食べられない、日本の底曳き漁船が根こそぎ持っていくから……。そのためエビの値段が吊上がって、庶民の口には入らない」と吐き出すように言ったのです。一瞬、冷たい空気がさっと食卓の華やいだ雰囲気を消しました。日本でなに気なく食べているエビ、そのエビのうしろにはこんな実態があったのかと、自分の認識不足を恥じました。そういえば、世界一といわれるマレーシアの豊かな森林も、伐採が進んでいました。主に、日本向け輸出のためです。「われわれの森は死にかかっている！　祖先がわれわれに残した唯一の遺産を破壊するな！」——これは、ペナン消費者協会の壁に貼ってあったポスターの標語です。

「消費者国際警察《コンシュマー・インターポール》」を設置しよう

ホンコン・セミナーの勧告を受けて、ＩＯＣＵはいよいよ本格的に多国籍企業の問題を俎上《そじょう》にのせました。それが、八一年の六月、ハーグで開かれた第一〇回大会です。二十二日から二十六日まで、〝縮まり行く世界〟を主題に、三八カ国、三五〇人が集まって、熱心にこの問題を討議しました。そして最終日には、「消費者国際警察を設置しよう、八〇年代世界の消費者運動に〝新しい波〟を巻き起こそう」という決議を採択したのです。

じつは、この大会に先だって、もうひとつの会議があったのです。国連の専門部会のアジア太平洋経済社会委員会（ＥＳＣＡＰ）の会議が、六月二日から八日まで、ＥＳＣＡＰが所在するタイのバンコクで開かれました。私は、IOCUから、「IOCUを代表して、この会議に参加してほしい」という要請を受け、日消連の安藤さんを誘って出かけました。どうせ小規模な委員会だろうとタカをくくって出かけたのですが、とんでもない、ESCAPは威容堂々たるもので、日本の国会の衆参両院を合わせたような規模でした。職員も一五〇〇人、すっかり度肝を抜かれてしまいました。

会議は、アジア太平洋地域の消費者行政担当の政府要人と、同じく主要な消費者団体代表が集まって、消費者がどういう状況におかれているか、どんな問題に直面しているかを話し合いました。そして最終日に意見をまとめ、国連の経済社会理事会に提案されることになったのです。この会議でも、最も強力に発言したのはフィリピンのミス・アマルゴさんでした。

彼女は終始、多国籍企業の悪行を告発し、消費者国際警察の設置を執拗に迫りました。そしてついに、国連へ提出する勧告文の中へ「設置を考慮する必要がある」との一句を入れさせました。そしてこれが、第一〇回IOCUの決議――消費者国際警察の設置へと導いたのです。

アジアへの姿勢を問われる

じつは、このESCAPの会議が開かれる前夜、ホテルの食堂で、私と安藤さんはさんざんな目にあいました。例のネッスル社の粉ミルクの一件です。五月二十一日にジュネーブで開かれた世界保健機関(WHO)の総会で、第三世界における粉ミルクの販売促進について、大きな箍《たが》がはめられる決議が行われたのです。ところが、実際にこの総会に参加した代表者から、「一一八カ国はこの規制に賛成投票をしたが、ただ一国、アメリカ政府が反対し、日本政府は終始アメリカの顔色をみて行動した。そして決議に棄権した。なぜ日本政府はこういうことをするのか」と詰問されてしまいました。私たちは返す言葉もなく、国内運動の不充分さを痛感しなければなりませんでした。

同じホテルの食堂である夜、数人のタイの青年が一杯飲んでいました。例によってあつかましい私は、彼らのなかに割りこんで尋ねました。「日本企業のタイ進出をどう思いますか」と。どうやら彼らはタイ政府の官僚らしく、「名前はいえない」と前置きしながら次のように答えてくれました。「日本がタイへ売る自動車は、欧米に売る自動車に比べ質が悪く二流品だ。日本の技術は優れているので技術提携をすると、技術提携料を無期限に日本企業は本国へもっていく。だからタイはいつまでたっても技術の面で独立できない。パテントについても同じだ。タイ沿岸の漁民の体内に含まれている水銀を調べたところ、一般の人たちのそれよりも高いことが分かった。沿岸の工場排水が原因ではないか。第二の水俣病が起こるのではないかと心配だ。化学調味料がじゃんじゃん売られているが、健康のためによくない。タイは貧乏なので観光産業も盛んにせねばならない、しかしセックスツァーがくっつくので痛しかゆしだ。化粧品も日本製だけでなく欧米などの外国製のものもたくさん入ってくる。唇が腫れたり、いろいろな被害が出ている」――ざっとこんな内容の答えでした。なるほど、バンコクの街は日本製の自動車でいっぱい。しかし、タイの心ある人たちはその車を見て、決して快く思っていないのです。その他のことについても……。

バンコクからパリを経て、私はハーグへ直行しました。緑と青空、澄んだ空気に包まれた静かな郊外に、IOCU大会の会場は設営されていました。第一日目の開会式にはオランダ皇太子が出席されました。しかし、司会をつとめたファザールさんは、皇太子より先に、日本から車椅子ではるばるやってきたスモン被害者の名を一人ひとり読みあげ、紹介しました。日本なら順序は逆です。それほど、多国籍企業の悪行のシンボルとしてのスモン被害者が重視されたのです。この日の夕方、スモン被害者と新聞記者との公的な会見も用意されました。

二日目の午前中は、全体会、IOCU理事の選出、分科会、そして最終日が全体会で決議の採択という順序です。日本消費者連盟は、ペナン消費者協会に次ぐ二位で理事に選ばれ、ファザールさんも無競争で会長に再選されました。私も教育の分科会で冒頭に一五分のスピーチを要請され、あとでベルリン技術大学のHeiko Steffens博士からよい内容だったとてもほめられました。しかし、そんなことよりも、日消連グループの伊佐山芳朗弁護士や水間典昭さん（薬害・医療被害情報センター事務局長）の活躍はたいへんなものでした。伊佐山さんは決議文の中に嫌煙権を挿入させることに成功し、奥さんがスモン被害者だという水間さんは、全体会でも医薬品分科会でもしつこいほど発言し、スモン問題のクローズアップを主張して食い下がりました。というのは、日本では、この問題は八〇年に決着がついたのですが、海外ではまだです。スモンの元凶キノホルムは、大手を振って海外の市場でいまなお販売されています。そのため、スウェーデンではすでに四〇例、オーストラリアでは三〇例、その他の国で二二例、八一年に入って英国でも二例が出ている――こんな報告を聴いて私は驚きました。たしかにスモン被害は多国籍企業の悪行の象徴のようなものです。ですからロンドンに事務所をもつパブリック・インタレスト・リサーチ・センターはキノホルムに関する警告リーフレットを全世界に配るといっていました。

私は、この大会のハイライトは最終日の消費者国際警察の設置の決定を除けば、二日間の全体会だったと思います。壇上には、「有害製品・技術・廃棄物の第三世界へのダンピング」と横書きで大書したパネルが上から吊るされていました。

その下で行われた国連経済社会理事会の代表、カーター政権下の環境保護庁（ＥＰＡ）の環境の質に関する委員会の代表、オーストラリア代表のスピーチはいずれも格調高く印象的でした。具体的事例をあげながら、いかに多国籍企業が利潤追求のために非人道的な商行為の数々を第三世界でしているかの報告でした。その一例を、環境の質に関する委員会代表の報告から紹介しましょう――。

「避妊リング」にみる多国籍企業の正体

ダルケン・シールドという避妊リングは、アメリカのロビンズ社が一九七一年に売り出しました。ところが、発売後ただちに、その使用者から被害の訴えがあいつぎました。リングについた糸から細菌が逆行して、骨盤内炎症や敗血症、早産や流産をひき起こし、子宮せん孔などの恐ろしい被害が続々と現われたのです。アメリカ国内だけで二〇万件の被害が報告され、ついに、国内では販売が禁止されました。しかし利益を追求する企業は、せめて設備投資した分だけでも資金を回収せねばならず、米連邦政府の国際開発庁（ＡＩＤ）の人口局に頼みこんで、この有害な製品を第三世界で販売できるよう働きかけたのです。しかも四八％も値引きして。ところが、国際的にも大きな被害の反響が現われました。そこで連邦食品医薬品局（ＦＤＡ）は七四年に急遽公聴会を開き、国際的にもその製品を回収するよう命じました。しかし、時すでに遅く、その避妊器具は多くの第三世界の国々にゆきわたり、四四万人の婦人が使用してしまった後でした。しかも、いまなおパキスタン、インドで出回っており、南アフリカでも使われている可能性があるということです。七七年の時点ではカナダで、七九年にはケニヤで、その製品は自由に手に入れることができ、オーストラリアでも八〇年までロビンズ社は回収を怠ったということです。

もうひとつ同じような例に、デポ・プロペラという避妊注射薬があります。これもアメリカの企業が製造したものです。そしてこれもＡＩＤの人口計画の一環として第三世界に持ち込まれ、斡旋《あっせん》されています。恐るべきことに、カンボジアの難民キャンプで使われているということです。そして難民キャンプの女性の死産・流産の割合が最近急速に高まったということです。

これは、私のまったくの主観ですが、このような危険な避妊器具や避妊薬を、政府の人口計画に関係をもつ機関が斡旋しているということは、緩慢な人減らし政策以外のなにものでもないような気がします。というのは、七〇年代にスタンフォード大学のポール・エーリック教授の書いた『人口爆発』という本がもてはやされ、人口抑制ということが声高らかに叫ばれました。ところが七四年に、ブカレストの世界人口会議で、このような先進国の押しつけによる人口抑制策に、第三世界から非常な反発が起こりました。以来、先進国は第三世界にたいし正面きって人口を抑制しなさいなどということは言えなくなりました。ですから、これに代わるものとしてダルケン・シールドやデポ・プロペラが斡旋されているのではないかと私は思います。

国際的な監視の輪を！

話をもとへ戻しますと、第三世界へのダンピングは有害製品だけでなく、有害技術、有害廃棄物もあります。たとえば、アスベスト（石綿）は慢性呼吸病のほかにガンを誘発するというので、アメリカの市民団体は以前から問題にしていました。ところがそのアスベストを製造するプラントが第三世界に向けて輸出されています。また有害廃棄物の問題では、アメリカの会社がシエラレオネ（アフリカ西端の国、英連邦の一員）の大統領と秘密に契約を結んで、年間二五〇〇万ドルで処理施設を建ててほしいとたのんだ（一九七〇年）、これをアメリカの新聞がすっぱ抜いたのです。この会社はその前にも同様の話をリベリアにもちかけ、ことわられております。ナイジェリア、ガーナの新聞の論説がアメリカを非難し、シエラレオネの学生が抗議に立ち上がり、大統領はアメリカの提案を撤回した、というものです。ちょうど、日本が原発の廃棄物を南太平洋の海域に投棄しようとして、ことが明らかにされたのと同じです。

そのほか、いろいろな報告が出されました。要するに、日本を含む各国の多国籍企業は、世界を股にかけいろいろな悪いことをしています。各国の消費者団体も、国内レベルでの活動はもちろんのこと国際的レベルでも手をとりあって、彼等の悪行を監視し、やめさせるように行動に立ち上がろう、これが消費者国際警察設置の趣旨です。オランダ政府はこの機構設置のために、すでに一〇〇〇万円の寄付をIOCUにしました。ファザールさんはかつて私に「戦争で人を殺すのも、有害製品で人を殺すのも、殺される者にとっては同じだ」といいました。キナ臭い匂いがただよう昨今、戦争はなんとしても止めさせねばなりません。が、同時に、経済侵略によって貧しい国の人びとの人命をジワジワと痛めつけ、死に追いやるようなことを平気でやっている多国籍企業の悪行にも、私たちはもっと目を光らす必要があると思います。

（国民生活センター『今の暮らしのいきつく果ては？』一九八二年一月）

注

1 アンワ・ファザール（一九四一〜 ）。マラヤ大学経済学・経営学部を卒業して消費者運動に参加し、一九七〇年、マレーシア北部の都市ペナンで消費者協会を設立した。一九七四年、国際消費者機構（ＩＯＣＵ）アジア太平洋地域の事務局長となり、七八〜八四年にＩＯＣＵの会長の職にあった。主著は『ジャンク・フード』（一九八二年）。

2 ジュリー・アマルゴはフィリピン消費者運動連盟代表、一九八七年ＩＯＣＵ名誉顧問になった。

三 「菊と力」——日本資本の進出にみる
——マレーシアの経済専門月刊誌『マレーシア・ビジネス』が警告する

午前七時五五分、セランゴール州バッティガにある松下工場のサイレンが鳴る。仕事始めを待っていた労働者がさっと軍隊式に一〇列に整列、男女約二〇人の各列の先頭には、日本人の職場長が立っている。スピーカーから音楽が流れると、全員飛んだりはねたり体を曲げたりして準備体操が始まる。

五分間の体操が終わり、次は工場歌の合唱だ。松下への愛社精神をもりこんだマレーシア語の歌である。そのあと一人の労働者が演壇に進み、青表紙の小冊子を開いて『松下電器の遵奉すべき精神』を大声で朗読する。——産業報国、公明正大、和親一致、力闘向上、礼節謙譲、順応同化、最後に〝平和と喜び、困難を克服する無限の力を与えてくれる〟同僚・地域社会・国家・外国の友人に感謝報恩する——という内容である。指導者につづいて全員が一小節ずつ復唱する。つぎに士気を高める激励演説。別の労働者が台の上から大声で叫ぶ。「われわれの部門の生産成績がかんばしくないので会社経営者は困っている。やり方を改善しなければならない。新しい機材が必要なら、技師や監督にどんどん言うべきだ。黙っていてはいけない。どうしてほしいかなんでも言うべきだ。仕事をよくするにはそれしかない。みんなでもっといい方法がないかよく考え、がんばっていこう」。さらにこの朝会で労働者は遠慮なく自分の提案をしゃべらされ、また苦情をどんどん吐き出すように仕向けられる。それが二〇分ほどで終わると、今日こそはいい仕事ができるようにと決意を新たにしながら、隊列を組んで生産ラインにつく。

こうしたやり方はきっと効果をあげるに違いない。賢明な日本人管理者のことだから、業務成績があがらないようなことをいつまでも続けるはずはない。会社幹部の一人は「労働者の士気を高め、信頼感を深めるのに役立つ」と説明する。ジョホールバルのバシルプランギにあるマドス・シト・ダイケン合板工場でも、毎朝七時まえに同じような朝会が開かれる。日本人の体操の先生が労働者に日課の体操を教える。違うところは、激励演説が月一回という点だ。そこで前月分の仕事のやり方を点検し、それに応じて労働者をほめたり、また注意を与える。そして来月からまたがんばろうで終わる。

こうした姿は、日本人のマレーシア進出ぶりを示す興味深いほんの一部の例にすぎない。日本人はすでに相当マレーシアに進出しており、この傾向はますます増大の一途をたどるだろう。マレーシアに来ている既存の日本企業は、ある意味では、来るべき大量進出に備えての橋頭堡《きょうとうほ》にすぎない。日本企業がマレーシアの国内問題につぎつぎと首をつっこんでくるのは、もはや避けられない状況である。

日本経済のほこ先

したがって、われわれにとって、その動きを検討し、どう対処するか対策をねることが当面の急務である。今後の見通しはどうなのか。マレーシアの日本に対する輸出入の依存度が年々高まり、また合弁会社を通じて産業界における日本の役割が次第に増大した場合、どんな結果がもたらされるのか。われわれマレーシア人にとって、警報をうちならすべき日がすでに到来しているように思える。

日本は、シンガポール、アメリカ、イギリスよりはるかに先んじて、すでにマレーシアの主要な貿易相手になっている。昨年（編集部注、一九七二年）の日本との貿易量は、マレーシアの全貿易量のおよそ二〇％を占めた。一九六〇年代にはマレーシア側の大幅黒字になっていた貿易収支は、最近悪化し始め、昨年はじめて赤字に転じた（別表参照）。

貿易全体のなかに占める日本のシェアが急速に伸びることはもはや疑う余地はない。入手できる一九七三年のさまざまな数字から推測すると、一九七四年はもっと広がるだろう。また各種の地域的なプロジェクションからみると、東南アジア諸国は一九八〇年まえに日本との貿易が全体の五〇％か六〇％に及ぶところまで追いこまれるのではないかと思われる。

東南アジア諸国のなかで、ひとりマレーシアだけがこの日本進出のほこ先からのがれるわけにはいかない。現にマレーシアの普通の家庭には、日本製の自動車、ラジオ、テレビ、冷蔵庫、炊事道具などが入りこんでいる。日本経済のほこ先はすでにここまできているのだ。

日本・マレーシア間の貿易はますます一方的に行われるものと思われる。マレーシアにとって日本との貿易がますます重要になるのに反して、日本にとってはマレーシアとの貿易の比重は年々減っていくからだ。

日本資本の流入の面では、一方でマレーシア側の管理は強まるとは思うが、全体の方向は貿易の場合と同じである。出資比率はさまざまだが、現に日本が出資している生産会社はマレーシアに全部で六八社もある。投資額は指導的な会社の分だけでほぼ五〇〇〇万ドル、シンガポール、アメリカ、イギリスについで第四位を占めている。そこに働く従業員は約一万一〇〇〇人にも達する。なおこのほか、マレーシアに事務所をもっている日本商社が約二〇社もある。

日本が三〇%以上の資本を所有している代表的な企業一〇社を、一九七二年末の数字で資本金の多いほうからあげると次の通りである（会社名、払い込み資本金・一〇〇万ドル単位、日本の出資比率）。

マラヤワタ製鉄（三八・九%、三九%）、松下工業（一五・〇、一〇〇%）、マラヤ製糖（一二・一、三九%）、マレーシア板ガラス（一二・〇、四九%）、マラヤ電化工業（九・〇、三五%）、オリエンタルすず製錬（七・三、五五%）、大昭和木材（五・八、九八%）、アジア自動車工業（四・四、三二%）、味の素（四・〇、六〇%）、チェン・ワ印刷（三・七、三〇%）。なおこのほか、資本金の大きい合弁企業として、パン・マレーシア・セメント工業（一二・九、三・八%）と、マレーシア繊維（一三・五、二四・六%）があげられる。

マレーシアの対日貿易量

（単位：万ドル）

	輸出	輸入	貿易収支
1969年	93,220	57,020	36,200
1970年	94,450	74,920	19,530
1971年	91,240	87,690	3,550
1972年	84,010	98,170	-14,160

こうした資本流入は貿易の場合と同様に、現状では、まださささやかな流れのほんのさざ波程度のものにすぎないが、やがてそのうちに、予想もできないほどの奔流となって流れこむことだろう。

その兆候はまだマレーシアでは顕著に見られないが、日本国内のほうにそうした資本流出をせまる諸条件が存在していると思われる。

公害流出の恐れ

一九七三年十月、シンガポールで開催された「太平洋地域投資会議」で日本側出席者が発言したように、日本の産業界の海外進出を促進する日本国内の圧力が年々増大している。急激な賃金上昇をともなう労働力不足、工場用地不足、円の再切り上げにともなう輸出価格の上昇さらにいちばん重要な要因である公害問題――などが、そうした圧力となっている。経済成長にたいする地域住民の抵抗が急速に広がり、経済だけが先走りすることに社会的良心が待ったをかけ始めたのである。きれいな空気、きれいな水がいまや物質的な繁栄と全く同じくらい重要なものとなった。

日本は海外に大規模な工業再配置計画を進めようとしている。この過程は、受け入れ国側が公害問題を見抜く力をもたず、また適切な防止手段を要求しない場合には、日本が公害の大規模な再配置に乗り出すということを意味する。東南アジアは、好むと好まざるとにかかわらず日本から金と機械が流れこむ通路に当たっている。もちろんこの地域はアメリカやヨーロッパにとっても深い関心の対象であるに違いない。バンコクのアジア太平洋地域経済協力センター（ＥＣＯＣＥＮ）の分析によれば、今後の日本の海外投資は、その二〇％もが東南アジアに集中するだろうといわれる。そして東南アジアの中ではマレーシアが、幸か不幸か――それは見る人の見方次第だが――獅子の分け前にあずかる格好の場所になっているのだ。

もちろん、物事にはいつも対立する二つの見方がある。この地域において日本が果たすさまざまな役割は、見方によって全く相反する様相を呈することになろう。それはあたかも日本社会そのものの矛盾を輸出しているようなものだ。いまでは単に文学的な表現になってしまった言い方を使えば、日本の二面性である「菊と刀」が輸出されるのである。したがって日本人とつき合っているマレーシア人のあいだには、日本について相反する見解が生まれることになる。

マレーシア連邦産業開発公社（ＦＩＤＡ）の立場からみると、日本産業界の海外進出を促進している日本国内の圧力は、マレーシアにとって絶好のチャンスだということになる。ＦＩＤＡ投資促進局長のＪ・ジェガディサン氏は、

「一九七三年はマレーシアにとって日本資本流入の記録的な年だった。七三年八月の段階で日本・マレーシア合併企業は六八社に達し、さらに新規設立が原則的に承認されている企業は、このほかに五八社もある」

「ミノルタともう一つカメラ会社がやってくる。ミノルタはカメラ以外に複写器、マイクロフィルム装置、科学機器の生産を始める。また世界市場と日本への輸出を目ざす繊維産業への投資は数百万ドルに達するだろう」

「繊維につぐ最大の投資分野は、電器・電子機器メーカーである。それも電子部品から電話・テレビのような精密な輸出向け製品へと移りつつある。スンゲイウェイの自由貿易区域にある松下のエア・コンディショナー工場は、輸出生産の先頭を切っている。製品のわずか一〇％が地元市場向けで、残りはすべて輸出向けだ」

「興味深いことは、最近、日本資本が工場をどんどん農村地帯へ分散させ始めたことだ。これまではクアラルンプールかペナンに工場をつくってきたが、われわれは現在、セレムバン、マラッカ、クアラカンザ

ーなどに工場をおくよう説得している。クアラカンザーでは日本が最初の進出企業だった。ここの州政府当局が熱心だったからである」

「黒帯」級の実力もつ

ジェガディサン氏は、低賃金にひかれて日本が投資するのだという説を否定する。「それは思い違いだ。シンガポールを除けば、まわりの東南アジア諸国をはじめ多くのアジア諸国と比べて賃金はマレーシアのほうが高い。なぜ日本企業はマレーシア以外の賃金の安い国に工場を建てないのか。日本企業がここに進出してくる主な理由は労務費のせいではなく、われわれが一括提供している条件がいいせいだ」。

「政府関係者であるわれわれは日本人との取引のなかに、いつも〝菊〟のほうを見る」と彼はいう。日本側はいつも政府が出す条件に従ってくれているというのだ。逆に、私的な分野の個々の事業家にいわせると、彼らはいつも日本側に〝刀〟を感じるという。日本側が、自分たちは日本のためというより会社のために仕事をしているのだといくら言い訳しても、そうなのである。合弁企業の取り決めについてはマレーシア人はそれほど世慣れていないから、マレーシアの通産省がすべての技術取り決めの審査をすることになっている。

役人がすべて「政府関係のわれわれは菊を見る」というジェガディサン氏の見解に同意しているわけではない。外務省や通産省には、日本のマレーシア経済における役割や東京の政治的影響力が急速に増大するにつれ、あらゆるかたちの日本の挑戦を予見するものがいるのだ。

「現在の日本は、いわば柔道の練習生になぞらえることができる。彼らはただころぶだけで、怪我をしないことが大切なのだ」――日本と深いかかわり合いを持つ政府高官はこういう。「だが日本はいつまでも練習生の地位にあまんじているはずはない。巨大な生産力に備えて原料確保の必要に迫られたとき、日本企業はこれまでよりもっと侵略的な貿易政策に乗り出さざるをえなくなる。ただこの問題は、日本企業が目上のパートナーになろうとしさえしなければ、マレーシアや東南アジアにとってかならずしも悪いことだけではない」。

「問題は、賢明な日本が今後どんな政策を進めるかということだ。われわれが日本側にくりかえし主張してきたことは、日本がマレーシアを相互依存における対等の相手としてあつかうべきだということである」

「日本にそうさせようと思えば、われわれにもその方法がないわけではない。たとえば東南アジア諸国連合（ASEAN）などを通じて、日本が東南アジアの国々を軽視できないよう仕向けていくこともできる。この地域の国々にとっていちばん大事なことは、みんなが団結することだ」

連帯強めるアジア諸国

ようやくわれわれのほうも日本の経済力に対する統一した要求を出せるようになった。年間一〇〇万トンの生産能力にまで急速に伸びてきた日本の合成ゴム産業に対して、われわれが対決ともいうべき姿勢を打ち出したことは、その最初の試みである。日本の合成ゴム輸出は、東南アジアの天然ゴムの輸出市場と真っ正面から競合しているのだ。また日本がその合成ゴムを生産費以下でしばしばダンピングしているという苦情も絶えない。それだけでなく日本は、天然ゴムに最も近い合成ゴムであるシス・ポリイソプレンの生産コストを削減するため、巨大な研究開発投資を行っているともいわれる。

タイ、マレーシア、シンガポール、インドネシア、フィリピンのASEAN加盟国は、日本が合成ゴム生産を削減し、輸出の自主規制を行うよう要請してきた。だが、日本政府のこれまでの回答は、この問題について話し合うことに同意するというおざなりのものであった。最近の石油価格の急騰（石油は合成ゴムの原料）と、日本での公害問題の高まり（合成ゴム産業はとりわけ汚染がひどい）から察すると、日本政府はASEANとの友好関係を深めることに政治的利益を読み取ってもよさそうなものなのに、これまでのところ日本政府がそう考えているような様子は少しも見られない。それどころか、日本の合成ゴムがマレーシアの天然ゴム産業に損害を与えているということを、それとなく否定しようとさえしている。こうした日本のやり口は、この紛争が容易には解決されそうにないことを示している。

対日貿易収支の悪化を改善するためにマレーシアがなしうる基本的な政策は、主要な輸出物資の加工度を高めることであろう。たとえば原木の輸出を減らして製材で売ることである。日本がかりに現行の関税障壁を下げれば、この戦略はうまくいくのだが、果たして日本がそうするかどうか。かりにマレーシアからの輸出品の大部分が日本・マレーシア合弁企業を通じて行われるのであれば、日本はよろこんで関税引き下げに応ずるだろう。そして政府関係者が認めるように、この関税引き下げこそが建設的な貿易関係を樹立するうえで、マレーシア側が基本的に要請していることである。

他方、日本における生産コストの高騰は、たしかにマレーシアの製造業者に絶好のチャンスをもたらしたといえる。日本での生産コストが上がったため、マレーシアの商品もこれまで閉ざされていた日本の国内市場に入っていく余地が開かれたのである。繊維と家具はとくに今後の見通しが明るい分野だといえる。またマレーシアの加工水産業は、日本での需要がふくれあがったため、現在ブームを呼んでいる。そのためにマレーシアの国内市場におけるクルマエビの値段は現在つり上がってしまった。そのほか、マレーシアがそれぞれの産業発展をさまたげている制度上の隘路《あいろ》を改善しさえすれば、ピュータ（すずと鉛の合金）製の器物製造やロウ染めや牛肉加工などもうまくいくだろう。逆にパイナップルかん詰めは、日本が沖縄の効率の悪いパイナップル産業の保護政策をとっている関係で、それほど伸びるとは思えない。

マレーシアはこれまで以上に商品輸出を行いうる能力をもっており、政府としても日本市場を貿易促進の主目標に決めている。貿易使節団や見本市などももっと頻繁に行わねばならない。ところが残念なことにマレーシアの事業家は、政府の指導に積極的に従おうとせずに、また日本がここでやっているくらいモウレツに日本向けの販売合戦をやらねばならないということをのみこめないのである。だから当面、むしろ日本側が主導権をにぎっているありさまで、日本は東南アジア向けの貿易・投資・旅行案内センターを東京に設置し、諸外国に買い付け使節団――販売使節団ではない――を頻繁に派遣し、有望な輸入品を熱心に探している。マレーシアならびにASEAN加盟国は、むしろそうした日本の買いあさりに挑戦したほうがいいのではなかろうか。

かりに日本が対等な関係で協力しようとしない場合、マレーシアにはどう対抗できるのか。タイでは学生が日本商品の組織的ボイコットという、短期間ではあったが、一つの奇跡を実現した。その間バンコクの日本デパートの売り上げは七〇％以上も減った。日本はこのデモの意味するものをたいへん憂慮した。東南アジアは日本商品にとって巨大で、潜在的に有望な市場だからである。

人間同士のつき合い

日本にとっては、この地域が産出する原料もまた同様に重要であり、またペルシャ湾からマラッカ海峡を通る日本の原油輸送ないしはインドネシアのロンボク海峡を通る大型タンカーなどの安全航行が不断に確保されていることも重大関心事である。したがってマレーシア、インドネシア両国は、万一、日本との関係が悪化した場合には、この二つの海峡を日本に対する政治的武器として使いたいという気になるかもしれない。その意味では、こうした武器があることをいつも日本に気づかせておくことは有益であろう。

日本とマレーシアとの関係はすべて一方的だというわけではなく、また大金持ちの巨人に調子を合わせて踊らされる貧乏な小児という関係でもないことをはっきりさせておきたい。それどころか、この小児は団結が力であり、ASEANはまさにその名の示すように協力体であることを知っているのだ。

マレーシアの高官の忠告によれば、日本は「もっと控え目にふるまうべきなのである」。日本は東南アジアにおいて資源と市場を収奪しようとしているのではないこと、むしろ平等・公正な取引に基づく関係を打ち立てようとしているということを、これらの国々にたいして行為ではっきり示すべきだ、と彼はいう。「アジア人のあいだにある日本経済の偉業にたいする称賛の念は振り子のように逆の極にも揺れ動く。日本はこのことを銘記すべきだ。なぜなら日本はアジアの一員として、アジア以外の国々よりも、アジア諸国の伝統と感受性をよりよく理解できる立場に立たされているからである」

最後にいえることは、マレーシアと日本との関係は、とりもなおさずマレーシア人と日本人という生身の人間のつき合いにほかならないということだ。このことは、マレーシア在留の日本人がすすんでこの分野の開拓者にならなければならないということでもある。マレーシアに住む日本人がマレーシア人と仲よくなることは、とりもなおさず日本とマレーシアとの関係の政治関係がよくなることだという議論もなりたつ。

現在、両者の関係は大まかにいえば良好だが、細部を取材してみると、意見の対立や緊張が若干見受けられる。今後一〇年間にマレーシア人と日本人とがつき合う機会は急速に広がると思われる。したがって今から、対立の原因となりうるものを明確につきとめ、それの対応策を講じておくことが大切であろう。

(『朝日ジャーナル』一九七四年六月二十一日号訳)

四　日本の経済・技術援助は何をもたらしたか
——民衆の連帯こそが重要

アジア太平洋資料センター設立一〇周年を記念し、「連帯の集い」が去年（一九八三年）の十二月十五日、全電通会館ホールで開れた。九カ国二一名の海外代表が参加、うちの三人が演壇に立った。彼等は何れも日本の経済・技術援助が現地の民衆の生活向上に役立たないばかりか、伝統的生活技術の破壊で失業と貧困を増大させ、力あるものを益々強める結果を生んでいる、政府間レベルではなく、民衆と民衆の連帯こそが重要だと訴えた。以下はそのスピーチの要旨である。

タイの代表は、タイが日本援助依存病と権力集中病にかかっていると語った。例えば、農地改革にたいする日本製コンバインで象徴される技術援助は、局所的には緑なす見事な成果をもたらした。空中からその局面だけを撮影し、ＴＶで流し、日本援助がいかに重要かをＰＲする。そしてその功績を己れの立身出世の具に支配層は利用する。援助は「見せもの」なのである。周辺農民の貧しさはそのことによって少しも解決されはしない。またセンマイでは、いま、村民が裁判をおこしている。日本企業が経済援助という名のもとに森林を伐採し植林事業をおこしている。当初は雇用創出の幻想にかられ村民も喜んだ。だが切りとられた木材は日本へ運び去られる。かつてこの森でシイタケをとり、木を切って暮していた生活はもう戻らない。村民はこの生活破壊を裁判で訴えているのだ。無償援助と名のつくダムの建設も、結局は、そこに運びこまれる機材、設備、技術の一切合切は日本からくる。ダムに限らず、すべてのプロジェクトはたとえそれが無償援助であっても、維持費は誰が払うのかという問題が残る。そして一方では、権力をもつものが益々権力を集中する結果を生む。

バングラデシュの代表は日本の大型トロール船導入の話をした。これまで手づくりの漁法で生計をたてていた漁民はトロール船の出現で失業者の群へ転落。一方、高価なトロール船を買うことのできる金持は漁業会社をおこして儲ける。また日本政府はカラーTVセンターをダッカに設立した。だが七〇％以上の国民はテレビもなく、日に八〜一二時間働いても、収穫期を除けば、たった一〇円の収入にしかならない。それも働ける期間は年平均三カ月、あとは半失業か完全失業なのだ。子どもたちは六〇％が栄養失調、一〇〇〇人生まれて半分以上が八歳になる前に死んでしまう。衣類といえば国民の八〇％が日本やアメリカからくる中古品を使っている。こうした生活環境にカラーTVセンターの設立援助がどういう意味をもつのだろう？　技術移転という型の日本援助もある。その典型的な例は精米機の導入。これまで農民たちは木の道具をつかって手作業で精米をしていた。ところが、いまやどんな小さな村にも精米機が入りこみ、失業者をつくり出している。要するに、バングラデシュにおける開発とは大きいビルを建てることであり、ダッカ市を美化することなのである。そして外国人がきて、「お！　ワンダフル！」と言わさせるようにすることなのだ。できるだけ沢山のエヤコンつき車を走らせ、軍人や官僚が乗り廻わすことなのだ。いかに民衆が飢え、苦しみ、労働者がいかに権利要求をしたくても、戒厳令のもとでは一切の政治活動が禁じられている。十一月二十六日の平和的デモでさえ二〇人が、ダッカ大学では一二〇人以上が殺された。連帯は、こういう事実を先ず知り合うことからはじまる。

フィリピン代表は、日本の経済援助で漁港開発プロジェクトが、いま、マニラのナボタス港で進められていることを語った。この開発で一五〇〇世帯が強制退去させられた。プロジェクトが完成すれば漁民は完全に職を奪われ、金をもつものだけが漁業会社をつくることができる。自国の権益をつよめるための日米援助をわれわれは望まない、と。

（公労協『生きる権利』一九八四年一月号）

第三章　私の半生

一　私を育てた総評と三池のヤマ

はじめに

今年（一九九七年）二月十七日、日本テレビの「おもいッきりテレビ」という番組のコーナーのひとつ「今日はなんの日?」で、総評主婦の会が実施した「第一回内職大会」が放映された。この内職大会は、私が総評で働いていたときに取り組んだユニークな仕事の一つだった。

当時、日本の労働者の賃金は欧米の労働者の九分の一程度の低さだった。こんな低賃金でどうして暮らしていけるのだろう? 総評主婦の会全国オルグの私は、傘下労働組合の労働者家族の家計調査に乗り出した。経費節約が目的ではなく、「まっとうに暮らせる賃金をよこせ」という主張を押し進めるためだった。この調査活動を「闘う家計簿運動」と呼んだ。

調査で分かったことは、各家庭の主婦たちが例外なく内職で家計を補っていることだった。そこで、内

第一回内職大会から　北沢広氏撮影

職の実態調査にも乗り出した。総評という大きな組織をバックにした調査だったので、それほど困難はなかった。内職の実態がこと細かにわかった。「よーし、この実態を世に問うてやろう。内職なしで暮らせる賃金を！　内職工賃を上げろ！　内職大会を開こう！」と決心。六五年二月十七日、お茶の水の全電通会館で、最初の内職大会を開いた。

自分の作った内職製品を手に手にもった労働者のおかみさんたちが、全国から集まった。ホールは一杯。一〇名前後の主婦が壇上に上がった。一人ひとりが自分の作っている内職製品を高く掲げ、これは一ダース作っていくら、一個当たりはいくら、一日に何個でき、日収はいくらなど、大きな声で報告。会場から大きな拍手が起こった。大会終了後、労働省婦人少年局へデモ。「この内職製品は一個当たりに換算すると、〇銭〇厘。厘というお金が現実にあるのか？　あるのなら見せてほしい」と局長に迫った。

「総評が内職問題にまで手を出しはじめた！」官僚どもは内心おどろいたのだろうか、六八年十二月二十二日、家内労働法が制定された。「昔陸軍、いま総評」という言葉が流行っていた時代だった。

内職大会は私にとって、いまでも忘れがたいユニークなイベントだった。ところが、その内職大会が、冒頭に書いたように、テレビで再現されたのである。そして不思議なことに、その翌日、「昔陸軍、いま総評」の話題の主・岩井章元総評事務局長が、この世を去っていった。満七五歳を間近に控えて……。

岩井氏は、「貧乏退治」のど根性を今でも忘れないほど私にたたき込んでくれた人物だったし、もう二度とは再現しえないであろう、あの輝かしい日本の労働運動をつくりあげ、最後まで「節を屈せず」闘い抜いた人だった……そう思い起こすと、私は、いまでも「総評」の中に自分が生きているように思えてならないのである。

岩井氏の死後、彼の著書『されど節を屈せず』（労働大学刊行）を読み返してみた。そして独語した。「勝つことはできなくとも、右傾化には負けないぞ！」と。

こんな思いに耽っていた矢先の三月三十日、三池のヤマが閉じられた。岩井さんはあの世で、この出来事をどのように受け止めていらっしゃるだろう？　総評時代、私もほんのチョッピリ三池に関わったので、いまさらながら、資本の論理のむごたらしさにただ唖然《あぜん》とする日々をすごすばかり。

一二四年の歴史をもち、日本の産業を支えてきた三池。戦争中は「黒ダイヤ」とおだてられ、労働者を酷使。戦後は経済成長を支え、六三年には炭塵爆発で四五八人もの人命を奪い、八三九人ものCO中毒患者を出しながら、外国から石炭を買う方が「安くつく」という資本の論理を振り回すこの恐ろしさに、私はあきれ、なすすべもなく、日々を送っている。

こんなさなか、労働大学発行の月刊誌『まなぶ』から、総評との関わりを書くようにとの要請を受けた。以下の短編は、その要請に応えたものである。（以下、『まなぶ』九七年四月号、五月号より許可を得て転載）

社会変革のこころざし

私は数え年八七歳。自分の歩いてきた道を振り返ってみると、一本の糸がすーっと流れているような気がする。幼少の頃、それはボンヤリと、そして年を経る毎にだんだんハッキリ、強く、太く、そして最近では、自分でもこうだろうと言えるようになってきた。

世の中なんだかオカシイんじゃあないか、こんな疑問、こんな腹立たしさ、こんな怒りが、私のからだの中には初めっから、ずーっとつきまとってきたような気がする。

貧乏ということ

私は京都の西陣、北野天満宮の近くで生まれた。この界隈は「賃機《ちんばた》やさん」といって大きな織り物問屋さんから機《はた》を織る賃仕事をもらってチマチマ暮らしている人が密集していた。そして近所には芸者やさん、少し離れたところには遊廓もあった。暗くて細長い路地もあちこちにあった。お地蔵さんが赤いヨダレかけをしてお供えの花といっしょに路地の入口に座っていた。こんな雰囲気に包まれた私の生家は、賃機やさんが使う機織り道具を売っていた。品数は数え切れないほど沢山で、新品も中古の品もあった。中古品はお金に困った賃機やさんが売りにきたもので、家にはおかかえの大工さんがいて手直しして、またお店で売っていた。店は西陣でも独占的な地位を占めていたので客足の絶えることはなかった。桐生や朝鮮あたりからもお客さんが来ていた。そんな時、母はきまって話しかけるのである。「お腹がすくといかんさかい、ご飯を食べてからお帰りやす」と。そしてせっせと食事の仕度をした。傍らで見聞きしていた私はハラハラした。「そんなことしたらせっかくの売り上げ利益も吹っとんでしまうのに……」と。

小学校の高学年の頃は、兄がソロバンをはじいてつくった売り掛け金の請求書——その頃、請求書のことを〝書き出し〟といっていた——を、近所の賃機やさんの家へ配ったり、翌日は集金に出かけたりした。釣り銭がいるので、それは母や姉が着物の端切れでつくった木綿のキンチャクに入れて持って歩いた。「ごめんやす、毎度おおきに……」と言って、今にもこわれそうな格子戸を開け、ハモニカ長屋の家のなかへ入っていった。さて、お金をもらう段になると大へんだ。「今日は半分だけ持って帰っとくりゃす。残りは、また、来月の中頃に来とくりゃす」と言うのである。言われたとおり、翌月の半ば頃に行くと、またちょっぴりしかくれない。いつもこんな調子だった。どこの賃機やさんも似たりよったり、スパッといっぺんに全額支払ってくれるところはほとんどなかった。なぜだろう？　オカシイじゃないか？　オジイさんもオバアさんも汚い土間で一生懸命、糸を操っているし、お茶碗を洗ったりもしている。息子さんもお嫁さんも一生懸命に機を織っている。だのに、なぜチビリチビリしかくれないのだろう？　オカシイ、不思議だ。集金に行く毎にこんな思いがして、それがだんだん大きくなっていった。そしてとうとう、これが〝貧乏〟というものなのかと思うようになった。

こんな気持ちを引きずりながら、私は京都府立京都第一高等女学校へ入った。入試から合格まで一切の手続きは自分でした。向うが透けて見えるほど薄手の和紙に毛筆で履歴を書くのは難かしかった。クラスで女学校へ進学できたのは私とお金持ちの五～六人の友だちだけだった。

女学校の授業のレベルはモノ凄く高かった。家庭教師を雇っている友だちもいた。難かしくて手におえない宿題がジャンジャン出た。わが家では父も母も姉も兄も全く手が出ない。翌日、先生から叱られた。「怠けて宿題をしてこなかったんじゃあないのに！」と悔しかった。友だちはカッコイイ洋服を着て通学していた。私も布切れを買ってきて新聞紙で型紙をとって、手縫いのワンピースを着て登校した。そしたら教員室に呼び出され、「膝ッ小僧が出てる」といって叱られた。あれやこれやで、ホトホト公立学校の官僚エリート主義がイヤになった。五年間の学業は終わった。友だちは一人残らず同じ府一の高等科へ進んだ。

世の中を変革すること

一九二八年、私は同志社女子専門学校英文科へ入った。この年は三・一五の日本共産党員の大検挙や河上肇の京大追放事件など世の中は騒然としていた。だのに教室では眼の青い先生が「イット　イズ　ファイン　ツディー」なんて教えている。バカらしかった。日が経つにつれ、だんだんイヤ気がさしてきた。そんなある日、哲学の時間に京大を出たばかりのホヤホヤの戸坂潤先生が羽織ハカマで教壇に立った。そして開口一番、「哲学者は社会をいろいろ解釈する。だが大切なことは、いかに世の中を改革するかだ」と言った。私はハッとした。そしてこの一言がその後の私の人生を決めた。隣接する同志社大学法学部では憲法学者の中島重教授が天皇機関説を説き、課外講演では「社会の進歩とは、利益社会《ゲゼルシャフト》関係のなかに共同《ゲマ》社会《インシャフト》関係をいかに構築しうるかがモノサシだ。武士の社会から商人を解放し、資本主義社会が生れた。いま、われわれは、その資本の搾取に苦しんでいる労働者階級を解放せねばならない。だが、制度的変革だけではダメだ。個人個人の魂の清浄も大切だ」と熱弁を振るっていた。クリスチャンの中島教授はそのための実践の第一歩として、同志社大学のなかに「労働者ミッション」を創った。そして三つの方向を示した。その一つに協同組合運動があった。これが、後日、日本の協同組合運動の源流となった。

私は中島教授の愛弟子と学生結婚をした。が、数年後、彼は病死した。再び、私は同志社大学の門を叩いた。二児を抱えての経済的独立への備えのために、そしてまた、できればプロの世直し運動に何らかの形でかかわりたかったからである。大学では社会事業学と倫理学を専攻した。憲法や行政法はそれぞれの学部で学んだ。「近代とは何か」の恒藤恭教授の講義は今でも忘れ難い。卒論は、バルト（ドイツの神学・哲学者）の『命令と秩序』の原書を一年がかりで読んで、やっと論文を書き上げ、無事、卒業した。この時の苦労と思索がその後の私の土台となった。

生協から総評へ

京都から東京へ飛び出したのは戦火のさなかだった。当時、関西には灘消費組合と神戸消費組合、それに大阪の共益社があった。関東には江東消費組合があった。いずれもクリスチャンの賀川豊彦が創った。とくに江東消費組合には閑古鳥が鳴いていた。男子職員のほとんどは兵隊にとられ、組合員に配る物資は戦時中で困難を極めていた。ともかく戦争が終わるまで江東消費組合のノレンを死守せねばならない、消費組合運動は日本が戦争に負けても勝っても必ず押し寄せてくる世界の潮流だと考えていた。この堅い信念が私を戦火の東京へと向わせた。そして、この考えは間違ってはいなかった。敗戦後間もなく「消費組合」は「生活協同組合」と名を改め、蘇生した。生協法もつくられた。そして今では多くの協同組合が大同団結して一つの大きな社会的潮流となっている。今でもその端っぽに私はつながっている。

学生の頃、中島教授や戸坂潤によって叩きこまれた社会変革への志は、キリスト教精神とミックスして、戦後、日中友好協会の初期の運動、市川房枝先生の活動へ私を引き入れた。

だが本格的に労働運動へコミットしたのは、五九年の総評主婦の会オルグとしての総評入りだった。これは太田・岩井ラインが発足した五八年の総評第一〇回大会で採択された組織綱領草案にもとづいて主婦会組織や居住組織の強化が打ち出されたからである。五九年という年は三井鉱山の一二七九人の労働者の首切りが発表された年だった。そして翌年一月は三池が無期限ストに入った。主婦会オルグになったばかりの私は、早速、三池へ行かされた。ハモニカ長屋の炭住になん日間も雑魚寝《ざこね》で泊めてもらった。私の労働運動の知識は机上の産物で、生身の労働者の生活感覚も、労働者の真剣勝負の闘いも爪の垢ほども分ってはいなかった。そんな私が三池のストを激励するなんてチャンチャラおかしかった。だがそんなことも意に介さず三池へとびこんだ。だが、その後、長い歳月をかけ、少しずつ、机上での薄っペラな労働運動カブレの根性は一枚一枚ウロコがはがされていった。私は六九年に総評主婦の会＝総評を退いた。

勇気と行動

八五年刊行の『私と総評』で、私は次のように総括している。（『社会運動』編集部注：引用部分のみ年号は昭和）

——昭和二〇年代後半から三〇年代前半の労働運動は、労使の鋭い対決が火花を散らしストの連続であった。二七年、炭労の「六三日スト」、二八年、反企業整備の三井鉱山連合会（砂川、美唄、芦別、三池、山野、田川の各炭鉱）の「英雄なき一一三日の闘い」、三〇年代初頭、「国鉄志免炭鉱売山に反対する闘い」、〝敵よりも一日ながく〟を合言葉に闘われた「王子製紙闘争」それから、あの三池闘争など。当時の情況を思い浮かべると、今でも赤い炎が心に燃える。

私はこの時期の後半に、総評主婦の会全国オルグとして就任し、以後十年間を労働者の家族とともに寝食を忘れ、労働者の人間としての権利要求の戦列に加わる機会をえたことをこのうえなく光栄に思う。もしこの経験を経なかったら、この年齢（七三歳）になって、消費者・市民運動にコミットしてはいなかったろう。それにしても、あの太田・岩井総評体制という日本の労働運動が、おそらく二度と再び再現しえないであろう二人の優れた指導者のもとで働きえた私はなんと果報ものだったろう。

それからまた、主婦会のおかあさんたちが、大学出の私を完膚なきまでにすっ裸の人間にしてくれたこともありがたかった。当時はまだ、高等教育をうけていた主婦などは組織の中にはいなかった。しかし、彼女たちは、働く夫の職場の実態を知ることによって、資本の搾取、社会の矛盾というようなことを肌身で感じとり、心底、正義感に燃えて組合のスト支援に立ち上がった。忘れることのできないあの勇気と行動力は、三八年、四五八人の夫の生命を奪った三池炭坑災害に抗議して、彼女たちをして坑内奥深くの地底に座らせた。これに類する例は、他にも沢山あった。その一つ一つのできごとは、私の薄っぺらな社会学の知識などを淡雪のように霧散させ、私を裸の人間にしてくれた。

内職・パートの問題がいま話題になっている。この先鞭をつけたのは、総評主婦の会だった。労働者家庭の家計を公開することによって春闘要求の正当性を世に訴えようと、主婦の会では〝闘う家計簿活動〟を展開した。この運動の中でわかったことは、主婦たちが例外なく劣悪な労働条件の内職・パートをしていることだった。職場では働く夫を搾取し、家庭ではその妻をも搾取する資本への激しい怒りが、内職大会（四二年二月一七日）を全電通会館で開かせ、労働省へのデモとなった。後年、これがバネになって家内労働法が制定された。当時の組織部長は加藤万吉氏、(注1)大の主婦の会の理解者であった。

個々の社会現象を全体の政治、経済の構造の中で摑み、何を優先させ、行動するかの戦略戦術をねる訓練を受けたのも総評だった。これはいまの私の運動に大いに役立っている。

最後に一つだけわからないことがある。四四年の第一〇回主婦の会定期大会の前夜、突如、私と金井重子オルグに辞職勧告が出た。藪から棒で、二人はびっくりした。が、ともかく私は一〇年という区切りでもあり、それにいささか総評の労働貴族的雰囲気にもイヤ気がさしていたので、あっさり辞めてしまった。なぜ、辞職勧告なのか、いまでもわからない。──

社会変革のこころざし──ポスト総評

世の中には「上ばかり向いて」歩いている人が多い。貧乏性の私はポスト総評以降も以前と同じように「下を向いて」歩いている。ただちょっと以前と違う点は、以前の貧しい人々に対する不当な抑圧への「怒り」が社会的不正義への「怒り」へと移ったこと、そしてその目のつけどころも国内ばかりではなく海外へと広がっていった点である。具体的にその足どりを辿ってみよう。

東大社研での仕事

六九年に総評を辞めた私は、東大社研の藤田若雄先生の勧めで戦後労働運動の総決算の仕事を手伝うことになった。先生は「総評主婦の会」新聞の創刊号（五九年七月一日刊行）で、主婦の会「組織の重要性について」の小論を執筆して下さったし、思想的にも先生の内村鑑三の流れを汲む無教会派クリスチャニティーと私の怪しげな社会的キリスト教の信仰が結びついていた。

いよいよ東大社研通いがはじまった。私に与えられた仕事は、先生の研究室に山積する戦後労働運動の争議資料の整理だった。シワクチャになった資料を一枚一枚ていねいに手の平で伸ばし、争議別・年代別に区分け整理し、構内の製本屋へもっていくことだった。私の総評での一〇年の経験が少しは役立ったように思う。

私へのアルバイト代も、その他の諸経費も文部省の特別研究費から出ていた。七三年、藤田先生は『日本労働争議法論』、『日本労働法論』を刊行された。

ところで、六八年十一月から十二月にかけての東大闘争のさなか、藤田先生は「教授会メンバーと学生に訴える」という檄を配られた。

先生の研究室には全共闘の学生がよく出入りしていた。順不同だが今でも忘れがたい人々は神林章夫、岡安茂裕、渡辺章、林素子、折原浩、最首悟らである。後年（八五〜八八年）、私が信州大学客員講師団の一人に加えられたのも、この神林章夫氏が、当時、信州大学経済学部長の要職についておられたからだった。

面識はなかったが、全共闘議長の山本義隆氏が獄中でバルト神学（私の大学卒論のテーマ）を読んでおられたのを当時の『朝日ジャーナル』誌（六九年六月二十九日号）で知った。

私の現在の座右の銘「自己否定」や「終わりなき闘い」は、この獄中の山本義隆全共闘議長から学んだもの。

ところで藤田先生は七三年四月に東大を退官され、国際基督教大学（ＩＣＵ）へ、そしてその三年後の七七年、六四歳で昇天された。告別式はＩＣＵの行動で行なわれた。ずーっと後ろの方で着席していた私は涙が出た。

再びアメリカへ

七〇年の後半、二度目の訪米を試みた。ビザが下りるだろうか心配だった。というのも日本がまだアメリカの占領下だった五〇年、私はアメリカ国務省の招待で「日本婦人指導者代表団」の一員として渡米することになった。

目的はアメリカの民主主義を学ぶことだった。視察は四カ月間。帰国後の報告書を提出せねばならなかった。「……なぜ、便所の入口に『ホワイト』と『カラード』の標識が別々にかかっているのか？　なぜ、バスの中まで『ホワイト』と『カラード』の座席が違うのか？」を中心に書いたように記憶する。すっかりアメリカ当局に睨まれた。

国務省の招待で訪米した頃は、アメリカ全土に〝赤狩り〟の旋風が吹き荒れていた。だから睨まれたにちがいない。そして帰国後もずっと睨まれ続けたように思う。だからビザの申請をしたものの心配だった。だが、ＯＫだった。

アメリカに渡って最初に足を踏み入れたのは第三回全米消費者連合会（ＣＦＡ）の大会だった。

初日は連邦取引委員会のお偉いさんの婦人が「国家と消費者」と題して演説した。二日目の一般討論会で、私は思わずフロアからスッと立ち上った。

「しまった！」と思ったが後の祭り。「日米両国の消費者運動の交流の必要性」を英語で訴えた。大会といっても、私のムチャクチャ英語が通用するほどアットホームな雰囲気だった。

その後、消費者製品テストで世界的に有名なアメリカ消費者同盟（ＣＵ）のニューヨーク市郊外にあったオフィスを訪ねた。会長はコルストン・Ｅ・ウォーン博士。(注2) ウォーン博士は六二年に来日されたこともある。その時お目にかかっていたので今回は二度目。質問事項はあらかじめ英文で送付していたので、ことはスラスラ運んだ。最後に

「七〇年代の消費者運動の動向は？」と聞いた。

「運動の新しい突出部分はアジア、アフリカ、中南米だ……」との答え。どういう意味なのかその時は分らなかった。だが、博士はすでにその時、第三世界の重要性を指摘しておられたのだ。

そのほかいろんな団体を訪ねたが、その一つに全国消費者連盟（ＮＣＬ）がある。事務局長のニューマン夫人は初対面の私に次のように語った。「ＮＣＬの理念も運動も昔と少しも変らない。消費者はモノを買うとき、その製品がどんな労働条件のもとで生産されているかを知るべきだ。ＮＣＬが創設された一八九九年頃、年少労働者はとてもひどい労働条件のもとで働かされていた。一般の労働者も同じだった。今も変らない。ＮＣＬの目標は、このような人権無視の状況をなくすために政府や企業に働きかけることを発足当初から掲げている。アメリカではＮＣＬがはじめて最低賃金法をつくり、年少労働法を提案し、合衆国児童局を創設させた」と。

私はこの話をきいて、アメリカではこんな活動をしているグループでも消費者団体として通用するのかなアと思った。

ラルフ・ネーダーとの出会い

七〇年の訪米で最大の収穫はラルフ・ネーダー氏の来日を実現させたことだった。彼の六五年の処女作『どんなスピードでも自動車は危険だ』は、ネーダーを一躍世界の消費者運動の旗手に祭り上げた。だからどんな優秀なジャーナリストでさえ、彼の居所を摑むのは至難の業だった。

七〇年九月八日、首都ワシントンのプレスビルの彼の事務所をノックした。秘書が出てきた。「日本の消費者運動を激励するためにネーダーさんの来日をお願いに来た」。翌日、「OK」の返事が来た。七一年一月十二日、羽田空港に姿を現したネーダーの第一声は「環境汚染に国境はない」だった。待ち構えていた報道陣はびっくりした。それほど、彼の第一声は日本全土に〝清新の気〟をみなぎらせた。

翌日、ラルフ・ネーダーの晩さん会に招待された。食事中、ぐさり、私の心を刺した彼の言葉は、「これまでの消費者運動はホット・ドッグが一セント安いとか高いとか、何かミニミニ・スタイルのとりつくろい活動が、あたかも運動の特徴であるかのように考えられてきた。だが、これからの運動は、戦後、殺虫剤は六倍、経済成長は三倍、公害のスピードは経済成長を上回るといったように問題が巨大化している。だから、それに拮抗しうる力の結集―消費者サイドに立つ専門家の知識や技術、学生の力を結集せねばならない」のくだりだった。

私はハッとした。それまでモヤモヤしていたウロコが私の眼から落ちた。

新しい質の消費者運動を展開せねばならないといったような、何か使命感のようなものが沸き立ってきた。ジャガ芋が一円高いとか安いとか、安全か安全でないかとかの枠組みを遙かに越えた〝見えない巨大な悪魔の力、体制との闘いをせねばならない〟、そんな考えが次第にハッキリ分かるようになってきた。「海外市民活動情報センター」を発足（七五年六月）させる一因ともなった。

アジアとの出会い

前述のウォーンCU会長が、国際消費者機構（IOCU）を六〇年に創設した。その地域セミナーに私と日本消費者連盟事務局長（当時）の安藤栄雄氏がはじめて参加したのは七四年二月のシンガポール会議だった。ちょうどその少し前、田中角栄首相の東南アジア訪問を現地の学生がデモで迎える事件が突発していた。

セミナーは、「参加者がこのセミナーに何を期待するか」を論点に、参加団代表の五分間スピーチで始った。日本を発つ時、おそらく、そんなことも起こるかもしれない、と英文の文章を用意して会場へ臨んだ。「日本企業のアジア諸国への公害タレ流しへのお詫び、それを阻止しえなかった自分たちの運動の弱さへの反省」を骨子とした内容のものだった。安藤氏が巧みな発音でそれをスピーチした。満堂割れるような拍手、「ワンダフル」「ハンブル」（謙虚）の声が会場のあちこちで聞こえた。

二日目、私は「栄養」の分科会に出た。貧しい国々からの婦人たちが多かった。「お米のとぎ水を捨てるのはもったいない、洗いすぎると栄養が逃げる」などの話題。私は日本の農薬公害のことを話した。

隣にペナン消費者協会（CAP）会長のイドリスさんが着席していた。セミナーがすむと、イドリスさんは自分で飛行機の手配までして、半ば強制的に私たちをマレーシアに引っぱって行った。

若ものたちがかわるがわる私たちを、現地人が〝マラヤワタ富士〟と皮肉って呼んでいた八幡製鉄の廃炭タレ流し現場や、日本企業のマングローブの破壊現場へ連れて行った。

夜は少数の青年たちとの会話。その日の店頭に並んだばかりの『マレーシア・ビジネス』を私たちに突きつけ、「読んでごらんなさい」と。

帰国後、私はそれを邦訳、題して「『菊と刀』――日本資本の進出」を『朝日ジャーナル』誌（七四年六月二十一日号）に載せた（本書第二章三として収録）。後日、IOCUの会長となるCAP事務局長（当時）のアンワ・ファザール氏が私たちを彼の私宅に泊めて下さった。マレーシアでのこうした二泊三日の心のきずなが、日本とアジアの市民運動を結ぶ歴史的な出会いの出発点となった。そして、この時点から約四分の一世紀にわたる、私の〝ごった煮社会運動〟が展開されていった。

（市民セクター政策機構『社会運動』一九九七年六月十五日号）

注

1　加藤万吉（一九二六～　）は電気学校（現在の東京電気大学）を卒業し、戦後労働運動に入り、総評の結成に参加、常任理事となる。一九六七年に国会議員（社会党）となり、その後八期当選した。

2　コルストン・E・ウォーン（一九〇〇～　）、コーネル大学卒。一九三六年アメリカ消費者同盟を創立し、初代会長となった。

二　主婦会活動の歴史と展望

たたかいのなかで生まれた主婦会

総評主婦の会は、三池・安保のたたかいを背景に、昭和三十五年七月に発足しました。

当時すでに結成されていた単産・単組主婦の会と、北海道主婦協・八県評主婦協を糾合、三五万人の会員を擁していました。

これは三三年の第一〇回総評大会の決定にもとづき、総評の財政援助のうえにきずかれた組織でした。

総評が労働者家庭の主婦の組織化を大会決定するにいたったのは、その背景に日本の労働運動史上、黙視することのできない、先駆的な主婦会活動があったからです。その典型的なものの一つに、炭鉱主婦の会があります。

日米行政協定の調印、破防法の成立した昭和二十七年、賃金引上げを要求してたたかわれた炭労の〈六三日スト〉。スト規制法の成立や、ソ連水爆保有声明、池田・ロバートソン会談が行なわれた二十八年、企業整備反対に立ちあがった三鉱連（砂川、美唄、芦別、三池、山野、田川の各炭鉱）の〈英雄なき一一三日のたたかい〉は、日本の労働運動史に不滅の灯を残していますが、同時にこのたたかいのなかで示された主婦会活動の評価も、また大きなものがあるといわねばなりません。

　戦時中、ヤマの主婦たちは、官製の婦人会をとおして、石炭増産に一役買っていましたが、終戦後、組合結成とともに、これらの婦人会はしだいに主婦会に切りかえられていき、多彩な生活合理化運動（家計簿つけ、貯金運動、虚礼廃止、高利貸や頼母子講《たのもしこう》の追いだし）、サークル活動（生活綴方、短歌、俳句、うたごえなど）などを各ヤマ元で展開していました。

第一回内職大会　　北沢広氏撮影

　〈六三日のスト〉、〈英雄なき一一三日のたたかい〉は、こうした主婦たちを大きく階級的に開眼させ、闘争のさなか、各ヤマ元の主婦会を糾合し、炭婦協を結成（二十七年）させました。炭婦協の戦闘的な伝統は、三十五年の三池闘争へと引きつがれ、四十二年のCO中毒立法制定を要求する主婦の〈坑底すわりこみ〉の例にみられるように、いまなお根づいています。

つづいて非鉄金属鉱山の組合で組織されている全鉱にも、この火がひろがり、二十九年に全鉱婦協が結成されました。三十一年には〈国鉄志免炭鉱売山のたたかい〉がありました。明治二十二年以来、このヤマで生を受け、親子代々暮らしてきた主婦にとって、ヤマの民間払下げは、農民が土地を奪われるのと同じでした。主婦組織〈むつび会〉に結集した二八〇〇人は、組合の号令一下三〇分もかからぬうちに抗議の動員体制を組み、警官隊に立ち向うことができたといわれております。

当時、国鉄労組には、まだ主婦の全国組織はありませんでしたが、二十六年、浜松工場で主婦の組織〈友愛会〉が結成されたのをきっかけに、各地で家族会が結成されていきました。志免の〈むつび会〉もその一つだったのです。

国鉄労組が、家族会の組織化をうながした要因の一つに、選挙の支援部隊として、主婦の「利用」という意図があったことは否定できません。〈友愛会〉の力で組合推せんの地方議員立候補者が最高点で当選したことが契機となって、あちこちに家族会が生れましたが、この全国連合会の結成はずっと遅れて、昭和三十七年のことです。

この間、動労も四囲の状況に刺激され、三十二年に動労全国家族会が結成されました。

三十三年には、やはり運動史上、特筆すべき〈王子製紙闘争〉がおこりました。ここでも「敵よりも一日ながく」を合言葉に、敢然と組織分裂に抗してたたかいました。その行動は会社の計算を大きく狂わせたほど、すさまじいものでした。

また、昭和二十八年、内灘射撃場向け軍事物資輸送拒否を決行して名を馳せた私鉄・北陸鉄道（石川県）の主婦会活動も見逃すことはできません。この組合は、二十五年から二十九年にかけて、年中行事のようにストを打っていましたから、家族や町の人々の理解と支援なしにはストが成功しないことをよく知っていました。「家族ぐるみ、町ぐるみ」の組織化をいち早くすすめていたのです。

その他、合化労連の家族組合協議会も、三十一年に結成されました。これらの先駆的な主婦会活動が、総評主婦の会結成の大きな原動力になったのです。

労働運動の本舞台に主婦会が登場

「家族ぐるみ、町ぐるみ」のたたかいは、高野実氏が総評事務局長の時代から提唱されていましたが、炭婦協、王子製紙主婦連、国鉄志免〈むつび会〉、私鉄等の主婦たちの、先進的な活動は、ついに三十三年の総評大会で、つぎのような活動方針を決定させ、主婦の組織化が、組織決定として労働運動の本舞台に登場することになったのです。

「いうまでもなく、家族組合、居住組織は職場の孤立化を防ぎ、組合分裂行為を阻止し、官公労・民間のちがいや、本工・臨時工の差別をなくし、失業者をも結びつける重要な役割をもっている。

とくに国鉄、私鉄の闘争のように、広範な大衆の理解が闘争を左右する場合の世論の獲得、勤務評定反対闘争におけるＰＴＡ等への働きかけや、選挙闘争を居住組織に結びつけ、根を張った日常活動のなかから階級政党を強化していかなくてはならないことを考えるとき、労働運動を農民・漁民・商工業者の諸階層に結びつける大切な〈結び目〉といわなければならない。

したがって家族組織、居住組織はそれぞれの居住のなかで明るい町づくり運動のなかにとけ込み、積極的に住民の要求をとり上げて大衆行動の先頭に立ってたたかうようにしなければならない。これらのたたかいと行動のなかで労働組合の要求や闘争を住民のなかに浸透させてゆく。

これら家族組合、居住地組織が労働運動に占める位置と役割を考え、今日われわれをとりまく情勢を考え併せるとき、今年こそ飛躍的な強化対策を迫られている」（第一〇回定期大会活動方針〈闘争態勢の強化〉の第四項〈家族組合・居住組織の育成と強化〉）。

この大会決定方針にもとづいて、三十四年、はじめて総評本部に主婦の会全国オルグが設置され、筆者がその任につきました。総評主婦の会（総評主婦の会全国協議会の略称）は、これより一年遅れ、三十五年七月に発足したことは、すでにのべました。

主婦会活動をどう位置づけるか

結成大会では、主婦の会の目的・性格を左記のように規定し、これにもとづいて以後の活動が継承されています。

1　目的

主婦の会の目的はつぎの三点にしぼることができます。

(1) 主婦会は労働運動を理解し、労働運動が主婦の台所と直接関係のあることを明らかにして、労働運動と密接な協力関係をつくる運動を展開します。

(2) 各家庭の生活環境を明るく、ひいては働く者の家庭の主婦の解放と労働運動が密接なつながりのあることを明らかにし、そのための運動を展開します。

(3) 民主主義を守り、平和な世の中をつくることが子供の最大の幸福であることを知り、このための運動を労働者の主婦の立場から展開します。

2 性格

この三点のうち、(1)の「労働運動にたいする理解と支持」という目的は、とくに大切な点でしょう。この点を抜きにすると、主婦会は一般の婦人団体と何のかかわりもないものとなってしまいます。労働者の妻として、「労働運動を理解し支持する」ということは、夫は労働者階級の一人で、妻の自分はその外にいて、外側から組合を理解してお手伝するというような水臭いものではなく、苦しい台所を受けもつ自分も、生産点で苦しい働きをしている夫も、とくに同じ労働者階級の一人なんだという立場に立って、台所から組合をよりいっそう理解し、組合に協力するという意味です。ですから、主婦会は何事にもこの性格をハッキリ貫くことが大切です。

婦人会と同じように、料理の講習をしても、主婦会の場合は、ただの行事に終ることなく、講習をとおして労働者の妻どおしが互いに親しくなり、みんな働くおとうさんをもつ労働者の仲間なんだという気持をますますしっかりかためていくことが、婦人会の料理講習とちがう点でしょう。

しかしながら「労働運動を理解し支持する」ということが、時には、主婦会が組合の従属物で、何もかも組合の指図をうけねばならない、というふうにまちがって考えられている組合もあります。何事も組合にいちおう連絡するのはいいとして、はしのころんだことまでいちいち取り上げて、指図をうけることは考えものです。自分で考え、判断し、行動したいものです。自主性のない態度が極端になると、夫が第二組合へ行ったから妻も行くというふうになります。

会費の点でも同じです。発足当初はよいとして、いつまでも組合から世話になっているのはどうでしょう？　財政的にも早く一人歩きしたいものです。

目的の(2)（前頁）で分るように、主婦会は、労働者の妻が自己の人間としての解放を希う婦人運動でもあります。

婦人運動は、婦人の人間としての男女平等と地位の向上をめざしてたたかう運動ですが、このような目的をもつ婦人団体は他にもあります。主婦会が、同じ目的をもつこれらの婦人団体とちがう点は、労働者の解放なしには婦人の解放もないという立場をハッキリと旗印にかかげ、労働者階級に属する労働者の妻として、その運動をおしすすめていく点です。ですから、主婦会が他の婦人団体といっしょに活動する場合にも、主婦会の会員は常にこの立場から発言し、行動するところに特徴があります。だからこそ、主婦会は婦人解放運動の中心だと、みんなから期待されているのです。

目的の(3)は、母親の最大の願いである子供の幸福は、民主主義と平和の実現なしにありえないことを明確にして、労働者の主婦としての立場からその促進に努力することを述べています。

一般の婦人団体との協力活動以外に、民主主義と平和を守る広はんな運動にも、主婦会活動の分野のある事を知りましょう。

目的(1)から(3)までをとおし、そこに一貫して流れているものは、主婦会が労働者階級に属する労働者の妻であるという自覚に立って活動する婦人運動だということです。

3　役割

主婦会の目的や性格から考えて、主婦会の役割を要約しますと、

（イ）組合を理解することによって組合の組織を内面から強める。

（ロ）争議や選挙、その他組合が外部に向って行なう運動を、主婦が協力することによって強化し効果を高める。

（ハ）婦人運動と労働運動の結びつきを強化することによって、婦人運動を正しく前進させる。

ということになります。

以上のように、主婦会の目的、性格、役割を充分認識したうえで、今年はみんなといっしょに活動しましょう（総評主婦の会結成大会議事録二九頁）。

ここで規定された主婦の会の目的・性格の内容を、さきの総評大会の方針内容と比較すると、後者はあくまでも組合の立場から、主婦の力を利用活用しようという姿勢が底流にひそんでいますが、主婦の会の規定づけは、あくまでも組合との協力関係（独立した人格としての）に力点がおかれ、婦人解放という新たな

視点が投入されています。一〇年前に規定されたこの考え方は、今日においても正しいと思いますが、問題は、これを現在の客観情勢にどのように適合させ、具体的プログラムを組むかにかかっているといえましょう。

労働組合からの自立性を促進

こうして結成された総評主婦の会の一〇年の歩みは「ものとり主義」の危険をはらみつつも、活動の具体性において、みるべきいくつかの足跡を残しました。

まず第一にあげられるのは、主婦会組織の自立性の促進という点です。組合丸抱えの財政からの脱皮、会費制の確立を各組織によびかけ、ある程度これを軌道にのせることに成功しました。財政の自立性と、主婦会活動の強弱ないしは主婦の階級的自覚の強弱は、炭婦協や全鉱婦協などの例が示すように、常に正比例しています。主婦会歴がながくとも、組合におんぶされた主婦会活動が前進しないことは、すでに運動のなかで実証されています。

また主婦の組織を「女」という生理的側面からだけとらえ、同類項の組合婦人部へ、その指導をゆだねるという便宜主義も誤りであるといわねばなりません。さらに親組合という表現はともかく、あたかも主婦会を親にたいする「こども」としてとらえる考え方も、誤りです。主婦会と組合の関係は、互いに独立した人格の持ち主である「夫と妻」の対等な関係であることを忘れてはなりません。総評主婦の会は、つねにこのことを主張してきました。

第二に、企業内組合の小さな視野にとどまっていた主婦の会を、全労働者の階級的連帯を指向する方向へと、飛躍させることに努めてきました。県内またはブロック内主婦の会の交流がそれです。主婦は交流のなかで連帯の輪をひろげるとともに、夫の職場における労働条件の比較、合理化・労働強化の実態を互いに知りあい、これとたたかう先進的な主婦会活動の具体例から、多くのものを学ぶようになりました。

第三に、居住地中心の組織化の提唱です。主婦の具体的な要求に応え、これを組織的に結集するには、居住地を中心とした組織づくりが必要です。大分県評主婦の会は、いち早くその実践にとりかかり、地区労主婦の会を発足させ、山形県もこれにつづいています。北海道には、すでに三一地区労に主婦の会ができています。単産では日通が数年がかりで、職場別から居住地別組織への切りかえに成功しました。

第四に、具体的な活動面では、賃上げ闘争に協力する「たたかう家計簿活動」、物価闘争では公設市場調査、野菜の値段の追跡調査、物価の地域差調べ、食管制度を守る闘争では「お米をためす会」、農家の主婦との交流など、他の婦人団体活動にみられぬユニークな活動の数々を展開しています。

なかでも、内職大会は総評主婦の会の特筆すべき活動として定着してきました。これは「内職なしでくらせる大幅賃上げ」というスローガンが示すように、主婦みずからが立ちあがって春闘をたたかう運動の提唱ですが、同時にそれは、主婦の内職労働者としての権利を要求する運動でもあります。

内職労働は、今日まで誰からもかえりみられることなく、産業構造の最底辺に放置されてきましたが、総評主婦の会は、この日本経済の恥部としての内職労働を、白日のもとにさらけだし、内職労働者の権利を要求する運動として取りあげ、これを展開してきました。

マスコミもこれを取りあげ、世論を大きく喚起し、ついに家内労働法案の今（一九七〇年）国会上呈にまでおよびました。

社会変革を展望する主婦会へ

こうした活動の成果をもちつつも、労働組合運動をふくむ戦後の民主主義運動全般が、いま大きく問われているとき、総評主婦の会もまた、その埒外《らちがい》にあるとはいえません。

支配層は「太平洋新時代の幕あけ」と豪語しつつ着々と七〇年代の支配体制を海に陸に構築しています。この帝国主義的野望を打ちくだき、労働者階級の主権を樹立するためのたたかいを、どうきずきあげていくのか、主婦会の活動も、まさにこの点での展望を持たずには前進はないといっても過言ではありません。

これまでの主婦会活動の多くは、レクリエーションを中心にした親睦であり、組合が闘争するときの支援部隊であり、選挙の応援部隊でした。総評主婦の会は、これをなんとか止揚し、階級的自覚にたつ「主婦の集団」と位置づけようと努めてきましたが、結果的には労働組合に抱きかかえられた活動の域を脱しきれなかったことは否定できません。

したがって今後の展望を、たんに過去の延長線上に移すだけで事足りるとする安易さを許さないほど、情勢はきびしくなっているのだということを自覚せねばならないと思います。

まず第一に、主婦それ自体、その内実が風化しつつあるのではないだろうかという点です。今日、労働者階級の家庭に、純粋な意味での「主婦」が、どれだけ存在しているでしょうか。「日本経済の成長は世界第二位、物価もこれに劣らず高い。労働者が家庭へ持ち帰る基準内賃金は家計の実収入のようやく半ばを少しこえるにすぎない」（拙稿「豊かさのなかの不安」・『月刊総評』昭和四十四年十二月号）状態のなかで、主婦はその不足分を内職、パートで補っています。

北海道鴻の舞鉱山の主婦は、「紋別漁港へバス一台貸し切って一〇〇名が、毎朝六時から夜の八時頃までタラバガニの罐詰作業に出かける。バス代が片道二七〇円、時間当り賃金は七五〜一〇〇円、漁のとれない日は二時間分にもならない。仕事は三月から十一月まで、冬は失業保険。年齢に制限はないから四〇〜六〇歳の主婦も働いている。まったく男と同じ仕事。主婦だ、妻だ、なんていってられない。私たちは労働力を売って働く婦人労働者だ」と語っている現実（第六回内職大会）。市街地に住む労働者の主婦も、会社、病院、デパート、商店で、パートとして大多数が働いています。

日経連は、七〇年春闘対策で、労働力不足の一策に人件費コストの安定をかかげ、現業部門の人員を半減、これを「基幹工」とし、他はパートタイマーや社外工で補うと宣言しています。また経済審議会会長川木田一隆東電社長も、「若年労働力不足を、四〇〜六〇歳の主婦層が補うようになる」（『朝日』四十四年十二月四日）と語っています。

皮肉にも、パートの需給状況はこのように一致し、いまやパートは花ざかり。七〇年代日本経済は「主婦でもつ」とさえいわれています。

主婦労働者としてのたたかい

去る二月中旬、国労会館で開かれた総評主婦の会第六回内職大会は、こうしたパートの問題が数多く報告されました。

冠婚葬祭の互助会で働いている松山市の主婦は、秋から冬の繁忙期に黙って休み、ストを打った結果、制服と交通費の支給を獲得したといいます。また焼津市の罐詰工場で働いている日通の主婦は、パートにでたため、家族手当をさかのぼって夫の賃金から没収されたといい、これにたいし、新居浜からきた主婦は、住友機械では組合が会社にかけあい、妻の内職、パート収入の多少にかかわらず、家族手当を出させた、と報告しました。

「児童手当制度が実現したら、家族手当は基本給に繰り入れる、税金については妻の扶養控除額引上げの要求をだすべきだ」とある主婦はつけ加えました。

また、茨城県の主婦は、通勤の途中、パートをのせた会社のバスが他の車と衝突、主婦一〇人がムチ打ち症になったが、治療費全額を会社に負担させ、有給休暇をとって静養した、とパートの労働災害の問題を提起しました。

さらに内職については、税金恐怖症の事例がだされました。足尾銅山の主婦は、「税金を申告しろ」と役所から迫られ、私鉄京阪の主婦は、工場へ和裁を教えにいったところ、はじめは「謝礼」だったが「月給」になり、ついに税引きとなったと報告し、家内労働法が今国会で通ったら、家内労働手帳の交付となり、内職収入を明記せねばならず、課税が心配だと、多くの主婦が訴えました。

これらの発言が語るように、主婦労働者の狩りだしは、日を追って進行しており、したがって今後の主婦会活動は、既存の「主婦」概念でなく「働く主婦」としてとらえ、その視点に立って主婦の要求に応えていく活動が必要になってきています。

同時に、労働組合の側も、主婦会をスト支援や選挙応援に利用するといった従来の態度を払拭し、組合が主婦労働者と共闘するのだという構えで、前記の課税問題や、家族手当打切り問題、労働災害の問題、パート・内職工賃の引上げ、家内労働審議会への働きかけなどに、積極的に協力していくことが必要です。また仕事をもたない主婦のためには、夫の職場見学の交流等をとおして、合理化、労働強化の実態を主婦に理解させ、組合と共にたたかう意欲をおこさせることが大切です。

さらに、有害・ウソつき食品の追放、流通機構のカラクリによる資本の収奪、管理価格の実態をまなび、物価値上げ反対運動を具体的な行動で盛りあげ、同時に地域住民としての自治体にたいする諸々の要求を組織していかなくてはなりません。そのためには、企業内主婦会のワクをのりこえて、地域ごとに主婦会をつくっていくことが、なによりも急務でしょう。

(月刊『労働組合』一九七〇年四月号)

三 「わが社」と「わが家」の間

――組織の呪縛《じゆばく》から解放される日はいつか

「国鉄一家」の思想

高野実氏[注1]が総評の事務局長だった頃、〝家族ぐるみ〟の闘争が提唱された。その後、太田ラッパの提唱で総評主婦の会の設置が第一〇回定期大会で決定された。企業のスト切りくずしは家族の肩たたきからというので、この対策がすすめられたのである。そして最初の全国オルグとして筆者がその任についた。それから一〇年、この仕事を通して私が企業の家族対策として気づいた二、三のことを紹介しよう。そして、それはいまでも生きている。

その一つに、会社の新生活運動というのがある。これは会社が指導員を雇って家族計画を指導したり、そのほか生花、手芸、料理の講習を労働者の家族のためにやるのである。日本鋼管、川鉄や日通、東武鉄道の家族のあいだでさかんに行なわれていた。これはくさい！ と私は思った。東武は比較的最近、労働者の合理化といっしょに廃止したが、川鉄と日通ではいまなお続いている。同組織の主婦の会の会長や事務局長が新生活運動の責任者となっている分会もある。だが組合はいっこうに気にしない方針のようである。

もう一つ、私の懸念したことは、「国鉄一家」の思想だった。国鉄労働者の家族で構成している国鉄家族会の末端組織では、駅長や助役の奥さんが家族会の会長をつとめているところがたくさんあった。おやじの職場での主従関係が、そのまま社宅のなかへ持ち込まれ、家族会のなかで会長と平会員という関係をつくり出すのである。組合の情報は、こうした仕組みを通して組合員家族の口から助役夫人の会長の耳へ伝わり、これが当局にも通ずるのである。またいったん闘争に入ると、会長夫人はスト切りくずしの仲介人となる仕組みでもある。こうした危険な構造を大きく包んできたのは、やはり「国鉄一家」の思想である。

また国鉄では、永年勤続者には夫婦揃って国鉄旅行へ招き、高価な贈り物をプレゼントする慣わしもある。主婦のなかには、この日のために日頃の貧しさをがまんして働く者もいる。貧しさを利用しての、「国鉄一家」の思想の魔術である。

これがまた昨今のマル生運動（生産性向上運動）とも結びつく。今年五月の国労・動労の一九時間ストでは、ストに参加しなかった労働者に当局が一人一〇〇〇円の〝ごほうび〟を出したが、家族には「お宅のご主人はストに参加されず、まことに結構でした。ストは不当労働行為です。ご主人が参加されなかったことを感謝します」という趣旨の感謝状がきた。家族のなかには「当局のお偉い人から感謝状をいただいた」と感激し、コロリとまいってしまうものもいるという。

そのほか、この魔術はいろんな形をとってマル生運動の一翼をになっている。たとえば、広島管理局では国鉄財政再建の一助に協力してほしいと、清掃用ボロ切れの拠出を家族に呼びかけている（交通新聞九月十五日）。御殿場駅では職員の家族が集札口や広場に立って秋の旅行キャンペーンの手伝いをしている（同八月二十五日）。また鹿児島本線羽犬塚駅では職員家族一〇世帯が自分の家に各地の観光案内書を備えつけ、団体計画や指定券の申し込みをうけつける〝ミニ旅行相談所〟を開設、家族ぐるみの国鉄の増収活動に協力している（同九月十四日）。これらの事例は、「国労を脱退しないと昇給、昇格ができないぞ！」のおどしとは全くウラハラの形で、家族を通してマル生運動の推進をたくらむ当局の作為なのである。

社報で家族にＰＲ

そのほか企業の家族対策でよく見うけるのは〝差別〟によるみせしめ例である。三十五年の三池闘争を皮切りにあちこちで起こった争議をみると、第一組合員には仕事らしい仕事を与えず、草むしりをさせたり、賃金や昇給に差別をつけている。そしていまではそれが企業の常套手段とさえなっている。今年（一九七一年）の八月、京浜コンビナートのゼネラル石油精製労組第一組合を訪ねた。この二月、あの猛毒「四エチル鉛火災」が起こって、組合が闘争に入り、その後分裂して残った組織である。ここでも例外ではなかった。第一組合員は技術者であっても仕事らしい仕事がもらえず、草むしりといった調子である。この点について社宅の主婦たちに感想をきいた。すると、「そりゃあ、覚悟のうえ。クビになったらまたそのときはそのとき……」と、底抜けに明るい。二〇歳代の若妻のせいでもあろうか、三池の主婦の悲壮感は全くなかった。

企業の家族対策の常套手段のもう一つに会社のPR紙がある。全国版で代表的なものに『日通だより』、国鉄の『つばめ』ホーム特集号がある。ちなみに、今年七月号の『日通だより』をみると、一二ページという超デラックス・タブロイド版。豪華な写真や凸版がふんだんに使われ、目でみる新聞である。内容は、「貨物のホテル」と呼ばれる営業倉庫の改築PR、新日鉄大分製鉄所への転炉輸送の写真説明、一億円を投じて完成した「シキ」(重量物運搬大型貨車)のPR、「北から南から」のインフォメーション、「おかしな医学知識」、クイズ、「暮しの便利帖」、「夏休みの家族旅行を楽しくする法」、「夏の暑さにうちかとう」である。これが一人一人の従業員家族に会社から無料で直送され、「どうです! 日通は素晴しい会社でしょう!」と呼びかける。

北沢広氏撮影

『つばめ』の八月十四日付をみると、タブロイド版四ページ。第一面は「真夏のホームを彩る」で、福島駅ホームに立つすばらしい美人のピーチガール二人の写真大写し。下段の説明を読むと、この二人はそれぞれ同駅の助役令嬢とある。ピンクのユニフォーム、白い水兵帽、レースの白い手袋、サンダルシューズ、左手に桃の入った籠をもち、右手をちょっと高くかかげて列車を見送るポーズはまことにエレガント、これを読む国鉄労働者の家族に、「うちの娘も、こんな美しい令嬢になれたら……、助役さんの令嬢みたいに……」の夢を抱かせる。ここでは助役が当局の代弁者としてでなく、ビジョンの対象として映る。そしてこれこそがこのページの狙いでもある。二ページから三ページにかけては、「カウンターからみた今年のお客さん」を中心に座談会。そのほか四ページにまたがって女優の談話やテレビの娯楽もの、「暮らしの知恵」、医学。「主婦と子の作品」欄では、「器用と器用貧乏」と題する○○保線区鉄道員の主婦の作文が掲載されている。

このように『日通だより』も『つばめ』も、読ませる気を十分に起こさせるうまい編集である。むずかしい漢字のいっぱい詰まった労組機関紙が敬遠されるのもムリはない。ところがひとたび闘争に入るや、これら会社のPR紙は一変して組合分裂の凶器に変わる。いやむしろ、この日のためにこそ、平素からせっせと家族のあいだに読者を稼ぐのである。

宇部窒素の場合

最後に、三十年代における企業の家族対策の一つの典型ともいうべき宇部窒素労組家族にたいする会社の系統だった切りくずしのあとを紹介しよう。

昭和二十七年、会社は組合にたいする合理化攻撃の闘いで敗れた。この経験のなかから、会社は、当時アメリカから入ったばかりの新しい労働管理を採用した。そしてその年の暮れからＨＲ（ヒューマン・リレーションズ）運動を全面的に開始した。具体的には、二十八年から『家庭通信』を月三回発行し、家庭へ直送しはじめた。また同年三月、いったん閉鎖して組合に譲り渡した売店を再び会社が再開した。これは、売店が組合と組合員および家族を結ぶ有力なパイプとなってきたからである。

翌二十九年八月には家庭体育大会を開催し、各種球技を中心に組合員、主婦、高・中・小学生を大量に動員参加させ、以後毎年一回、恒例の行事とした。三十年には双葉会を結成し、機関紙『双葉』を発行した。この会は自民党支持の政治団体で、労働者と家族を強制的に参加させた。三十一年には修養団講習会を開始し、組合と家族をグループに分け、二〜三日、寺に泊まりこんで講習会をした。また修養団本部行事の伊勢神宮講習会（五〜七泊）でも洗脳教育。

三十一年から家族芸能大会を年一回開催するようになった。組合員や家族を大量動員し、地区別に演芸を組み、発表会をやらせる。三十一年には向上会を結成。これは修養団の宇部窒素支部の名称で先の双葉会、向上会の地区組織を全地区につくり、すべての行事をこれが主宰してやる。役員はすべて会社職制。慰安旅行、料理、美容講習、各種趣味の集まりを頻繁に組織していった。従来、文化活動や体育行事は、すべて組合によって運営されていたが、金と人との動員力、企業と結びついた諸権力が組合の活動を無力化してしまった。

三十二年には盆踊り大会を開催。またボーイ・スカウトやガール・スカウトを組織し、子どもを掌握。そしてこのような組織や一切の行事には、第一組合員とその家族は参加させず、対立と疎外を深めさせた。たとえば、バス旅行で社宅に貸切りバスを乗りつけ、双葉会や向上会会員の家族や子どもは連れていくが、非会員の子どもは参加させない。これは少々オーバーだが、母親にとって、このことは死ぬほどつらいことだった。また三十五年の組合分裂以降、第一組合員の子弟はいっさい社員採用しない。これも親の心をかきむしった。

以上のように、会社は労働者だけでなく、子どもをも含む家族全体を企業活動にまきこむための組織的・系統的な対策を実施していった。現在第一組合に残っている主婦会メンバーは二一九人、二十五年の大争議のなかで結成された主婦会の伝統をいまなお守りつづけて活動している。

友からの便り

この夏、三人の友人から近況を知らせる便りをうけた。そのなかの一人、Iさんは岩手県釜石製鉄所で働く労働者の奥さん。主人は四五歳、給料の手取りは八万円。子どもを大学へやろうと思えば釜石を一歩出ねばならない。Iさんの息子さんも東京で学んでいる。月々三万円の仕送り。残り五万円で高校生の子ども一人と夫婦の三人ぐらし。「この物価高の折り、また三交替という重労働者の家計を賄っていくのにこれではスレスレ。住宅や厚生施設は恵まれていますが、会社から提案された持家制度のために建設資金の貯金をせねばならず、内職やパートに追われています。仕事は、場所柄、水産加工。朝八時三〇分、マイクロバスが工場から迎えにきて、夕方五時頃、社宅へ送ってくれます。社宅の奥さんが大ぜい出かけます……」とあった。

また、東京の旭電化で働く現場労働者の奥さんで、自分もある労働組合事務所で働いているFさん（三八歳）は、小学・幼稚園に通う二人の子どもさんとお婆さんの五人ぐらし。彼女は、夫の職場における合理化・労働強化が労働者の家庭までメチャクチャに破壊しようとしていると訴えてきた。

「三交替制労働では、一直（一番目の当番勤務）は朝七時から昼の三時まで、二直（二番目の当番勤務）は三時から夜一〇時まで、三直（三番目の当番勤務）が夜の一〇時から朝七時まで。一直を三日やって一日休み、次は二直三日で一日休み、次が三直三日で一日休み。通勤に一時間半かかる。だから一直の時は五時半に家を出なければならない。冬の寒い朝、旦那はひとりで台所でゴソゴソやっている。かわいそうだが仕方がない。ふつうの奥さんなら用意万端とのえてやって〝いっていらっしゃい〟というところだが、自分も勤めの身。二直で夜おそく帰ってきた時も同じ、〝おかえりなさい〟のサービスはできない。かといって、玄関に鍵がかかっていないのではオチオチ眠れない。そこでめいめいが鍵をもつことにした。便利なようだが、帰ってきて、妻がグウグウねていては決していい気がしない。

年がら年中、何年も何年もこんな朝晩がつづくと、いくら仲のいい夫婦だってスキ間風が入る。すれちがい夫婦。盆も正月もない。一家揃って外出するとか、子どもが父親と相撲をとったり、ふざけたりする機会もない。昼間ぐったり眠りこけている姿をみると、子どもにアレもしてはいけない、コレもしてはいけない、〝シッー〟、口に指をあて〝騒いじゃダメ〟の連発。子どももヘンになる。まあ、こんな生活が三六五日続いたら、家中のものがおかしくなっちゃう。

それればかりではない。食事時間がまちまちなので手数もかかり、ガス代も二重になる。機械化された職場の緊張からやっと解放され、一杯ひっかけて帰ることも多くなる。そこで、小づかいもふえる、という勘定。夫婦の愛情、親と子の情愛、家計の膨張——、目にみえない搾取もいいところ。労働強化という巨大なローラーがいま私たち労働者の家庭生活までおしつぶそうとしている……」

家族ぐるみの時間外労働

また、山形県に住むKさんもある労働組合の事務所で働いている。彼女は次のようなレポートを送ってくれた。巨大な日本経済の最底辺で、下からこれを何らかの形で支えている零細企業に働く労働者の生活が、Kさんの心にひどくくい入ってしまったようである。

「こんばんわ！　お宅に仏様ありますか？　お盆の仏菓子いかがでしょう。買って下さい」

昨年の暮れに家を建て、近所に越してきたばかりのまだ若い息子さんである。そういえば、昨年のクリスマスの時も、ケーキの注文とりにきたっけ、と思いながら、「頂いてもいいけど……。なぜ勤務時間外に夜おそくまで注文とりに歩くの？」

ときいてみた。彼は、

「だって、会社で従業員全員が注文とってくるように、というんだもの。ボーナスも出さないくせに、働かせることばかり考えて……」

チェッと舌うちをしながらの答えがかえってきた。

その後、二日ほどして、彼は母親を伴いながら仏菓子の配達にきた。

「釣銭がないならいつでもいいわ」といって別れたが、すぐその後で、こんどは妹さんが釣銭をもってきた。

全く家族ぐるみの時間外労働である。彼の勤めるこの会社は、地元の従業員三〇人ばかりのパン工場である。この工場で加工されたパンは、市内の小・中学校に給食用として納品されている。もちろん、労働組合はない。

私は、この忠実な労働者がどのような労務管理のもとに育成されるのか、と思っていろいろ質問してみたが、彼は多くを語らない。が、会社の経営がおもわしくないから働かなければならないのだ。だって、ボーナスも出ないほどだから……。ということで、会社のいい分をなんの疑問もなくとらえ、一家総動員で励んでくれる労働者をもっているこの社長は、このうえない幸せものだと思った。

かくされた家族対策

さて、私はこの三人の便りを読んで、「わが社とわが家」を考えた。三人に共通する事柄は、三者三様、一生懸命働いているのにしんどい生活だということだ。そしてその原因は自分がつくり出したものではなく、「わが社」からつくり出されたものである。Iさんの場合は賃金の問題が、Fさんの場合は目にみえない合理化・労働強化というローラーが、Kさんの場合は巨大企業の最末端に位する零細企業の問題が、問題の核心となっている。そして、これらの問題はそれぞれ別々の問題にみえて、実は全体として一本の糸につながれた一つの有機的な構造をもち、相互補完的な意図をもっている。そして、この全体としての一つの経済メカニズムが強引に押し進められていった結果がGNP第二位であり、そのやり方の強引さがエコノミック・アニマルの蔑称《べっしょう》を生み出した、と私は考えるのである。

そして、「わが社」の「わが家」への高度経済成長下における対策の秘密も、実は、前項で紹介したような個々の具体的事象の形を通してではなく、賃金構造そのもの、労働強化そのもの、零細企業を下請機関として存続させること自体のなかに、そして、これらを結ぶ全体としてのメカニズムそのもののなかに内包された形で、かくされているのだと私は考える。このことは、企業の意図と離れ、客観的に存在する事実である。

例えば、Iさんで代表される日本の巨大企業の鉄鋼労働者の賃金構造を考えてみよう。今年一月から三月までの新日鉄労協（七万二七三九人）の労働者の月額平均手取り額は税込み、諸経費こみで八万八一八〇円である。ところが、このなかに占める基本給はわずか三万三八八七円、手取り総額の三八・四％にしかならない。残りは職務給、能率給、業績手当、超勤・夜勤手当で埋められている。だからこれらの諸手当をできるだけ多くとって手取りをふくらませるためには、仲間と競争しながら能率をあげねばならない。

かくて給料袋を手にするのであるが、そのときその袋のなかに八万円入っていれば、それがそのまま賃金だと思いこませる仕組み、これが実は企業の家族対策なのである。

ちなみに、「旦那の給料はいくら？」と家族にたずねれば、基準内賃金を答えることのできる主婦はめったにいない。綿菓子のようにアレコレの手当で給料袋をふくらませる現代の賃金メカニズムこそは、労働者とその家族の中枢神経を麻痺させ、意識の中産階級化を促進させ、そして労働者魂を奪う魔法の杖なのである。

IさんやFさんが書いているように、企業はさらに労働強化と合理化の鞭で「わが家」にも追い打ちをかける。「三交替による夫の重労働」に見合う食事への妻の配慮、夫のこづかい銭やガス・電気代など家計費の膨張、子どもの被害など、一切合切のツケは「わが家」へ回される。巧妙な間接手法による収奪政策である。

Kさんはたまたま製パン業に働く零細企業労働者の姿を報じてきた。しかしこれは、自動車や家電産業など大メーカーの部品下請をする零細企業の労働者や内職者の生活にもあてはまる。

また、釜鉄のIさんがいっているように、四〇歳前後ともなれば定年退職後の生活を考えねばならない。そこで会社の提唱する持家制度を利用する。会社に借金して家を建てるのだから、いままでよりいっそうガンバラねばならない。妻も夫に協力し、内職パートにはげむ。借金を返さぬうちは会社にタテつくことも、ストへ積極的に参加することもできない。クビがこわい。こうなると、労働者のための福祉政策のはずだった持家制度は労働者の闘う権利を剥奪する労務政策に早変わりし、家族にたいしては「わが社」への忠誠心を誓わせる踏絵のようなものになってしまう。

このように、賃金→労働強化・合理化→下請零細企業という有機的な一連のメカニズムは、別にとりたてて、これが家族対策だという形態をとらずとも、おのずからそのなかに「わが社」の「わが家」にたいする最も巧妙なマジックを内包・隠蔽しているのだと私は思うのである。

「組織」からの解放

さてこんどは、「わが家」の主人公、労働者家族の「わが社」への反応をみよう。先だって、ある私鉄の労働者の奥さんに会った。大学生を息子にもつYさんの主婦会活動歴は古い。昭和二十八年にYさんの所属する家族会は結成された。そして三十年代のはじめ頃、内灘射撃場への米軍輸送を阻止した輝かしい闘争歴をもつ北陸鉄道労組をバックに戦後いち早く生まれた同組合の家族会と盛んに交流し、主婦同士で闘争の経験を語り合い励まし合ったものだった。

それがいまではぷっつり糸が切れたばかりか、一般的な外部接触すら組合は積極的に喜ばない。Yさんはしみじみした調子で、「労働者階級の妻なんていう意識は会員のなかからだんだんなくなってきた」と嘆くのだった。

そういえば、日本鋼管川鉄主婦の会も、三十年代のはじめ、当時もっとも戦闘的だった炭婦協の幹事会をしばしば傍聴していた。それがいまでは、上部機関の鉄鋼労連主婦の会協議会とともに総評主婦の会への正式加盟すらせず、オブザーバーでとどまっている。

こうして一、二の例をみても労働者家族の階級的な意識の点滅は労働運動そのものの盛衰を反映している。では現時点ではどうか?

全国でも比較的活動的と思われる国鉄の札幌地元家族会の意識調査をみよう。五〇三人を対象に今年三月、同組織が行なったものである。これによると、「当局が赤字だから賃上げされなくても仕方がない」が七人、「ストは違法だ」が九四人、「夫をストに参加させたくない」が八七人、「ストで!」と訴えるもの二一六人、「わからない」が四〇人、「その他」、「回答なし」が各六人、計四五六人の回答。さてこの判定を、「マル生」運動のあれ狂う現況のなかでどのように評価すればよいのだろうか?

また、ことしの総評主婦の会の活動方針「公害」対策の項をみると、「……公害防止のために必要な設備を要求することにより、そのしわよせが労働者にかかり、また公害闘争をすることにより企業をつぶすのでは労働者の生活を破壊することになります。国家予算を出させる運動を強化し、公害絶滅の運動を一層深めていかねばなりません」とある。一方で企業意識にどっぷりつかりながら、他方で公害絶滅を叫ぶ虫のよさは、総評の今年度活動方針「生活闘争」に示された無思想性の伝承でもある。そこには、公害企業で働く労働者の当然もつべき社会的責任と生活責任の葛藤――二律背反に苦悶する心の痛みを全く感じとることはできない。公害責任は企業、解消責任は国家、という図式は、「戦争責任は東条、われわれは白だった」の戦後民主主義の無責任さと一脈通ずる。

公害や消費者問題が対世間態を気づかうゼスチャーとしてしか考えられていない現在の総評へ、多くの期待を市民はよせていない。ましてや「わが社」のカベを破る「わが家」の反撃ないしは公害闘争に、それ以上の期待をかけることはムリだ。もし期待がもてるとすれば、それは硬化した現在の組織の呪縛から「わが家」の主が解放され、個としての一市民となり切ったときに望みが託されるのではないだろうか。

（月刊『エコノミスト』一九七一年十一月号）

注

1　高野実《みのる》（一九〇一年～七四）左翼運動の理由で早大理工学部を除籍されたが、一九三七年、日本労働組合全国評議会の組織部長となった。四八年、労働組合総同盟の総主事となり、五〇年、総評を軸とする労働戦線の統一に成功し、五一年、総評事務局長となり、五五年まで総評のトップの座について指導した。

第四章　アメリカの市民デモクラシー

一　アメリカの「公益事業を監視する市民の会」の活動に注目する

日本電信電話会社が四月一日から発足した。電電公社から新電電への民営化のやり方への私の不満は大きい。なぜなら、新電電へ譲渡された電電公社の膨大な財産を築き上げたのは電話加入者の私たち消費者であったにも拘らず、その声は全く無視されていたからである。しかし今後は前向きに、新電電をして真に「国民の利益の確保をはかり、公共の福祉を増進（電気通信事業法第一条「目的」）させる」ためにその行状を見守っていかねばならない。

アメリカにはCUB即ち「公益事業を監視する市民の会（Citizens' Utility Board）」、「市民の相談に応ずる弁護士（Peoples' or Consumers' Counsel）」という州知事の任命する制度を採用しているところもある。しかし後者の場合は、「市民のための弁護士」といっても、煎じつめれば、知事からのオシキセだから、その弁護士が市民を駆りたて公益事業料金値上げ反対に立ち上らせることはできない。だから市民が真に公益事業の適正な料金・サービスを望むなら、他力本願でなく、自前で組織をつくって、それを法によってバックアップさせるほど強力な運動を自ら展開し、法制定をかちとっていく以外に道はない。このような発想からCUBが設立された。着想したのはラルフ・ネーダー。そして一九七九年に全米ではじめてウイスコンシン州でCUB法が実施され、一九八三年にはイリノイ州、一九八四年にはオレゴン州とサンディエゴ市で制定された。そして現在ニューヨーク州でもその制定運動が始まっている。反消費者政策を貫くレーガン政権下で、このような運動をすすめていくことは容易なことではない。が、アメリカにはまだ民主主義の灯が消えていないのだ。イリノイ州では一〇九対三でCUB法は通過、オレゴン州では法の通過のために「市民運動側は二万五〇〇〇ドルしか使わなかったが、会社側は法案つぶしに一五〇万ドル（一ドル二五〇円として三億七五〇〇万円）も使った」とネーダーはいっている。

具体的にどのようにしてCUBは組織されるのか？　①公益事業会社が料金の請求をするとき、請求書に必ずCUB加入欄を設けることが義務づけられる。CUB加入希望者はこの欄にv印をつけ、CUBの会費〇ドル（大てい年間五ドル位）を料金に加算して会社に納入する。会社は会費分を切り離し、それをCUBへ渡す。このやり方をチェック・オフ・システムといい、多方面で活用されている。②会費を受けとったCUBは、この金を原資として、公益事業会社の専門家と対等あるいはそれ以上の能力をもつ専門家——例えば、会社の経理・運営・技術・企画その他を検討、分析、評価、法違反の有無を認定できる専門家即ち公認会計士や経済に明るい人、運営に関しての熟達者、技師、法律家を専従として雇用する。CUB会員一人一人の会費は少額でも、なん万人もの会費が集まれば専門家を雇用することができる。③これらの専門家は消費者利益を代表し、州の公益事業審議会や議会に出て、公益事業会社の代表者、州の公益事業のコミッショナーと対等にわたり合う。また公益事業に関連する裁判にも消費者利益を代表して介入する。④ＣＵＢはまた公益事業利用者の苦情をプールし、これを州の監督機関である公益事業委員会に提出し、解決を迫る。⑤ＣＵＢはその地域の公益事業を利用する者は誰でも任意加入できるが、公益事業会社の職員は加入できない、また公益事業の株主である消費者も加入できない。以上のような事柄（①〜⑤）を法によって認知するのがＣＵＢ法である。ウイスコンシン州の会員は発足当初六万人、いまはもっと増えている。

労働者が自らの権利を守るために組合をつくることが法によって認められている今日、公益事業の利用者も自らの利益を守るためにＣＵＢを組織し、これを法によって認めさせる運動がなぜ日本で起らなかったのだろうか。日本社会の後進性に起因するものだと思う。

（公労協『斗う権利』一九八五年四月号）

二　市民の利益を守るコモン・コーズ

コロラド州のある若者が法案を起草した。その内容は、州の主な計画と各行政機関を定期的に再検討すべきことを、州議会に求めるものだった。その目的は、もはや所期の目標を達成するには役立たなくなった政府活動に、注意を喚起することであった。時代遅れの施策は廃止すべきである、というのだ。この考えには異論もあったが、起草者は政府の改革に関心をもつ人びとにこの案を支持するよう説得した結果、州議会はこの提案を法制化した。一九七九年初めには他の二八州が同種の法令（今日では「サンセット法」と呼ばれている）を採択した。そして連邦議会に対しても、同様の法案を通す運動が進行していた。

ペンシルベニア州のフィラデルフィアでは、市長が市憲章を改正しようとしていた。市長は、市長の任期を一期四年間で二期までと制限している条項を削除したいと考えた。そうすれば、永久に権力を保持できるというわけだ。しかし、市憲章や州憲法を修正するには有権者の承認がいる。フィラデルフィアの市民グループ連合は、市長提案に反対した。一部の理由は、その原則に反対だという点にもあるが、もう一つには市長の尊大な態度への反発にあった。憲章問題が公的な承認を求めて提起されると、市長に決定的な打撃を与える運動を市民はもりあげた。やがて市長は任期が終わると退陣に追いこまれたのである。

ホワイトハウスでは、カーター大統領が連邦政府の高官や議員に対して、個人的な金銭取引の公表を求める法案に署名した。その目的は、公職にある者がその地位を私益に利用するのを防止することにある。このような重要な立法に署名する際、ホワイトハウスは法案の重立った支持者を簡単なセレモニーへ招く慣例がある。この法案の場合は、デイビッド・コーエンとフレッド・ベルトハイマーの二人の市民も招かれた。ところがその翌日、この二人は、別の問題でカーター大統領を相手どって訴訟を起こした。機微な問題を扱う連邦委員会に大統領が不適当な任用を行なったとして連邦裁判所に訴えたのである。

これらの出来事は、地理的にも遠く離れており内容も違うが、一つの重要な接点で結ばれている。それはコモン・コーズと呼ばれる公益グループである。コロラド州のサンセット法（前頁参照）を起草したクレイグ・バーンズは、当時同州のコモン・コーズのスタッフの一員であった。フィラデルフィア支部は市憲章の修正を打ち破る重要な役割を果したことになる。ホワイトハウスの法案署名に立ち会い、しかもカーター大統領を訴えた二人の市民、コーエンとベルトハイマーは、コモン・コーズの全国会長と古参の副会長なのである。

ガードナーの運動哲学

コモン・コーズ（Common Cause）は一九七〇年に設立された比較的新しい組織であるが、すでに全国選挙の手続きの重要な側面を手直しさせるほどの力となった。また、連邦議会や政府機関や地方自治体を執ようにつついて、その仕事のやり方をいくつか変えさせてきた。ウォーターゲート事件中に、大企業の違法な政治献金を暴露し、大衆の番犬としての役割を果たしたのも、コモン・コーズの法律担当スタッフであった。何人かの連邦議員の不正がコモン・コーズによって暴露されたし、連邦議会の古い伝統である古参制度（後出）の攻撃に成功したのもコモン・コーズであった。

コモン・コーズは、創立者で会長をつとめたジョン・ガードナー(注1)から、その価値基準や戦略を受け継いでいる。政府機関は市民の直接参加によってのみ生命を保ち、責任を果たしうるというガードナーの信念はアメリカではけっして新しい考えではない。建国当初の数十年間、多くの町や村ではタウン・ミーティングがしばしば開かれ、すべての有権者が意志決定に参加して、自治を行なっていたからだ。今日でも、連邦政府や地方自治体では、法律や規則を採択する前に、少なくとも公聴会を開くという形態をとっている。

しかしながら、政府や社会が大きくなり複雑になるにつれて、市民と指導者の距離は開いていく。こうなると、政府の手足となる機関は自己本位となり、本来の目的を等閑視する危険も大きくなる。ガードナーは、こういっている。「いかなる政府といえども、人間によって管理されるかぎり、権力の乱用に陥り、みずから責任がとれないようなことをしたくなる誘惑を感じる。これはごくふつうのことである。だから、いろいろな種類の見張役が必要であり、さまざまな方法で問題に対処しなければならない。その一つの方法は、政府の責任と政府の対応、そして政府に対する国民のアクセスに第一義的な関心をもつ市民グループの存在である」。

ガードナーは心理学で博士号をとり、第二次世界大戦前には大学で心理学を教えていた。海兵隊の情報将校として勤務した後、教育プログラムや研究を助成するカーネギー財団に入り、後に会長となった。

ガードナーはアメリカ共和党の党員であるが、ジョンソン大統領によって民主党政権の重要ポストである保健教育厚生省長官に選ばれている。彼が巨大な官僚制度を動かすことの難しさを自分の肌で経験したのは、このポストについている時であった。彼はまた、政府をよくすることに関心をもつ市民は積極的に参加すべきであり、「人は、参加することによって自分も物事を変えられることを体験しなければならない」と信ずるようになった。

ガードナーは、ワシントンに本部があり全米に支部をもつような組織を心に描いた。地方支部は、自分の地域に関連のある問題についてはある程度独自に活動するが、全国的な問題では、本部の活動に歩調を合わす。富裕な知人たちからの財政的な支持をえて、ガードナーは一九七〇年にコモン・コーズを創設し、三年たらずで会員は三二万五〇〇〇人となった。会員は活動を支えるために、年間最低一五ドルの会費を喜んで支払った。会員数はその後、これよりずっと少ない数に落ちついたが（一九七九年初めで二一万六〇〇〇人）、全国に六〇〇の地方支部を設立し、大きな勢力となった。

さまざまな戦術

コモン・コーズが最初の数年間に達成した最も重要な変革は、大統領選挙の運動資金に関するものであった。一九七二年の選挙までは、すべての選挙資金は個人的な寄付によっていた。そして、高額の献金者はその贈与と引きかえに、政党と候補者に対する影響力をもてたのである。一九七六年の選挙に間に合わせて制定された新法によって、予備選挙や総選挙における個人の献金が厳しく制限されることになった。個人的に集められた資金を補うために、公的資金が初めて使えるようになり、超党派の組織である連邦選挙委員会（Federal Election Commission）が献金と支出を管理することになった。この改正の結果、特定利益の影響力を減らし、限られた資金しかもたない者でも大統領候補の指名を求めることが容易になった。

コモン・コーズは選挙資金法の改正とともに、現在、議会や多くの州政府に適用されているサンシャイン法を広めたことでも特筆すべきだろう。サンセット法は、事前に定期的な検討を行なってから現行プログラムを更新する建前になっているが、一方のサンシャイン法は政府機関をもっと公開することを意図したものである。たとえば立法に関する重要決定のほとんどは、下院や上院ではなく各委員会で下されるのがふつうだ。同じことは、州や市の議会についてもいえる。こうした委員会は、かつては一般に非公開であったが、現在ではそのほとんどが報道機関や国民に公開されるようになっている。

この傾向は、首都ワシントンや各州の政府機関にも広がった。規制機関にしても、以前に比べれば、ずっとオープンに仕事をせざるをえないようになっている。サンシャイン法を採用している州の行政機関が、この規範に従わない場合には、コモン・コーズなどの市民グループが裁判所に訴え、順守させることができる。

コモン・コーズの不断の目標の一つに、公務員の仕事を監視し、政治力よりも実力本位の人事基準を設けさせるというのがある。従来のロビー活動の手法を含めて、いろいろな方法が活用されているので、報道機関としても、不祥事について取材する場合、その情報を集めやすくなったし、その他の手段が役立たない場合には提訴に持ち込みやすくなった。

コーエンとベルトハイマーが大統領を相手どって起こした訴訟は、純粋に政治的な影響力を減らすことをねらったもので、コモン・コーズの典型的な活動であった。一九七八年秋の第九五議会の終わりごろ、ホワイトハウスはある人物を連邦選挙委員会の委員に任命した。この種の任命は、上院が承認してはじめて効力をもつことになっているが、この場合は上院が休会中で、この任命を承認していなかったのに、ホワイトハウスは暫定的任命ということで、上院の承認なしにその人物をポストにつけてしまった。コモン・コーズは、カーター政権とは良好な関係にあったにもかかわらず、この種の任命には選択の余地なく反対しなければならないと考えた。

議会は議員の倫理を監視することになってはいるが、外部の目があれば、その監視は一段と厳しくなる。数年前、ある古参議員が、議会の小委員会の委員長としての地位と、その私的な営利行為とのあいだに利害抵触のあることを暴露された。それを最初に暴露したのは、ワシントンから遠く離れたその議員の地元の勇敢なジャーナリストであった。このニュースは、ワシントンではごく限られた人の注意しか引かなかったが、コモン・コーズが徹底調査を要求するに及んで全国的な注目を集め、ついに下院はこの議員の譴《けん》責《せき》処分を決めた。

この問題は、それですんだかもしれなかった。しかし、コモン・コーズは議会の古参制度にも反対していた。この制度によると、委員会や小委員会の委員長のポストは伝統的に最も議員経験の長い人に自動的に割り当てられている。この件でコモン・コーズは、次の会期が召集されたとき、その問題の議員が小委員会の委員長のポストからはずされるべきだとして、議会でロビー活動を行ない、また公的声明を発表した。

さらに、コモン・コーズの活動家は、それぞれの選挙区で有権者の注意を喚起し、利害抵触の問題について、自分たちの選出議員たちに手紙を書くように働きかけた。数千人にのぼる有権者がこれに応じた結果、譴責処分を受けたその議員は、委員長のポストを失っただけでなく、任期終了後には議員生活からも引退せざるを得なくなった。

無党派で脱イデオロギー

こうした草の根の運動組織網は、コモン・コーズが特定の法律を成立させようとする場合にも利用される。たとえば、一九七八年に議会は、一五二人の連邦判事を新たに採用する提案を審議していた。折から裁判所は過重な事件をどっさり抱えこんでいたので、この構想は広い支持を集めていた。コモン・コーズは、これを機会に判事候補者の審査制度を法律として制定しようと考えた。伝統的に、大統領は自分の属する政党の上院議員の推せんによって、判事を任命していたけれども、コモン・コーズなどの改革グループは、超党派の委員会がまず有資格者を選出し、そのなかから大統領が選ぶべきだと主張した。

コーエン会長は、この問題でもコモン・コーズの典型的な戦略を採用した。三名からなるチームがつくられ、その法律を審議する上下両院の司法委員会へ集中的に働きかけることになった。この一件では、コモン・コーズはカーター政権と協力した。カーター政権は、二年前に連邦判事の選定方法を改善すると公約していたが、議会の反対にあっていた。判事の人選をコントロールできれば、地元選挙区での上院議員の影響力は大きくなるから、これは多くの上院議員が手離したがらない特権になっていた。

したがって、コモン・コーズが上院司法委員会の一七委員の選挙区と、下院司法委員会の三四委員の選挙区で、改革運動を行なったことは適切であった。各地のコモン・コーズのスタッフやボランティアの活動家は、この問題に新聞社や放送局が関心をもつよう働きかけたし、地方の法曹団体にも支持を求めた。コモン・コーズの会員は、委員会メンバーに手紙を書いたり、他の市民にも手紙を書くよう働きかけた。

こうして何カ月もの努力が続いた後、議会はついにコモン・コーズにとって部分的勝利といえる法案を制定した。新しい法律は、実力に基づく人選を採用することを求めたものであった。議会は、司法省にこの原則を実施する規定の作成をまかせた。

コーエンは、最後まで監視を続けなければ、せっかくの勝利も無意味になることを認めている。また、複雑な法律や慣行を手直ししようとすると、時にはもとの問題と同じくらい難しい意図せぬ結果が生ずることがある。たとえば、ガードナーもコーエンも認めるように、政治運動資金についての改革は、不完全で欠点もある。そこで、一九七八年の議会選挙後のコモン・コーズの最優先課題の一つは、現在のところ大統領選挙に適用されている公的財源による資金補助の制度を上下両院議員の選挙にも拡大しよう、という点におかれるようになった。

コモン・コーズの地方活動の責任者パトリシア・キーファーは、地方での監視活動の調整もやっている。高水準の活動を維持するためには、多くの会員や活動家をプールすることが必要である。ワシントンのコモン・コーズには、有給の専従スタッフが八四人いる。キーファーの部門には六〇人の有給職員がおり、残りは無給のボランティアである。総会員二一万六〇〇〇人のうち、ボランティアは全国で三万五〇〇〇人いる。
一部の公益グループと違い、コモン・コーズはイデオロギーには訴えないし、政党を支持したり、立候補者を支持したり評価することもない。自分たちの組織がリベラルとか保守であるとかのレッテルをはることもない。長年コモン・コーズは、大手企業や大労組の強大な支配力を攻撃してきたため、その両者から批判されているくらいである。

ガードナーは、その組織の形成期に有名になりすぎ、まるで彼自身がコモン・コーズであるかのようにみられるようになったため、一九七七年に六四歳で第一線を退いた。これが原因で、一部の会員が脱会したのではないか、とみる向きもあった。この点についてガードナー自身は、彼の引退が会員減少の一因となったという説を肩をすくめながら謙虚に否定した。

コモン・コーズを組織しようと考えた数年前の一九六四年に、ガードナーは『自己再生』(Self Renewal)という本を出した。そのなかで、社会の生命力を維持するための考えを次のように述べている。「制度・機構というものは、たえず衰退していく。たえず硬直化し、みずからのもつ官僚的な鋳型にはまっていく。これ時には自分を再生することもできるが、それでも衰退のサイクルがもう一度始まるだけである」と。これを救う唯一の道は、組織を支える基底に新しい人材、新しい思想、新しいエネルギーを吹き込んで、たえず更新していくことにあるというのがガードナーの意見である。

ローレンス・I・バレット　LAURENCE I. BARRETT
野村かつ子訳「市民の利益を守るコモン・コーズ」TRENDS 一九八〇年二月

注

1 ジョン・W・ガードナー（John W. Gardner）はカルフォルニア大学教授、カーネギー財団会長、ジョンソン政権の保険教育福祉省長官（一九六五―六八）を歴任し、一九七〇年に「コモン・コーズ」を創設した。コモン・コーズは政治にあきらめムードにおちいっている一般市民を目覚めさせるため、選挙資金規制、有権者の年齢引き下げ、議会の長老支配の打破の立法活動を行なった。政治を腐敗させ、民意を反映しないものにしているのは、市民自身であるという認識に立っている。著書に『リーダーシップの本質』（加藤幹雄訳・ダイヤモンド社、一九九三年刊）がある。

三　食品安全基準の〝国際整合化〟をめぐるジム・ハイタワーの闘い

はじめに

「食品安全基準の〝国際整合化〟をめぐって」（『社会運動』No.一二四、九〇年七月十五日号）の論文が提起した問題は、単なる〝食品安全〟だけの問題ではない。それは〝アグリビジネス対市民・農民の闘い〟の問題であり、〝現在の石油依存型食糧生産システムに対し人間支配の食糧生産システムを要求する闘い〟という問題提起でもある。しかし、そこまで深くこの論文の深意を読みとるにはなお若干の補足資料が必要である。少なくとも次の二つの事件についての理解が。

一つは、一九八九年に全米を襲った恐怖の旋風——就学前の全米幼児中の五五〇〇～六二〇〇人が将来ガンになるだろう、特にリンゴの栽培に使用する農薬ダミノジットの発ガン性リスクは四二〇〇人に一人の割り合いで子どもを襲うだろう、というＮＲＤＣの報告書の発表（一九八九年二月二十七日）である。ＮＲ

DCは「天然資源を守る協議会」という市民グループだが、この報告書はNRDCが二年以上の歳月をかけて調査研究した結果をまとめたもので、タイトルは"Intolerable Risk : Pesticides in Our Children's Food"である。もう一つの事件は、肉牛の成長促進に使うホルモン剤の使用をECが禁止したことである。一九八八年十二月、ECはこの旨を米国に通告、肉牛の輸出入をめぐるホットな戦争が欧・米間で始まったのである。この二つの事件が、実は、ブッシュ政権の「食品安全基準の〝国際整合化〟」案のガット提案の背景に大きくのしかかっていた。

したがって「食品安全基準の〝国際整合化〟」案は食品安全だけの問題ではなく、もっと深い政治・経済の根幹にふれるものである。この点を非常に明確に示しているのが、米農務長官クレイトン・ヤイターとテキサス州農務局長ジム・ハイタワーとの、ホルモン漬け牛肉をめぐる対決である。

ジム・ハイタワーの挑戦

一九八九年二月二十六日付『ヴォイス』紙は〝あの仮面をつけた男は誰だ?〟(Who Was That Masked Man Anyway ?)というタイトルで、ホルモン漬け肉牛欧・米戦争の模様を次のように伝えている。

——「ホルモン剤の中でもDES(合成女性ホルモン剤、ジエチルスチルベストロール)はとくに悪名高く、例えば幼児がこれを使った動物の肉を食べると乳房が異常に発達したり、月経があったりするとかで、七〇年代後半からは欧米で使用禁止となった。その後は、DESよりやや安全なホルモン剤が使われるようになったが、市民の恐怖はいっこうにおさまらない。昨年三月、欧州経済共同体（ＥＥＣ）は肉牛を所有する生産者は牛の成長促進にホルモン剤を使うことを禁じた。そして同年十二月、米国にもその旨を通知した。

当時、米通商代表をしていたクレイトン・ヤイター（現ブッシュ政権下の農務長官）は、「ケシカラン、ＥＥＣは米国産肉牛を買うべきだ。でないと仕返しをするぞ」とおどかした。

氏は、家畜の生産者出身で、ニクソン時代にアール・バッツ農務長官のもとで働き、シカゴ商品取引所理事長をしていた前歴のもち主だ。しかし氏の背後には、もっと巨大なアグリビジネス（農業関連産業）が現在控えている。アメリカで売られる全ての肉牛家畜の三分の二は、巨大穀物会社カーギルと、穀物のほかに肉牛・豚・〝メーン・コース〟として知られるエビを産出しているコンアグラ、そして最近までオキシデンタル石油によって支配されていたアイオア・ビーフ・プロセッサーの三大巨大企業によって販売されている。通商代表としてのヤイターはその代弁者でもあるのだ。

一方、アメリカと競合しながら、これまで肉牛を欧州へ輸出してきたオーストラリア、アルゼンチン、ブラジル、ニュージーランドの国々は、既存の市場を失うまいと、いち早くホルモンを使わない肉牛の生産者の組織化にとりくんだ。テキサス州農務局長のジム・ハイタワーはこのことを知った。そしてテキサス州でもホルモン剤を使わない肉牛の飼育をしている農場経営者の調査をはじめた。運よく見つかった。かなりの数で、しかも大規模経営者。彼等は自分たちの肉牛の輸出をひどく希望した。

ハイタワーは早速、この旨をワシントンＤＣのＥＥＣ担当官に伝えた。彼等は本国へ連絡し、買い手を探して、買い手が見つかった。テキサスへ入札電報も打った。大喜びのハイタワーは新聞記者会見を招集した。「ホルモン剤なしの肉牛の売り手が見つかった。買い手も見つかった。あとはこの売り手と買い手を結べばよいだけだ。それは政府の役目だ」、ハイタワーは大きい声でアナウンスした。

連邦政府の了解をとりつけようと、テキサス州農務省は連邦政府へ電話した。だが、とりあってもらえなかった。ことの真偽を確認する公聴会がワシントンDCで開かれた。ヤイター通商代表はハイタワーに言った。

「お前さんは、おせっかいな役人だねえ。個人が外国政府と交渉することを禁じているローガン法に違反するぞ!」と。ハイタワーはやり返えした、「じゃあ、申し上げますが、わたしたちがやっていることは、わたしたちが日頃している商取引なんですよ。法に違反しているとおっしゃるなら、どの点でそうなのか、その法を見せていただきたい。輸出入禁止の権限がヤイターさんに正式におありだというのなら、何かそういったものを提示して下さい。もしそういったものがないとおっしゃるのなら、州政府がもっている州の権利とは、連邦政府がしてはいけないということ以外のことなら、なんでもできるということじゃあないですか!」と。

そこで連邦政府が打ち出した次の手は、「ホルモン剤が使われているかどうかテストする信頼すべきシステムはない」という抗弁であった。ところが、これは真っ赤なウソだということが分った。農務省は全国規模の証明システムをもっていたのだ。そしてそこでは、ホルモン剤を使用していない牛の検査をし、証明し、表示も行なっているのである!

州と連邦政府のあいだで、こうした火花が散っていたあいだに、欧州から獣医がテキサスへ飛んでいた。そして農場で生きた肉牛のテストをしたり、宣誓口述書を必要とする立証企画案の詳細を一つひとつ行動でぬりつぶしていく作業にとりかかっていた。ハイタワーは再び新聞記者会見を招集し、〃テキサス案〃を発表した。

突如、ワシントンのインサイダーたちはハイタワーに次のようなアドバイスをした。ヤイターを避けて通れ。州の仲間と州の長官のところへ直接行ってことを運べ、と。そしてヤイターが以前もち出したローガン法違反云々の件は、農務省の法律顧問が既にヤイターの見解を非難し、文書も書き終えている、とハイタワーに知らせた。

州と連邦との熾烈なチャンバラ劇は、その後間もなく急転直下一変した。これまでテキサスからの電話にまともに応答しようともしなかった高官たちも、ホルモン剤を使わない肉牛の輸出は実現不可能だといいはっていた役人たちも、手の平をかえしたように、〃テキサス案〃は素晴しい解決策だと大歓迎するようになった。

ブッシュ大統領は年頭教書で、「われわれは産業民主主義の同盟を強化せねばならない……。そしてこれは、われわれの理想によって鍛え上げられた同盟であって、ささいな違いによって生み出されたものではない。だから、われわれの視野を、肉牛ホルモン剤の葛藤をのりこえ、よりよい未来の建設に向って高めようではないか」といった。連邦政府を相手どって闘い、州の権利を主張してきたハイタワーは、ここで、はっきりと勝利者としての地位を確立した。

彼は、家族農業を足げにし、エネルギー集約型大規模農場及びその関連産業を支配するアグリビジネスの横暴に憤りをもちつづけてきたポピュリストだったのである。——

『ヴォイス』紙はこの物語りを閉じるに当り、この物語がもつ意義を次のように解説している。「ホルモン剤を使った肉牛の輸出をめぐる闘いは、単なる〝安全〟問題の闘いではない。それは全食糧生産システムを石油に依存する工業化へ推しすすめようとする力との闘いである。現代の全食糧生産は石油産業に依存して営まれている。肥料は天然ガスでつくられ、農薬は石油を基礎にしている。巨大な農業機械はガソリンやディーゼル燃料で動かされる。農民は農業を維持するために銀行ローンに頼る。ローンを返済するために収穫高を上げねばならない。

そのためにまた石油に基礎をおく様々な〝インプット〟をますます多使用せねばならない。ホルモン剤の使用は食糧の全生産システムの中で一つの重要な役割りを演じている。ホルモン剤を使った家畜は穀物をどっさり食べ、その穀物は肉とミルクにかえられる。欧州の消費者がこのホルモン剤の使用に挑戦したことは、いいかえれば〝人〟が支配するのではなく石油を基礎にした現代の食糧生産システム全体へ挑戦したことなのである。そしてそれはまた、生産の割り合いから加工、配給にいたるまで一切合切を決するひと握りのアメリカに根拠地をおく、国際企業への挑戦でもあったのだ」。

ハイタワーのプロフィール

ところで、ハイタワーとはどういう活動歴の人物なのだろう？　まだ会ったことはないが、私の最も関心をもつポピュリストのようである。二つの観点からライトをあててみよう。

(1) ポピュリストとしてのハイタワー

「八八年米大統領選――政治的歴史はくり返すか?」(『社会運動』№九九、八八年六月十五日号)で、ジェイムス・リッジウェイ(Village Voiceの編集者)は、現代におけるポピュリズムの復活とハイタワーの役割を次のように語っている。

「ポピュリズムは農民が労働者と手を結んだ一〇〇年前に始まった。一九八八年、ポピュリスト運動はいまなお政治の中で大きな役割を演じている。」

「現代のポピュリストの復活は、一九七六年の民主党大統領候補の指名に立ったフレッド・ハリスのワンマン・キャンペーンに始まり、一九八二年のジム・ハイタワーがテキサス州農務局長に選出されたことで大いにハズミをつけた。

ハイタワーは、一九六〇年代初期には、テキサス州出身でリベラルな民主党の上院議員ラルフ・ヤーボロー(Ralph Yarborough)のために働いていたが、その後、農業独占の悪徳行為を摘発する非営利の調査グループ「アグリビジネス責任追及プロジェクト」を指導した。彼は上記ハリスのワンマン・キャンペーンを成功させ、『テキサス・オブザーバー』紙を編集し、テキサス鉄道委員会の委員をめざすキャンペーンで落選したあと、一九八二年に農務局長に選出された。

ハイタワーがこの選挙で成功したのは、都市の消費者やヒスパニック、白人農民の連合をつくって、そこに基礎をおいたからである。彼はまた、かなりの労働者の支持をえた。ハイタワーは目下テキサス州で最も人気のある政治家の一人と目されている。一九九〇年にはフィル・グラム(Phil Gramm)に対抗する未発表の上院候補者でもある。そして、この夏(八八年)のアトランタの民主党全国大会での基調演説者になるかもしれない人物である。

一九八四年のレーガン対モンディールの大統領選挙中、ハイタワーは不況がますます増大していくなかで、農民に声を出させるチャンスをつくるべく、全米各地を歩いて民主党の会合を開いた。ウォーター・モンディールは農村からの訴えを無視したが、ハイタワーと芽を出しはじめた農村活動家連合は自分たちの力で先頭に立った。そして彼等はその行動の中から農業政策改革法をつくり出すことができた。」（編集部注・引用文は引用の際、筆者によって一部加筆修正されています。）

(2) 農民による農民のための農業法づくり

ハイタワーは民主党全国委員会農業協議会議長として、一九八四年の大統領選以前の八三年から全国を歩いている。農民がどんな類いの連邦農業政策を敷いてほしいのかをたずね、その声をもとに民主党のための新しい農業政策を打ちたてようとしたのだ。彼の心底には、ワシントンのロビイストや官僚、学者、銀行家、土地投機家などに政策をゆだねるよりも農民自身が政策を決定することが重要だし、そのためには農民を団結させねば……というポピュリズムの火が燃えていた。モンディールはこの真意を無視した。だが、ジェシー・ジャクソンは、抵当流れの競売にも姿を現わし、農民グループと一緒に抗議し、農村の深刻な問題を白日のもとにさらした。ハイタワーは全国を歩いた後、仲間と一緒にミネソタ州の農務局長ジム・ニコラス（Jim Nicholas）のもとに走った。そして彼と組んだ。ハイタワーとニコラスが中心となり農業政策改革法案（The Farm Policy Reform Act of 1985）をつくった。そしてそれをトム・ハーキン（民主党、アイオワ州）とビル・アレクサンダー（共和党、アーカンソー州）が一九八五年五月に連邦議会に導入した。

雑誌『The Nation』では、この法律を次のように評している。

「ついに待望の農業法案が出現した。それは苦しみ続けてきたアメリカの家族農民のために新しい生活をもたらし、米国中部の黄じん地帯の時代よりももっと大規模な土壌浸食に反対し、連邦政府の補助金を取り除くことを約束する法案である」(Devoran Lanner "A Famr Bill by And Fo Farmers" The Nation, July 6 / 13, 1985)。この論文によるとその骨子は、

▼連邦農業補助金を廃止する。こうして二〇〇億ドルもの多額の不足額を切ってしまう。補助金は家族農民を素通りして大規模農場経営者を過度に利する傾向がある。

▼最も浸食しやすい、または未耕地に鋤を入れて掘りおこす〝芝生つぶし〟には厳罰が課せられる。多くの農民が物価上昇に対処するために耕地をギリギリまで酷使して生産を高めようとするが、新しい農業政策はこれを防ぐために多くのことをしようとしている。

▼大規模農場経営者(年間収入二〇〇億ドル以上)には、小規模経営者よりも、供給過剰時には作付農地を休耕にさせておく割合いをいっそう大きくとるように要求する。この規定は家族経営農民の市場シェアを維持することになる。

▼農家の住宅部門(Farmers Home Administration)のこげつき抵当借入金について、五年間の支払猶予期間を設定する。

というものである。

しかしその制定を〝待望〟されていたこの法律も、黒人幹部会の支持はえたものの、大都市出身の四七名の民主党議員が拒否したため不発に終った。一九七二年のラルフ・ネーダーが提案した消費者保護庁設

置法案の運命とよく似ている。

(3) 〝草の根経済民主主義〟の受賞

現代ポピュリズムを〝草の根経済民主主義〟と呼ぶ人もいる。ハイタワーは〝経済的公正〟と〝公正な取引き〟の二つの言葉をキーワードとしてよく使う。だが彼は、決してリップサービス家ではない。実践家だ。零細農民を激励し、自分たち自身の農産物の加工工場を建てさせ、共同事業を通して自分たちの農産物を仲介人を介さず内外の顧客に販売させ、農民の自立を〝草の根経済民主主義〟を通して促進させる計画を次々に打ち出してきた。一〇〇年前のポピュリズムは農民から労働者へ接近したが、今ではその逆。ハイタワーの〝草の根経済民主主義〟の成果だろう。自動車労働組合、機械工労働組合、政府従業員組合、紙パルプ労働組合、繊維・衣服労働組合が農民グループへ手をさしのべるようになった。ワシントンDCに本拠をおく市民グループ CO-OP AMERICA の季刊誌 *Building Economic Alternatives*（略称BEA）が、一九八九年度BEA賞をハイタワーに贈ったのも、都市から農村へのアプローチを示す一例であろう。

BEAは授賞の理由を次のように述べている。

「テキサス州農務局長ジム・ハイタワー氏は、州レベルで新しい生産的な農業政策を展開してきた功績によって一九八九年度のBEA受賞者に選ばれた。彼の指導のもとで、テキサス州は今や農業政策を改革するための全国センターとなりつつある。一九八二年に農務局長に着任して以来、彼は家族農業の農民たちがよりいっそう多角的な、そして安定した家族農業を営むことができるように激励する様々な実験的プログラムを考案してきた。また農民にとって利益があがる市場価格や生産費をこれまでよりずっと低く押えることができるような計画、あるいはこれまでよりずっと安定して耕作ができるような計画を次々と打ち出してきた。しかもこれらの計画はすべて成功し、他の州のモデルとなっている。そればかりか、健全な国の政策の模範としても役立っている。

テキサス州は、ハイタワーを通して、農民が農産物の新しい成長市場を見つけ出し、その成長市場で消費者とより近密に接触することができるようないろいろな計画——現在のアグリビジネスに対抗する政策——を打ち出してきた。一九八七年以来、テキサス州農務局の新しい『直販プログラム』(Direct Marketing Program) は一万五〇〇〇人の生産者を助けている。具体的には、農産市場や様々な農業の試みを助けてきた。これらの計画はその見返りとして高い分け前のドルを農民のフトコロへもたらし、そのすべてが地元のコミュニティーの中で循環するようにした。

現在の合衆国の農業は一つか二つの農産物に農民を依存させているが、ハイタワーは農民にホルモン剤を使わないで肉牛を飼育させたり、ナマズ類のいろいろな魚を養殖させたり、クリスマスツリーや蜂蜜、新鮮なハーブや花まで、収穫になるものならなんでもかでも考えてとり入れるようにすすめている。テキサス州農務省はまた、調査することと農民に教えることの二つを通して、農民が安定した農業を営むことができるようにしている。そして代替的な収穫物と安定的な技術を実験する農民にたいしては貸し付け金を提供するといったユニークな〝リンクド・デポジット〟(連結型預金) を行なっている。

BEAは受賞の指名をうけたすべての人々に感謝する。社会的・経済的変革に大きな影響を与えるために、これらの人々が継続してずっとやってきた仕事は、将来も、公正で正しい、責任ある経済に到達するための闘いにおいて、非常に貴重なものであることを必ずや証明するであろうことを、BEAは信じてい

る」（*Building Economic Alternatives*, Spring / Summer 1990）

ＢＥＡはジム・ハイタワーへの授賞に先だち、Consumers United Insurance Companyの創設者で会長でもあるJim Gibbonsとサンフランシスコに存在する「食糧第一」（Food First）というグループの会長で"Diet for a Small Planet"（邦訳『小さな惑星の緑の食卓』講談社）の著者Frances Moore Lappe女史にも賞を贈っている。

以上、ジム・ハイタワーの横顔を限られた資料をもとに覗いてみた。以前から彼には興味を持っていたからだ。だが会ったことはない。彼について語ってくれる友人も日本にはいない。米の市場開放を迫るヤイター農務長官のあの無礼な態度、強引さをテレビで見るたびに、ジム・ハイタワーのようなしっかりした理論武装と実践的なプログラム立案能力、民衆とともに歩む優れたオルガナイザーの素質、この三拍子をかねそなえたリーダーが、なぜ日本では少ないのだろうか、と吐息が出る。

（『社会運動』一九九〇年九月十五日号）

四　アメリカ議会図書館騒動記

〝本の虫〟たちの抵抗

今年（一九八六年）の三月二十九日付『ネーション』誌は「本の虫たちの抵抗」と題する社説をかかげ、その冒頭でレディー・ブラックネルの「無知はエキゾチックな果実のようなもの。さわるとたちまち色香が失せてしまう」という言葉を引用、「これこそレーガン政権による情報の抑制を記録する碑文として役立つだろう」と、鋭い舌鋒を展開している。「社説」はいう。レーガン政権は、「情報公開法の適用範囲を狭め、公的機関の文書・複写の普及をストップさせ、政府刊行物の売店・読書室を閉鎖し、米国に批判的なライターへのビザ発給を拒否し、気にくわぬ記事を印刷する新聞や、政府にとって不快な記事を載せるネットワークを攻撃し、外国の科学者の科学会議への出席を制限するなど、数々の武器を手に啓蒙活動に逆らうキャンペーンを打ち上げている。

……暗黒時代がワシントンを襲いつつある。まさにこのとき、覚めた子どもたちが、ほかならぬ議会図書館のメーン読書室で抗議に立ち上がった。世界の終末の善悪の決戦を決める地、ハルマゲドン（「黙示録」16・16）を議会図書館に設けたことの意味は大きい」

「社説」はこのようなレーガン批判をくりひろげたあと、〝本の虫〟たちがなぜ、どのように抵抗したかを詳述している（"Booklish Protest", *The Nation*, March 29, 1986）。

実は、去る（一九八六年）五月中旬、私は久しぶりにワシントンを訪れ、この「本の虫たちの抵抗」を組織したラッセル・モッキーバ青年（三一歳）から直接話をきいた。彼はラルフ・ネーダーの事務所で働く弁護士。案内された彼の部屋はまるで本の倉庫のようで、薄暗かった。「ここは企業犯罪に関する世界一立派な図書室なんですよ」――小柄で、眼鏡をかけ、髪の手入れも不十分な、ジャンパー姿の彼は、茶目っ気たっぷりに、こう切り出した。そして、さもあの事件が愉快だったかのように「本の虫たちの抵抗」とブタ箱入りの話をしてくれた。そして黄色いバッジをくれた。"Books not bombs！"（爆弾よりは本を！）と黒い字で書かれていた。

議会図書館でのハプニングのあらましはこうだ――。

これまで、議会図書館は八〇年間、朝の九時から夜の九時半まで閲覧が可能だった。だから米国内はもちろん全世界から学生や研究者がワシントンを訪れてこの図書館を利用した。ところが、後述するグラム＝ラドマン法による赤字削減策が議会図書館予算にも及び、七・六％削られることになった。閲覧時間は水曜日を除く他のウイークデーは午後五時半で閉館。その他のプログラム――例えば目の不自由な人、身体に障害をもつ人たちのための様々なプログラム――もカットされた。館員たちも三〇〇人がクビ。

いよいよ閲覧時間が四時間短縮される最初の日がやってきた。三月十日月曜日だった。この日、時計の針が五時半を指した時、閉館のベルが鳴った。すると、円天井の立派なメーン読書室で勉強していた本の虫たち約一〇〇人が座りこみをはじめた。「退館はいやだ、もう四時間これまで通り勉強させろ」。彼らはテコでも動こうとしなかった。モッキーバもその中にいた。彼はこのところ企業犯罪の調査で図書館に通いつめていた。カリフォルニアからやって来たという青年は、図書館に着いてやっと一時間ほど椅子に座ったばかりだった。ワシントンに一年近く住み、図書館に通っているというモンタナ州から来た婦人もいた。

この婦人は「こんなことが起こるなんて信じられない。トーマス・ジェファソンは自分の本を図書館（一般の人たち）に寄付した（正しくは政府に売却した）のであって、議会に寄付したのではない。もちろん昼間来られる人たちだけのために寄付したのでもない」と、カンカンに怒った。

本の虫たちのこうした怒りをモッキーバは巧みに組織し、座りこみを指導した。彼らは手拍子を打って"Books not bombs !, Books not bombs !"の合唱を繰り返した。図書館員たちは恐れをなし、震え上がり、手も足も出なかった。座りこみは九時半まで続いた。翌十一日火曜日も彼らはやって来た。そして同じように九時半まで居座った。翌十二日は水曜日。この日は新しい規則に従ってこれまで通り九時半まで開館し、何事もなく過ぎた。

ところが、その翌日の十三日（木曜日）に問題が起こった。デモ隊は再び来館し、五時半が来ても立ち退こうとしなかった。七時半ごろ、警官隊の一群がこの読書室へ侵入した。そして怒れる本の虫たちを外へ連れ出し、うち一四人をブタ箱へぶち込んだ。その中にモッキーバもいた。

図書館は国防の砦

週が明け、十七日の月曜日、モッキーバは再び議会図書館に姿を現した。そして入館しようとしたとき、彼は一通の書類を手渡された。「十月一日まで入館を禁ず」というのであった。他の四人も同じ書類を手渡された。

五人は連邦地方裁判所に提訴した。ハロルド・H・グリーン判事は、五人に対する議会図書館への「入館禁止」は、「ソ連や南アフリカ共和国ならいざ知らず、合衆国では認められない」と述べ、五人に対する議会図書館への入館禁止措置にたいして一〇日間の差し止め命令を出した。しかし図書館側は「連中の行動は閲覧者に迷惑をかけ、何千ドルもの余計な出費をかけさせた」と、判事の意外な判決に不満だった。ミカエル・マーチンズ司法次官補も「もし五人の者が、今後は抗議を続けないと約束するなら、十月一日までの入館禁止は破棄してもよい」「図書館はその利用者の行動を統制する権限をもっている。五人の入館を禁止する方が、彼らが抗議する度に逮捕するよりましだ。なぜならスタッフに多額の超過勤務手当を出さなくてもすむからだ」と不満を露にした。

だがグリーン判事は皮肉を込めてこう言った。「逮捕するのに金がかかりすぎるなどという議論は聞いたことがない。人に迷惑をかける閲覧者がいれば立ち退かせればよいし、逮捕することもできる。しかし私の知る限り、入館禁止というのは完全な憲法違反だ。禁止を破棄するから、その代わり抗議を続けないという約束を五人から取り付けようというような政府の試みは、南ア政府が南アの指導者ネルソン・マンデラに使った手口と全く同じだ」と。

また、五人の弁護を担当したニナ・クラウト女史は「入館禁止は言論の抑圧、……検閲に当たる」と主張した。

モッキーバは新聞記者に対し、「年間軍事予算のわずか二〇分間分に相当する費用を倹約すれば、議会図書館は従来通り夜の九時半まで開館できるし、身障者のためのサービスも元通りになり、クビになった従業員も復帰できる……図書館は国を守るための砦だ。無学文盲、貧困、犯罪、無知から国を守るためには死活的に重要なものだ。われわれが言いたいのはこのことなのだ」と語っている。

以上が〝議会図書館騒動〟のあらましだ。このハプニングは日本の新聞には報道されなかったが、この事件は政府情報への国民のアクセスをより困難にし、国民を「無知へ追い込もう」とするレーガン政権の政策に対する良識派米市民の抗議を象徴するものであった。

グラム＝ラドマン法

議会図書館騒動の発端となった通称「グラム＝ラドマン法」は、昨年末、レーガン大統領の署名によって成立した。正確にはGramm-Rudman Balanced Budget and Emergency Deficit Control Act of 1985という。フィリップ・グラム（共和党・テキサス州）、ワラン・ラドマン（共和党・ニューハンプシャー州）、アーネスト・ホリングス（民主党・サウスカロライナ州）の三人の上院議員の共同提案による法律である。同法の狙いは連邦政府が抱える二〇〇〇億ドルの赤字を一九九一年までにゼロにし、予算の均衡を実現しようというものである。だがいったいだれが、その五年間の、年々予想される赤字規模と赤字削減幅を決めるのだろうか。

この法によると、行政管理予算局（OMB）長官、議会予算局（CBO）長、合衆国会計検査院（GAO）長の三者が合同で決め、全般にわたる削減は大統領命令によってとりあつかわれるというのである。上院財政委員長ロバート・パックウッド議員（共和党・オレゴン州）もこの法に大賛成で、「増税しなくても、軍事費の削減をしなくても、この法によって三〇〜五〇の国内プログラムを廃止すれば赤字解消は可能だ」と述べている。

この法によって、即刻、一九八六会計年度で一一七億ドルが、八七年度では五〇〇億ドルが、そして赤字がゼロになるまで毎年三六〇億ドルがカットされる（八六年度は削減目標の達成に失敗）。

一方、ネーダー・グループの「パブリック・シティズン」の一専門部会である「訴訟グループ」はこの法の違憲を訴えて立ち上がった。指導者のアラン・B・モリソン弁護士は一二人の下院議員を代表し、今年一月早々、合衆国地方裁判所に訴訟を起こした。法廷で彼は、

「この法は国家予算の支出決定を選挙によって選ばれていない官僚たちに委任し、予算過程を不法にも〝自動操縦〟にまかせるものだ。……かりに権限の委譲が認められるとしても、この法は、行政管理予算局、議会予算局、会計検査院に一致した行動を求めることによって、憲法に定められた立法府と行政府の分離に違反するものだ」

と鋭く追及した。そして司法省もまた、被告の座にある連邦政府に対し、

「連邦政府の赤字を自動的に減らしていくことを強要するメカニズムは憲法違反だ。政府出費に関する決

定は選挙で選ばれた公職者が行うものであることを憲法は要求している」

と原告のモリソンの見解に同意した。

しかし権限委譲の問題では「もしその権限が行政管理予算局または大統領のみに与えられるならば、モリソンの見解に同意することはできない」との見解を示した。ともあれ、二月早々、合衆国地方裁判所はこの法に違憲判決を下し、その後最高裁も同様の判決を下した。

しかしレーガン政権は、このような違憲判決が出されたにもかかわらず、グラム＝ラドマン法を武器に、さまざまな国内プログラムの削減を強行しようとしているのである。

はじめは処女のごとく

ところで、レーガン政権が目の敵にしている情報公開法（Freedom of Information Act以下ＦＯＩＡ）は一九六六年七月四日の独立記念日にジョンソン大統領が署名、翌年から施行された。同法の生みの親ジョン・Ｅ・モス元下院議員（民主党）は、一九五三年、マッカーシズムの嵐が吹き荒れていたころ議員になった。彼は「公務員で〝安全保障上の理由〟（共産主義者であること）からクビになる者が続出した。不思議に思って調べてみると、上司や同僚と折り合いの悪い役人に共産主義者のレッテルをはって追い出す例が少なくないことが分かった。こんなことがきっかけでＦＯＩＡを発想した」と語っている（『朝日新聞』八〇年七月三十日付）。

ＦＯＩＡは「政府の情報は国民のものだ」という考えに根ざしている。従って「政府の情報は何人にも公開する。それが政府の義務である。請求者は文書の用途や請求の理由をいう必要はない。理由もなく提出を拒んだ役人は懲戒処分に付される」というのが法の骨子。ただし、国防や外交上守秘すべきもの、個人のプライバシーにかかわるものなど八つの除外規定がある。

一九七四年、FOIAはさらに改正、強化された。改正の原案はネーダー・グループが作成したときく。ネーダーは新聞記者から「これまでのあなたの最大の仕事は何か」ときかれ、「FOIAの改正だ」と答えたことを想起すれば、彼の主宰する『マルチナショナル・モニター』誌が今年の八月号でFOIA制定二〇周年を記念し、その特集をくみ、ネーダーが巻頭論文を執筆した背景がよく分かる。そして論文の末尾で「アイデアというものは、それを嫌悪するものたちの手に残しておくにはあまりにも貴重である」と結んだ理由もうなずける。この言葉は、FOIA切り崩しにかかるレーガン政権へのネーダーの〝プレゼント〟なのである。

FOIA切り崩しははじめは処女のごとく、やがて脱兎のような勢いで進行した。処女段階では、カーター政権下で無料で発行されていた国民にとって有益な、各種政府刊行物の停止、内容の水増し、有料化が挙げられる。例えば、労働安全衛生局(OSHA)から出されていた繊維労働者のための綿ぼこりに関する出版物、農務省から出されていた「ダイエット・ガイド」、運輸省から出されていた「ザ・カー・ブック」などがいけにえにされた。

その対象は消費者製品の表示にも及んだ。例えば人間の手で処理できない、豚や牛の頭部、その他の部分を機械で粉末にし、増量材として食肉に混入し、ハムやソーセージに加工して売る場合、これらの加工品には必ず「骨粉入り肉(deboned meat)」の表示が、カーター政権下では義務づけられていた。しかし、こんな表示がつけられては売れないと、食肉業者、わけてもアメリカ食肉産業会社や太平洋沿岸食肉協会は早くからこの表示にクレームをつけていた。

大統領に就任したレーガンは早速、この表示を外した。ただし、以前から決められていた規則——骨粉の大きさ、食肉に混入する容量、蛋白質の質、ベビーフードには入れない——などの規則は、従来のままにし、混入される骨粉の量が規定より多い場合は、「ディボーンド・ミート」でなく「カルシウム入り」の表示でよいとした。

当時、農務省次官をしていたC・W・マクミラン氏は、「ディボーンド・ミート」の表示は「お客を混乱させる。さらに食肉業界の弾力性を阻害し、厄介で、拘束的なものだ……。表示の規則をかえれば一般の消費者にとって四億九三〇〇万ドルの節約になる」と得々と語った（*Consumer Newsweekly* Aug. 3, 1981）。

そのほか、これまではクスリの箱の中にそのクスリの危険性と副作用を警告する説明書が入っていた。しかしレーガン政権はその必要はないとした。アルコール飲料も成分表示をする必要がなくなった。家庭用電気器具にエネルギー効率の表示をつけてほしいとの消費者の要求も、エネルギー省はあっさりと拒否した。こうした事例は数えればきりがない（*RETREAT FROM SAFETY*, p.XXVIII）。

FOIAを〝空洞化〟させようとの試みは前司法長官ウィリアム・フレンチスミス氏の手によって、脱兎のごとく進められた。同長官については、ネーダー・グループが書いた*REAGAN'S RULING CLASS*, p.349-363,（邦訳＝『レーガン政権の支配者たち』二七九～三二七ページ、亜紀書房）に詳述されているが、その中では、彼がいかにFOIA切り崩しに熱心であったかが浮き彫りにされている。

彼は、司法省がFOIAに従うと年間四五〇〇万ドルの費用がかかると言うが、これは国防総省の軍楽隊の行進に要する必要の半分でしかない。彼はまた、FOIAは法の施行を妨げ、企業秘密を暴露することにつながる、とも言っている。

さらに同長官は、FOIAは議会が当初意図しなかったような方法で利用されてきたので、「資料提供者は法の実施機関と情報をシェアすることをこれまで以上にしぶり、また海外の諜報機関も合衆国の諜報機関と情報をシェアすることをこれまで以上にしぶり、会社も政府に信頼できる情報を提供するのをしぶるようになった。これ以外にも政府の機能を損なう障害がつくり出されている」と言っている。

一九八一年五月、フレンチスミス長官は連邦の諸機関に覚書を送った。その中で、司法省は、連邦機関の情報拒否が著しく法的根拠を欠いたものでなければ、FOIAのもとでの情報請求を、その機関が拒否しても、司法省はその機関を弁護する用意のあることを明らかにした。また彼は、カーター政権によって設定された基準、すなわち、その情報が「論証的に有害」でなければ、行政機関は情報を公開すべきであるという基準を廃棄した。

一九八三年一月には、彼はFOIAに基づいて資料を公開するコストを節約するための新しいガイドラインを設けた。同ガイドラインの最も攻撃的な側面は、その資料に大衆が「正当な関心」を持っているかどうかを行政機関が判断して査定するよう指示している点である。また、情報請求者がその資料に含まれている情報を理解し、その「正確」な意味を大衆に伝えるだけの「適格性」が十分に備わっているかどうかを判断するように、行政機関は指示されている。しかし、FOIAは情報請求者をそのように区別してはいない。すべてのアメリカ人は政府情報にアクセスできるとしているのである（*RETREAT FROM SAFETY*, p.XXX）。

市民パワー

ＦＯＩＡは、アメリカ社会が、世界に誇りうる政府対市民のチェック・アンド・バランスの機能を可能にするための必須要件である、政府情報への国民のアクセス権を法文化したものである。ところが、ＦＯＩＡは今、大きな危機に直面している。これを修復する道は市民パワーを除いてほかにはあるまい。

筆者のアメリカへの旅は、この市民パワーへの信頼を、いっそう確かなものにした。中央ではネーダー・グループが発行する『パブリック・シティズン』誌が全米最優秀賞をコロンビア大学から受賞していたし、ニューヨークのＰＩＲＧ（Public Interest Research Group＝学生を主体とした市民グループ）は一二〇人の常勤スタッフを抱え健闘していた。

また地方では、草の根のFair ShareやAssociation of Community Organizations for Reform Nowなどの組織が、貧しい人々やマイノリティー・グループを核に、生活の場で権力の配分を真っ当な姿にかえる「裏庭の革命」を実践していた。その中には、かつてのベトナム反戦運動の闘士たちの姿もみられた。

これらの組織は州を越えて広がりを見せていた。Illinois Public Action Councilのような、労組・農民・高齢者グループなど一三〇団体を包含する州規模の連合が全米二五州にできていた。そしてそれぞれの州で民主的政治連合の結成をめざして頑張っていた。「人民の、人民による、人民のための」アメリカ民主主義の灯は消えていなかった。ＦＯＩＡ切り崩しの大きな力に、この灯が消えることなく抵抗しつづけるであろうことを信じ、願いつつアメリカを後にした。

（『エコノミスト』一九八六年十二月十六日号）

五　八九年恐慌はどうすれば防げるか

――新たな繁栄のためのポピュリストの処方箋

ジム・ハイタワー
スーザン・デマクロ(注1)

このままでは不況に突入する

テキサス州パリで催されたライオンズ・クラブの昼食会の後、一人の武骨な中年の商人が立ち上がり、大声で叫んだ。「ひとつ言いたいことがある。連中（議会議員）があそこ（ワシントン）で議論しているのは増税して財政赤字を減らすことばかりだ。では、オレの赤字はどうしてくれるんだ。彼の赤字はどうなんだ。オレたちの赤字を減らしてくれるようにワシントンに言おうではないか」。

これはワシントンの連中には聞くに堪えがたい叫びだろう。しかし、このような声はだんだん大きくなっている。増大した貧困家庭という驚異的な大波だけでなく、何百万のブルーカラー、ホワイトカラー、そして中流階級のその他あらゆる層の人々の財産が脅かされている。しかし、彼らの多くはロナルド・レーガンに投票したのだった。

一方、政府高官は盲目的に「我々の経済は健全で繁栄している」と主張する。これは子供の空想に等しい。大統領も、まるで子供のように、現実に目をつむり、二月の議会への経済報告では自分の政権が「遠い将来まで」続く成長と繁栄の基礎を築いた、と自画自賛している。テキサス州パリの郡裁判所の周りをうろついている老人たちでさえ、大統領には現実を把握する能力が完全に欠落していることを知っている。

アメリカ経済は過去七年間に耐えられないほどの打撃を受けた。我々は経済的損失、そして倫理的破産を黙認してきた。それは組合を崩壊させ、農民を破産させ、小企業を握りつぶし、零細企業の息を止め、人々の給料を減らし、貧しい人々の逃げ場をふさいでしまった。製造業から石油生産まで、農業から住宅建設まで、すべての産業が深く落ち込んでいる。この厳しい現実は、その中にいる人々ばかりでなく、テキサス州のＨ・ロス・ペロットのような成功した企業の指導者をも大きな不安に陥れている。彼は最近こう述べている。「我々の選んだ役人たちが経済の基盤は健全だなどと言っているが、とんでもないことだ。健全なものは何一つない」。

そこで我々は、ますます多くの人々が気付き始めていることを、声高に叫ばなければならない。すなわち、アメリカは新たな不況に向かってまっしぐらに突き進んでいる、ということだ。過去七年間の経済政策は、アメリカ史上、最も急激で最も逆累進的な富の再分配をもたらした。口では金融業務への政府の介入を除去すると言いながら、レーガン政府はリンドン・ジョンソン（注2）の〝グレート・ソサエティー（偉大な社会）〟政策以来、どの政府よりも熱心に経済に介入した。実際、レーガン政府は、アメリカの中・低所得層の人々のポケットから多くのお金を取り上げ、最も裕福な一〇％の人々に与えた。そして今、この頭でっかちになったアメリカ経済は、自らを支え切れず、我々の頭上に崩れ落ちようとしているのである。

ここ一〇年間、アメリカ政府は一つのグループからもう一方のグループへ富を再分配する機能を強めてきた。しかしリベラル派も保守派も、それについて率直に語ることはとても野暮だと考えてきた。実際、政府、議会、裁判所、連邦準備銀行などによるあらゆる経済決定は、まさに富の再配分の力を持っている。我々の政府は、何十億ドルというお金を、一つのポケットからもう一方のポケットへと規則正しく動かしているのである。それは偶然ではなく、政策選択の結果としてである。政治家たちがそれを認めようと認めまいと、特権を確保し、それをさらに拡大しようとする裕福な少数派の人々と、貧困から少しでも富に近づきたいと願う多数の人々との間で、政府はギブ・アンド・テークの機能を果たしてきた。

我々は、緊急に国内企業を育成するための国内投資政策を必要としている。それはビルを建て、汗を流し、モノを発明し、田畑を耕し、子供を教育したりする、何百万人という普通のアメリカ人への投資である。この投資こそが、経済成長を生み、それを維持することができるのである。

我々は、テキサス州で、限られた規模ではあるが、どのようにすればこの可能性を開花させることができるのかを見てきた。例えばリオグランデ峡谷では、低所得層のメキシコ系アメリカ人の野菜農家が自分たちでキュウリ加工工場を建設し、年間売上高六〇〇万ドルを達成、自分たちの地域で九三三の雇用を創出した。また、テキサス州ドーンのパナンドル町では、一一の小麦農家が協力して、穀物を付加価値の高い製品に変えるために製粉工場を始めた。売上高は一〇〇〇万ドルに上っている。これらは過去数年間に我々が取り組んだ多くの中小企業プロジェクトのほんの一、二例である。もし資金がもっと民主的に分配されれば、さらに何千ものプロジェクトが実現するだろう。

大統領選挙という政治的に重要な年に、我々は富の管理という核心の問題に、正面から立ち向かわなければならない。そして〝富の分配〟というポピュリスト（人民党）の古い旗に新しい精神を吹き込まなければならない。我々は、アメリカの富の最も広範な分配を実現しなければならない。なぜなら、それは我が国経済が生産性を高める唯一の手段であり、また、それがアメリカ全土に再び繁栄を取り戻す最善の方法であるからである。

ある国の名言は次のように教えている。「もし自分で穴を掘ってその穴に埋まってしまったら、まず最初にすることはその穴を掘るのをやめることだ」と。すでに七年間、ワシントンは国民経済をますます深い穴に陥れてきた。したがって一九八八年の大統領選挙は、我々が穴を掘るのを中止し、その穴がどの程度の深さなのかを正確に把握し、そしてその出口を探し始める出発点にしなければならない。

崩壊する経済基盤

アメリカは大方の人々が考えている以上に深い穴の中にいる。それは単に、少数の不運な人々だけが経済的苦境にあるとか、あるいは少数の経営不振の企業だけが〝自由市場の現実〟に直面しているということではない。アメリカの最も基本的な、雇用を創出し、物資を生産する産業の多くがぐらついているのだ。そして何百万というアメリカの家庭が、この経済衰退の大きな渦の中に巻き込まれているのだ。例えば――

・一九八一年以来、六二万以上の生産農家（全体の二〇％）が破産に追い込まれた。

・中小企業の倒産件数は八〇年代に劇的に増加し、八六年だけで五万六〇〇〇件に達した。

・第二次世界大戦の終結から八一年までに倒産したアメリカの銀行はわずか一七〇行だった。しかしそれ以降、年々急激に増加し、八一～八八年には六二一行の銀行が倒産している。

・一九八一年以来、約一二〇〇万のアメリカ人が工場閉鎖やレイオフによって失業した。解雇された人々の中で、一年以内に別の職を見つけたのはたった六二％だった。

・八〇年代に創出された雇用の四四％以上は、年収七四〇〇ドル以下である。この年収は、四人家族の貧困線よりも三五％低い。

・時給三ドル三五セント（年収六九六八ドル）の最低賃金で働いているアメリカ人の数は、八一年の五一〇万人から八七年には七八〇万人に増加した。

・七九年以来、子供のいる貧困家庭の数は三五％増加した。

このような状況の悪化にもかかわらず、ワシントンは、ウォール・ストリートの投資家のことしか関心がないようだ。つまりダウ平均が二七〇〇まで回復すれば万事うまくいくというのである。不幸なことに、これらの政策立案者たちは、ちょうどネズミのいない穴を見張っているネコに似ている。不況の可能性が不気味な高まりをみせているのは、昨年の十月十九日に株式市場が暴落したからではなく、ドルが下落しているからでもなく、もちろん巨額の財政赤字のためでもない。これらは経済混乱の兆候ではあるが、原因ではない。不況の可能性は、わが国の生産的経済基礎が崩壊しているという事実の中に存在しているのだ。

急速に進む富の集中

なぜこのような経済的混乱が生じたのかを理解し、その出口を見つけるために、我々は、アメリカの富の非民主的分配という、ほぼ一九四〇年以降の政治論議の中心から抜け落ちてしまった極めて重大な問題を、政治的に把握していかなければならない。確かに、富の民主的分配という問題は、一見、テレビのボウリングの試合より退屈で、論争好きの学者や傍流の政治家たちに任せておいた方がいいように思える。しかしこれは実際には、税額の大きさとか、地域社会のすべての家庭に対して十分な住宅が供給されているかどうか、また事業や家を買うための資金を借りられるかどうかという、個人の最も基本的な問題を決定する政治的選択にかかわる問題である。

富の分配については、ブルース歌手レイ・チャールズが歌っている。「金持ちはますます金持ちになる。ところが俺はまだ何ひとつ手に入れていない」と。

家庭の純資産（資産から負債を差し引いたもの）を計算すると、アメリカ人の大多数は、何も残らないか、ほんのわずかプラスになるかのどちらかである。失業したり、事業に失敗したりすれば、この国の大半の人々の生活はたちまち崩壊してしまう。ところが、社会の頂点にいる一握りの人々は、厚い防壁に包まれているため、まったくそのような心配はない。

『フォーブス』誌は昨年、アメリカで最も裕福な四〇〇世帯はそれぞれ平均五億五〇〇〇万ドルの純資産を所有していると報じた。これらの人々とこのほか一〇〇万以下の世帯（人口の一％）が、我々の社会の繁栄の頂点を形成している。そして彼らこそ、レーガン氏が自分の経済計画の〝魔法〟をかけようとしていた人々なのである。

レーガン氏は今でも、供給経済学の諸政策が好況を招来したと主張している。しかしこれは誰のための好況だったのだろうか。一九七六年には、アメリカの全世帯の一％に当たる最も裕福な世帯は国の総資産の一九・二％を所有していた（この資産総額は、現金、不動産、株式、債券、工場、美術品、個人資産、そして財産的価値を持つものすべてを含んでいる）。ところが八三年までに、経済の頂点にいるこれら一％の人々は、我々の富の三四・三％を所有するに至った。今日、この富のわずか一％が一〇〇〇億ドル以上を表していることを考えると、少しの上下変動であっても、実際の資産の変化は膨大なものになる。

レーガン税制改革が残したもの

一九二九年の大恐慌前には、アメリカの最も裕福な人々は、総資産の約三六％を保有していた。それが、レーガン氏のいう〝より民主的〟な比率に下がるまでには、ニュー・ディール、フェア・ディール、ニュー・フロンティア、グレート・ソサエティー(注3)と続く歴代大統領の政策大綱を経なければならなかった。それを推し進めたのは、市民グループの五〇年にも及ぶ歴史的苦闘の結果である。しかしワシントン政府は、この半世紀にも及ぶ闘いの成果を、一瞬にして奪い去ってしまったのである。つまり、税制・歳出・金利に関するルールを変更して、アメリカの富を少数の富裕者の手にますます集中させたのである。今日、アメリカの頂点にいる一％の人々は、その下にいる人々の九〇％が保有しているよりも多くの資産を持っている。

「そこにお金があるから銀行強盗をしたのだ」と弁明したウィリー・サットンと同じように、レーガン政権の最初の狙いは国民のお金だった。一九八一年と八六年の税制改革は、裕福な人々がますます裕福になるように、アメリカの税制を変えてしまった。最高税率は八一年の七〇％から八八年には二八％に引き下げられた。この二八％というのは現在、中流階級の大部分の人々に課されている率である。これらの二回の税制改革によって、六〇年にわたるアメリカの累進課税の歴史は終わりを告げた。

税法の歪曲は、このようなことが行われるときはいつもそうなのだが、すべての人々にとってプラスであるという名分の下になされた。しかしながら、我々の大部分は、実際に予想していたものよりはるかに少ない所得税減税しか受け取らなかった。それは、声高に宣伝された減税法案の大統領署名のインクが乾かないうちに、極めて逆進性の強い社会保障税が、減税法案とは対照的に、こっそりと引き上げられていたためだった。本当に得をしたのは、ごく少数の、最も裕福な人々だったのである。

一九八四年に約二万ドルの年収のあった納税者が、ロナルド・レーガンの減税によって受けた恩恵は五二一ドルだった。この納税者はそれでGMを買うことはもちろん、新車のポンティアックの頭金を支払うことさえできない。それでもこの納税者は、毎週一〇ドルのお金が自動的にもらえるわけだから、黙ってそれを受け取ることにした。

しかし、不幸なことに、彼は実際にこの取るに足りない金額さえ手にすることができなかったのである。なぜなら、社会保障関連の増税（ガソリンやビールの連邦税の増税は言うまでもなく）が、この一〇ドルのほとんどを、彼がポケットに入れる前に取り上げてしまったからである。八一年の税制改革の結果、多くの低所得層家庭は、〝減税〟前に支払っていたよりも多くの連邦税を支払わなければならなくなった。

一方、この不幸な納税者が住んでいる所から、町の反対側の、立派な住宅が建ち並ぶ郊外に行くと、そこでは、年収二〇万ドル以上の家庭が、敬愛する大統領から平均二万六九〇九ドルの減税を受け取って喜んでいた。昔からよく言われるように、ごく少数の人はステーキを食べる、多くの人は缶詰の豚肉を食べる、そして何人かはジュージューという音を聞くだけなのである。

税制改革の最大の問題点は、国内の大企業を優遇しているということだ。一九八一年の税制改革が、いかに公平さを欠いたものであったかは、次の事実が証明している。巨額の利益をあげている複合企業の中の数社は、自分たちの生産現場で働いている年収一万六〇〇〇ドルの典型的労働者よりも低い税金を支払っていた。

ちょうど巨大なビールの樽に自分専用の飲み口を付けるように、税制の中に組み込まれた仕掛けによって、何百万ドルという税控除が、アメリカの企業のたった一%のさらに一〇分の一の最も大きな企業に流れていった。特にダウ・ケミカル、ゼネラル・エレクトリック、ペプシコ、ITT、ボーイング、テネコ、テキサコといった大企業は、八一年から八四年の間に、この仕掛けを巧みに利用して、すべての連邦所得税を免れた。これらの企業の平均収益が二九億ドルだったにもかかわらず、である。

一九六〇年には、企業は連邦税の二三%を負担していた。この比率は八〇年までに一二・五%に低下し、そして八六年にはレーガン政権はそれをさらに六・九%まで引き下げた。これは八六年の一年間だけで、企業の税負担を一二〇〇億ドル減らし、その分を個人の納税者に負担させたことになる。つまり、連邦政府は八一年に続いて再び、低・中所得層から富裕層へと富を移転したのである。

偉大なアメリカの叙情詩人ウディ・ガスリーは、この前の不況の時に次のような詩を書いた。「この世の中をぶらぶら歩いていると、たくさんのおかしな連中に会う。ある者は銃で強奪し、ある者はペンで強奪する」。一九八一年と八六年の税制改革法に大統領がペンで署名したとき、アメリカ人の大多数はワシントンによって公式に富を強奪されたのだ。

上流階級の人々のための合法的強奪を正当化するためレーガン大統領は、（税制改革の）受益者たちは新しい雇用、製品そして繁栄を創出するという形で、きっとお返ししてくれるだろうと主張した。しかし、彼らはそうしなかった。減税の微々たる分が工場の近代化、研究開発や成長市場への進出という緊急の分野に流れただけだった。例えば、八一年から八五年までの企業投資の年間平均伸び率二％というのは、五六～六〇年以来のどの四年間の平均伸び率よりも低い。恥ずかしいことに、あれほど中傷されたカーター政権の期間中でも七％近い平均成長率が達成されていたのである。

減税の大半は、投機や海外投資、企業の買収・合併、経営幹部の昇給と賞与、そして彼らの浪費に使われたのである。これらは経済的には何の価値も生み出さない。レーガン大統領が大宣伝した〝経済拡大〟は、ごく一部の人々にとってのもので、しかも空虚なものだった。それはモノの生産よりむしろ書類の移動、汗を流して稼いだドルより、何の労働もしないで稼いだドルに基礎を置いていた。一九三七年にフランクリン・ルーズベルトはこう言っている。「我々は私利私欲は道徳的悪であることを知っている。今我々は、それが経済的悪であることも知っている」。

お金は肥料と同じ

アメリカ人の大多数は、今でもロナルド・レーガンに対して個人的好意を抱いているかもしれないし、また連邦政府の支出から浪費を排除することを明確に支持しているとはいえ、彼らはレーガン氏を大統領に選んだ結果、地域のシェルターや道路上に溢れている洪水のような、家のない人々の群れの出現を予想しなかった。

しかし、彼らが住む家を見つけられないのは、ワシントンの過度の予算削減の直接的結果である。例えば、連邦住宅供給公社の予算は、一九八一年の三三〇億ドルから今日では八〇億ドル以下に削減されている。その結果、新たに必要とされている低所得者向けの住宅を建設することはもちろん、既存の住宅を維持することさえ十分にできなくなってしまった。住宅予算削減によって、何百万の低所得アメリカ人が、乏しい家計の半分を住宅費に充て、住宅費を全く支払うことができない人々は、路上にほうり出されたのである。

政府支出の削減は、それによって公共サービスの必要性が消滅することを意味しない。それは単に負担を置き換えるにすぎない。例えば一九八一年以来、国民の健康管理、栄養補給、社会事業、法的事業のための連邦政府支出は一〇〇〇億ドル近く削減された。しかし人々は、今なおこれらのサービスを必要としているのである。

保守派の人々がよく口にするように、フリー・ランチなどは存在しない。結局だれかが支払わなければならない。そして現政権下では、請求書は連邦政府から州、市、町、教会、そして市民団体へと回された。もしこれらの機関や組織がその請求書の支払いをしなかったなら、あるいは支払わなかったとき、その負担は、それを負担する力が最も少ない人々、つまり貧困者が直接、負わされるのである。

しかし、大統領は国民のための諸計画を削減しながら、国防予算は大幅に増大させた。そして納税者は、兵器や備品はもちろん不正請求や、コスト・オーバー・ランから納入業者の公然のぶったくりまでも負担させられているのである。その額は、レーガン政権の終了までに二兆七〇〇〇億ドルに達するだろう。これは第二次世界大戦の終結からレーガン大統領就任までの歴代政権の軍事支出の合計以上である。軍事支出が急増したため、一九八一年以来連邦政府支出は七〇％も増え、債務残高は二兆三〇〇〇億ドル、金利の償還は年間二〇五〇億ドルにも達している。

富、あるいはお金は肥料のようなものである。肥料は広く均等にまかなければ作物はうまく生長しない。富も同じである。歴史が我々に教えるように、富の極度の集中は恐慌の原因となる。レーガン政権はまさにこの道を進んでいる。したがって、恐慌の再来を防ぐためには、富の極度の集中を排除することが、どうしても必要なのである。

"How to prevent the crash of '89," as publisyed in the *Advocate*, May, 1988

（『エコノミスト』一九八八年十月十八日号）

注

1 スーザン・デマクロ（Susan Demacro）テキサス州公共政策アナリスト。テキサス州農務省の経済開発計画を担当。

2 リンドン・ジョンソン（一九〇八～七三）、テキサス州生まれ。民主党下院議員。ケネディ大統領のあとを受け、第三六代アメリカ大統領。

3 ニューディールはフランクリン・ルーズベルト大統領（三二代）が一九三〇年代の大恐慌の克服策として推進した積極的失業政策。

フェア・ディールはトルーマン大統領（三三代）が第二次大戦後、ニューディールの延長として掲げた大衆経済の拡大政策。

ニュー・フロンティアはJ・F・ケネディ大統領（三五代）が大統領選挙のスローガンとして掲げた。

グレート・ソサイエティはリンドン・ジョンソン大統領（三六代）が掲げた政策スローガン。

六　ネーダリアンはいま米国を変えている

(一)

「環境破壊に国境はない」、はじめて日本の土を踏んだラルフ・ネーダーは羽田空港で、開口いちばん、こう語った(一九七一年一月)。それから一八年がすぎた。

この九月、再び、来日したネーダーの頭髪には、もう白いものが見えかくれしている。当年五五歳。日本弁護士会と市民グループの招きでやってきた。日に二~三回ものスピーチ、その間にマスコミとのインタビュー、過密ダイヤである。

私はずっと彼について歩いた。あと二、三日、二十二日に帰国する。この一〇日のあいだに発見したことは、彼が水と野菜、果物、それにちょっぴり豆腐類のようなものしか食べないことであった。それも過密ダイヤの合間に食べたり食べなかったり。私は不思議に思った。人々を魅了するスピーチのあの迫力はいったいどこからくるのだろうか、と。おそらく、四分の一世紀も前に彼が書いた『どんなスピードでも危険だ』にこめられたあのエネルギーがいまなお枯れない泉となって湧きでているのではないだろうか。

いうまでもなく、この本は一九六五年に発表され、世界を震撼させた。GMの新車コルベアが欠陥車であることを、三〇歳を過ぎたばかりの名も知れぬ田舎弁護士であったネーダーがバクロしたからである。

当時、世界の自動車王として君臨していたGMのローチェ会長は、この若僧の前に深々と頭を下げ、欠陥車であることを議会の公聴会で自白した。TVがこの一瞬を全米の市民に伝えた。連邦議会は「十字軍《クルセ》の旗手《ーダー》」の称号をネーダーに授与した。

この歴史的事件は全国交通自動車安全法となって一九六六年に結実した。それまで野放しだった自動車の安全性にたいする規制が、この法の制定によって厳しく設けられるようになった。おかげで、なん百万人もの生命がその後助かった。この一件にこめられたネーダー信念は、企業や政府の反社会的行為から「一般の人々の利益《パブリック・インタレスト》を守る」というものであった。バカの一つ覚えのように、彼はその後もこの信念の実現に向かって寝食を忘れて走りつづけ、今日に至っている。

この間に、食品の安全、職場における労働者の安全、環境の安全のためにネーダーが関与した法制定は二十指を下らない。なかでも、全国交通自動車安全法の制定と並ぶ、彼がうち建てたもう一つの金字塔は、一九七四年の情報公開法の改正だった。

この改正がもたらした影響は国際的にも測りしれない。世界各国の市民は自国で掴むことのできない情報もこの法を通して入手可能となったからだ。例えば、九月はじめ日本で行われた日米構造問題協議の議事録の開示を日本政府は日本市民に拒んでいる。だがわれわれはアメリカのこの法を通してアメリカから手に入れることができる。

立法勢力としてのネーダーのこの革新的ダイナミズムは業界に大きな恐怖を与えた。一九七二年、業界はビッグ・ビジネスのトップで構成するラウンド・テーブルを結成、ネーダーへの反撃を開始した。レーガン政権がこれを受けついだ。レーガンの攻撃目標は情報公開法とデラニー条項（食品・医薬品の安全を守る守護神的機能を果たす法律）のぶっつぶしであった。

だが市民の抵抗は強く、目的を達成することはできなかった。「クリーンな環境、子どもたちの健康と安全、開かれた政府、そして責任ある政府――こうした崇高な理想の運動にこれほど侮辱を示した大統領に、私は長い消費者運動家としての生涯のなかで会ったことがない」とネーダーはロン・ヤスのロン（注1）を指さす。

（二）

ブッシュ新政権の誕生と前後し、厳冬の氷も和らぎはじめた。「ネーダーの再来」、「ネーダーの再臨」のタイトルが米誌を賑わし、早々とネーダーの勝利を報じ始めた。

その一つは、昨年秋の大統領選挙と同時に行われたカリフォルニア州の保険料率二〇％カットの住民投票《イニシアティブ》＝発議《プロポジション》一〇三号の勝利である。保険業界は多年にわたって独禁法の適用除外をうけ、好き勝手なことをしていた。積もり積もった市民の不満が爆発した。〝有権者の反逆《ポターズ・レボルト》〟が組織され、運動は燎原の火のように全州に広がった。不可欠な燃料をネーダーが供給した。彼がワシントンからカリフォルニア州へ飛んでくる度に火はいちだんと燃え上がって発議一〇三号の賛成票がふえた。業界は鎮火のために莫大な金を投じた。

だが結果は、業界の八〇〇〇万ドルに対し二〇〇万ドルしか使わなかった市民側の勝利に終わった。ネーダーの注ぐ油は決定的役割りを果たした。発議一〇三号の要求は、業界に対する独禁法の適用除外をやめよ、競争原理を導入せよ、保険料率を二〇％カットせよ、州の保険監督官を公選せよ、保険業を監視する消費者の機構をつくれ、であった。

二つ目のネーダーの勝利は、「自動車にエアバッグを装備してドライバーの生命の安全を守れ」の彼の主張がやっと認知され、自動車業界の二〇年に及ぶ抵抗が崩れたことであった。

一九八五年、連邦政府の調達庁がエアバッグつき自動車五〇〇〇台をフォード社に発注した。いくつかの保険会社がこれに続いた。バスに乗り遅れまいとクライスラーが、昨年春、「一九九〇年代からの自動車生産はエアバッグつきを基準にする」といい出した。ＧＭも同意を表明せざるをえなくなった。完全なネーダーの勝利である。「もしこの決定が一九七〇年代に行われていたならば、一〇万人以上の生命が助かっていただろうに……。エアバッグの二〇年に及ぶ闘いは、消費者運動家が〝パブリック・インタレスト〟のためにどれだけガンバリ貫くかのテストのようなものだった」とネーダーは述懐している。

三つ目の勝利は、連邦議会の議員歳費五〇％アップ案を葬ったことである。ボストンのラジオ放送局からこの問題の当否をネーダーは市民に訴えた。その声は全米に広がり、市民は抗議の意思表示として、故事（一九七〇年十二月、ボストン港に停泊中の東インド会社の船から、茶箱をとり出し、市民がこれを海に投じ、「ボストン茶会」が開かれた事件）にちなんで、ティーバッグを自分の選出した議員にヂャンヂャン送った。その結果、議員歳費アップ案は今年（一九八九年）の二月、灰になってしまった。

㈢

このような成果にもかかわらず、ネーダーをとりまく人々は、「今も昔もネーダーはちっとも変わっていない。彼はトレードマークの〝パブリック・インタレスト〟の旗をかかげ、ただ一筋に走りつづけてきたにすぎない。あの冷酷なレーガン政権下でさえも、クリンチ・リバー原子力増殖炉に注ぎこもうとした八八億ドルもの巨費の出費を政府にストップさせたし、英国で多数の死者を出したアメリカ製の関節炎の薬オラフレックスの販売を中止させることができたのだ」という。

こうした実情を反映してか、宗教界のネーダー評価は高い。一二名の著名な指導者のうち、ネーダーはカソリックで一位、プロテスタントで二位、ファンダメンタリストで七位をランクしている。（一九八九年四月十五日、ロサンゼルス『ヘラルド・エグザミナー』）

また『ハーバード・ビジネス・レビュー』誌（一九八八年十一月／十二月号）はネーダーを含む一二名の著名人のブッシュ新政権への政策提言を特集している。ネーダーは「企業原理の導入による効果的な政府運営」を提言している。ドキッとするような大胆な提言であるが、なんのことはない、「優れた企業経営は顧客主導の会社を築くように、新大統領は市民主導の政治を推進すべきだ」というのである。そのために、いくつかの項目をかかげ、実に具体的に、実行可能な提言をしている。また論文の末尾を「〝アメリカの独立〟を守れ」で結んでいる。そしてアメリカの財政赤字削減のために次のような三つの方法を提示している。①西ヨーロッパの米軍の経費を大幅（例えば五〇％）削減すれば少なくとも五〇〇億ドルの予算削減

ができる ②アグリビジネスへの政府支払いの削減、原子力関係の補助金の廃止、国有地の木材、石油、天然ガス、鉱物などの資源についてロイヤリティーを上げるべきだ ③法人、個人の所得税の改革、例えば法人税の抜け穴をふせぎ、大金持ちに対する税率を小幅に引き上げることで五〇〇億ドルの歳入増となる。以上三つの方法で計一五〇〇億ドルの財政赤字の削減が達成できる、と。

ネーダーの〝再臨〟という表現は私には不適切に思われる。雨の日も風の日も、もう一つのアメリカを創るためにネーダーは走りつづけてきた。マスコミがこの事実に盲目であるにすぎない。ネーダーのなかに、私はアメリカ民主主義の希望を託す。

（『軍縮』一九八九年十一月号）

注

1 ロナルド・レーガン大統領と中曽根康弘首相との親密な関係を誇示する言葉としてロン・ヤスが使われた。ロンはレーガン大統領を指す。

七

九〇年代、環境主義に進むアメリカの市民たち

いま、アメリカの各分野の専門家は、「九〇年代のアメリカは環境主義の方向に進むだろう」と異口同音に言っている（『フォーチュン』誌一九九〇年二月十二日号）。『NYタイムズ』誌とCBSニュースの定期世論調査でも、「環境を守るための費用は高くつきすぎるというようなことはない。環境を改善するためには金に糸目をつけてはならない」と大衆が答えている。答えの推移は、一九八一年九月の調査で、「イエス」が四五％、反対が四二％だった。ところが昨年（一九八九年）六月には、「イエス」が七九％、反対が一八％となった。なぜか？　〝九〇年・地球の日〟国際委員会議長デニス・ヘイズ氏（注1）はこう答える――「レーガン政権下では、環境は公僕に任せておけばよい、と大衆は考えていた。しかし今や大衆は、もはや環境はレーガン政権下の内務長官ジェイムス・ワットや同政権下の環境保護庁長官アン・ゴーサッチ、その他の彼等の仲間たちに任せておいては大変だ、ということが分かってきた。そしてその数は急速に増え、より直接的な行動、より個人的な行動をとるようになってきた。このことがヴァルディーズ原則をつくり出し

た背景である」と。ベティ・ワングという記者も『サルト・レイク・トリビューン』誌（一九九〇年四月一日）で、アメリカ社会のこうした変化を次のように語っている――「八〇年代は映画『ウォールストリート』が訴えたように〝貪欲《どんよく》〟が美徳の世界だった。九〇年代は地球や人や地域を〝大切に〟する時代になるだろう。〝奪う〟から〝与える〟時代へ企業が転換していく時代だ」と。

そして賢明な企業はいち早くこの時代の動きを先取りし、実践に移っている。例えば、▲デュポン社は年間七兆五〇〇〇億ドルの事業から後退しようとしている。なぜなら地球を害してしまうのではないかという懸念からだ。▲マクドナルド社は年間なん億ポンドもの紙やプラスチックの廃棄物を出すことで悪評をかっていたが、一転して環境問題の指導的教育者の一人になることを目ざしている。▲セロテープや様々な化学物質の製品をつくっている3M社も公害を出さない生産施設のためにジャンジャン金を注ぎこんでいる。▲パシフィックガス＆エレクトリック社もエネルギー効率を高めるための研究に一〇〇〇万ドルを投ずるなど、環境保護団体とチームを組んでいくつものプロジェクトを進めている。▲共和党筋の世論調査機関で働いているビル・マックインターという上級調査官さえも、エクソン社の「ヴァルディーズ号」が昨年三月、アラスカ南岸で原油の大量流出事故を起こし、後始末に一〇億ドルをつかったが中途半端、あとは「野となれ山となれ」の態度をとっていることにたいしカンカンに怒っている――「アメリカの企業は、金さえ儲けりゃいい、社会的責任をとることなんかちっとも考えちゃいない、といったような印象を国の内外に与える」と。

このように、いまアメリカ社会は大きな地殻変動を開始しようとしている。震源地はどこか？「いくつかの理由はあるが、その最前線は人口統計学的根拠だ」とフューチャーリスト（未来学者）のエディス・

ワイナー氏はいう。「ベビーブームで生まれた人々はいまやアメリカの人口の膨大な層を構成し、管理職につく位置にいる。しかもこの人々は公民権運動やベトナム反戦運動の燃えさかる炎の中をくぐり抜けてきた経験を直接または間接的にもっている。だから年齢が現在五〇歳を超える人々の四九％は環境主義に強い共感を抱き、三〇～四九歳の人々は共感度が三九％、三〇歳以下の人々になると三一％になっている」。まさに「存在が意識を決定する」マルクス理論の反映なのかもしれない。

またアメリカ社会のこうしたハッキリとは目に見えない、移り変わりの主動要因を「パブリック・インタレスト（一般の人々の利益を守る）」に求めようとする人もいる。アーウィン・S・シャピロ氏もその一人だ。彼は一九八一年、デュポン社の会長兼経営責任者の地位を退いた。そして『アメリカの第三革命――パブリック・インタレストと民間の役割』という本を書いた。その中で彼は自分のキャリアを反省して次のように述べている――「あらゆるタイプの組織が新しい競技場のルールのもとで生きている。しかし私企業ほど大きな圧力を感じているものはない。近代商業団体とりわけ株主が所有する大会社は、初期の株主やマネージャーたちが普通のこととして経験していた事情とはひどく違った状況のもとで、今日、事業を営んでいる。利潤追求はいまでも支持されている。金儲けをするビジネスに反対するものはいない。しかしその慣行の許容限度が変わってきた。企業の不純な行為に対してはハッキリと地域社会は一線を画し、それをちょっとでも踏み越えると、『金儲けをするのはいいが、そのやり方がいけない』と直ちにピシャリとやられる。組織の指導者が元の〝普通の〟状態へ戻ろうとするのはもはや無意味だ。地域から〝ノー〟と叩かれるいまの時代こそが〝ノーマル〟なのだ。われわれは元へ戻ろうとは思わない。『ひとたび開かれた心は決して元の次元へ戻らない』とオリバー・ウェンデル・ホルムスはいったことがある。このことは個人にもあてはまるが社会にもあてはまる。第三革命はコミュニティーの心を開いた。その心は新しい種類の経営の必要性を企業に命じている」と。

企業行動に社会的責任を求め

いまアメリカ国民の四一％がエクソン社のボイコットを真剣に考えている。環境に対する企業の社会的責任が今日ほど鋭く問われている時代はない。こうした時代背景のもとに、環境に対する企業の行動基準を定めた「ヴァルディーズ原則」の推進運動がいまアメリカで進んでいる。運動の主体は「環境に責任をもつ企業のための連合（Coalition for Environmentally Responsible Economies　略称ＣＥＲＥＳ）」という緩やかな連合体組織。ＣＥＲＥＳは四つの大きな柱で支えられている。その一つは、各種の年金基金をとりしきる責任をもつ自治体・州の財務監査部。その二は、社会的責任を果たす会社への投資を顧客に勧める銀行関係者、株式仲買人、投資相談会社。その三は、「企業責任に関する超宗派センター（Interfaith Center on Corporate Responsibility　略称ＩＣＣＲ）」、その四は、アメリカの環境・市民運動である。例えば、鳥類の保護で八十数年の歴史をもつ由緒ある「オーデュボン協会」、「人間は自然への訪問者であっても決して侵略者であってはならない」の名言を残したジョン・ミュアーが一八九二年に創設した「シェラクラブ」、日本でもなじみ深い「地球の友」、ネーダーの発想で生まれた学生の市民運動組織「ＵＳＰＩＲＧ」、一九六九年発足以来、一貫して人殺し兵器の製造に反対し平和を守る主張を貫き、その視点から経済の優先順位を計り、その結果の公表に努めてきた「ＣＥＰ（Council on Economic Priorities）」が、この環境・市民運動の分野に入っている。

これら四つの柱を構成する団体のもつそれぞれの資産は莫大なものである。例えば、ニューヨーク市の財務監査部だけでも三五〇億ドル（一ドル一五〇円として五兆二五〇〇億円）の各種年金基金を運用し、エクソン社の株六〇〇万株をもっている。いま五〇をこえる自治体がヴァルディーズ原則の審議中、おそらくCERES加盟を決定するだろう。また宗教界の大組織であるICCRはカソリック系教会二二〇、プロテスタント系教会二二、その他の宗派が「企業責任」に関して手を結んだ連合体であるが、それぞれの教会のもつ株の保有額をICCRに集結して合計してみると、その総額は五〇〇〇億ドル（七五兆円）をこえる。これらの数字がいかに巨大なものであるか、米国の対日貿易赤字が四九〇億ドルに過ぎないことを想起すれば容易にうなずける。CERESは加入団体のもつこうした巨大な経済力を背景に企業にヴァルディーズ原則の順守を求めようとしているのである。「しかしそれは決して企業叩きのためではなく、この原則を守ることが二一世紀への企業繁栄に通ずるロードマップなのだ」とグレイ・ディビス氏（カリフォルニア州財務監査部員）はいう。

CERESは、実は、「社会的投資フォーラム（Social Investment Forum　略称SIF）」という全国的職業団体のプロジェクト部隊なのである。SIFは三〇〇人以上の、基金をとりしきるマネージャーと、社会的責任を実行している会社への投資を勧誘する投資アドバイザーで構成されている。CERESはデニス・ヘイズ氏とジャン・バーバリア女史（ボストンの投資会社社長）の二人を共同議長にしている。またCERESは次のような企業哲学をもっている――「企業とその株主は環境に対し直接的な責任をもっている。企業は環境を守るための責任ある家令《かれい》としてビジネスを行わねばならない。そして地球がいつまでも健康で安全であるような限度内でのみ利潤を追求すべきである。企業は未来の世代が生存に必要なものを持続して手に入れる能力を傷つけてはならない」。CERESはこのような哲学を前提にヴァルディーズ原則を提唱している。ヴァルディーズ原則という名称は、アラスカ南岸で大量の原油を流出させたエクソン社のタンカー「ヴァルディーズ号」からとった。

だがこの原則を思いついたきっかけは一九七七年の「サリバン原則」であった。サリバン原則はフィラデルフィアの牧師レオン・サリバン師がつくった。師はいまGMの理事として活動している。サリバン原則は南アフリカ共和国でアメリカ企業が守るべき行動の基準を提示したものである。かつてアメリカ企業は南アとの貿易で世界の首位を占めていたが、第一線から撤退し、日本企業がこれに代わった。このような選手交代の背景にはこのような歴史がひそんでいたのである。またアメリカでは南ア貿易関連企業に大学当局が投資していることに学生が抗議し、コロンビア大学、カリフォルニア大学のロサンゼルス分校、その他全米七〇校で、「アパルトヘイト反対」、「南ア関連企業への投資反対」を叫んで立ち上った。その闘いは一九八五年四月を起点として約一カ月に及んだ。学生は大学の建物を占拠するなど激しい抗議行動を展開した。アメリカにはヴァルディーズ原則が根を下すこのような社会風土がある。寄せては返す波のように、実は、このような社会的風土が公民権運動以来徐々に企業の牙城《がじょう》を侵食し、「九〇年代を環境主義」へ向かわせたのではないだろうか。こうした理由で、私は、前述したアーウィン・S・シャピロ氏の見解は示唆に富むものだと思う。

アメリカでは、安全な製品が欲しければ合衆国消費者同盟（CU）の月刊誌『消費者情報』という素晴らしいバイブルを手引きにすればよい。また軍事産業や原発産業、南ア貿易に関係している会社の製品やサービスを買うのがいやなら、前述のCEPの『よりよい世界のためのお買いもの』手引き書をみればよい。昨年発表されたこのポケットブックは五〇万部を突破したベストセラーである。また地球環境を大切にする企業の株が買いたければ、「ヴァルディーズ原則」の実施を約束する会社の株を買えばよい。「ヴァルディーズ原則は、企業の環境に対する姿勢が審判される倫理的道標を提示している。それは厳格な法的規範以上のものであり、それをもこえる倫理的な道標である」からだ。日本でも去る五月、経済同友会が「九〇年代の企業の行動革新——市民社会・国際社会と調和する企業行動をめざして——」を発表した。経済大国日本としてはあまりにも遅きに失した。だが「善は急げ」だ。全日本の企業の速やかな、そして実効ある行動を期待したい。

最後になったが、企業の行動基準を包括的に律する一〇項目からなるヴァルディーズ原則を紹介しよう。これまで企業行動は必要に応じてその都度、個々バラバラに規制されてきた。しかしヴァルディーズ原則はこれらを一括して包括的に律しようとしている。この点で特筆すべき原則である。一〇項目とは、①生物圏への有害物質の放出の削減、②天然資源の持続的な活用、③廃棄物処理とその量の削減、④エネルギーの賢明な利用、⑤地域や労働者に与える健康上のリスクの削減、⑥安全な製品・サービスの販売、⑦事故を起こした物の十分な補償、⑧情報の公開、⑨環境問題の専門家を理事、運営責任者の中に必ず任命する、⑩そして以上の原則が年々どのように実施されてきたかの環境検査報告書を策定し、これを会社業務の必須要件として位置づけ、公表する、というものである。このヴァルディーズ原則は証券取引委員会の議を経て、既に二七社に送られた。株主総会の決議に附されることをCERESは期待している。

（『軍縮』一九九〇年七月号）

1　注

Denis Hayes（一九四四〜　）は少年時代を過ごしたワシントン州カマサの町の自然が破壊されるのを見て環境保護運動に入った。スタンフォード大学客員教授。一九七〇年、環境運動「アースデイ」を演出した。七八年、カーター政権下で太陽エネルギー研究所長。

第五章　消費者運動とはなにか

一　消費者運動は「浪費をつくる経済」に挑戦する

──いまこそ「買ってやらないぞ」の絶縁状をつきつけるとき

巨大企業に挑戦する社会勢力

コンシューマリズムという言葉が日本でも二、三年前から使われるようになった。輸入先はアメリカ。しかしその内容は人によってまちまち。が、アメリカでは少なくとも一つの共通した認識がある。それは消費者の四つの権利──安全、知る、選ぶ、意見の反映──を犯すところの巨大企業に向かって目的意識的に挑戦することである。そのチャンピオンはラルフ・ネーダーであり、組織としてはアメリカ消費者連合会（CFA）、全国消費者会議（NCC）をあげることができよう。

「……店頭にはデコデコ、ピカピカ、さまざまな装いをこらした多種多様な商品がならんでいる。しかしほんとうの値段、ほんとうの中身が知られているだろうか？　自動車とタイヤの安全性は知らされているだろうか？　薬の値段？　大気汚染？　化粧品の安全性？　繊維の質？　製品の保証？……今日ほど真実が知らされねばならぬ時はない。今日ほど消費者が自分の見解を他の特殊利益集団と肩をならべて威示する行動が迫られている時はない。

消費者は国の全支出の三分の二、約一兆ドルの四分の三近い金を使っている。この指標はしばしば〈消費者は王様〉に使われる。だが、消費者は王様らしくすべてを支配しているだろうか？　部分的にはそうかもしれない。しかし欲しくもないものをどっさり摑まされている。ひどく安全でない自動車を消費者は要求しただろうか？　漂白された真っ白い粉を要求しただろうか？　どれが安全なタイヤか選べないほど多種多様なタイヤの基準や条項を、消費者はいったい要求しただろうか？　〈新しい〉とか〈改善された〉とかのラベルを商品にベタベタ貼ってほしいといつ要求しただろうか？　〈新しい〉ことをいえば、中身が小さくなったり、知らぬ間に値段が上がったくらいのこと

消費者の連帯を謳う国際消費者機構ポスター

だ。

王様とよばれる消費者は、国の主権者として必要なすべての情報を与えられているだろうか？　与えられもしないで、どうして選択力をフルに使うことができるだろう？　真実を知らせる情報をたっぷりもつことなしに、どうして自分の欲望と必要を正しく表すことができるだろう？　もし自由主義経済が正常に動くはずのものだとすれば、消費者は合理的な決定をするのに必要で十分な情報をもたねばならない。消費者の欲望と必要を摑むことなしに、どうして企業は正しく機能しうることができるだろう？……」

これは、CFAの結成を促したといわれるエスター・ピーターソン女史（ジョンソン大統領の初代消費者問題特別補佐官）の六六年全米消費者大会でのスピーチの一節である。このスピーチには、明らかに、消費者主権を無視する巨大企業システム全般に対してのふんまんがこめられている。これが、翌年生まれたCFAの体質にうけつがれ、またこれと前後して、一九六五年にはラルフ・ネーダーの「どんなスピードでも自動車は危険だ」が出た。全米がふるえ上がった。これこそコンシューマリズムの烽火《のろし》だったのである。

ネーダーはいう。「消費者を食いものにする悪徳行為は専ら市場の外べりだけから発生するものだという考えを私は拒否する。アメリカを地上で最も豊かな国にした、その同じ尊敬すべき企業の巨人たちによって、いつもきまって悪徳行為は行われるのだ」と。また昨年（一九七三年）四月、全米を襲ったミート・ボイコット草の根運動は、その後NCCを結成した。そして秋には、農業政策の失敗をなじってバッズ農務長官の辞任を要求、さらに大資本は農場から出てゆけ、を要求して一大デモンストレーションを展開した。コンシューマリズムとは、このような一連の流れのなかで生まれ育った。だから人は、コンシューマリズムを「巨大企業に挑戦する消費者の一大社会的勢力」だと規定する。

消費者は「買わされる」存在

日本ではどうだろう? このような性格をもつコンシューマリズムが存在するだろうか。「安いか高いか」ないしは個々の商品の品質テスト、見たとこ勝負の散発的欠陥商品の摘発活動はあっても、「市場の外べり」から市場の中枢へ迫る思想性に根ざした一大社会的勢力としての運動は、まだ夜明け前という状況ではないだろうか。

巨大企業は、三菱の例にみるように、兵器から日常生活必需品まで、日本の全経済と国民生活のあらゆる部面を構造的に支配している。ミソ、ショウユの原料でさえも、それを牛耳《ぎゅうじ》るのは「市場の外べり」企業ではなく、巨大資本の系列下にある総合商社である。しかしこれら巨大企業といえども、その支配力の及ばない二つの要素がある。一つは総需要。これにたいしては、彼らは政府と同盟を結び、政府の政策を通し、政府の金を利用して市場を獲得する。もう一つは「消費者のとらえがたい嗜好の変化の可能性」である。これにたいしては「需要を創造」することによって市場を獲得する。

そのチャネルは、調査・マーケティングの理論武装のもとで、それ自体が一つの巨大産業である広告宣伝活動を通して行われる。もっと買わせろ、捨てさせろ、ムダ使いさせろ、季節を忘れさせろ、贈り物をさせろ、コンビナートでつかわせろ、きっかけを投じろ、流行遅れにさせろ、気やすく買わせろ、混乱をつくり出せ、の戦略(電通PRセンター戦略十訓＝広告人会議編『広告を考える』三省堂・一四四ページ)がこれである。種本は、ヴァンス・パッカードの『浪費をつくり出す人々』(ダイヤモンド社)。パッカードはこのほかにも計画的廃物化の戦略、欲望の計画的廃物化戦略、月賦販売による戦略、快楽主義を植えつける戦略、人口増加の利用による戦略、などをつけ加えている。

いずれにもせよ、市場獲得のための「需要創造」の戦略下では、王様のはずの消費者はただの「買わされる」存在でしかない。「買わされる」消費者を「買う」消費者だと思いこませるために、企業は、消費者一人当たり年間八七八二円（四十七年度電通調べ）の催眠薬を飲ませている。

巧妙な販売戦略にのせられる

こうした販売戦略を心にとめながらショッピングすると、「買わされる」自分の姿がハッキリする。買いものには全く縁遠い私なのだが、二人の孫のクリスマスの贈り物をデパートへ物色に行った。これはまさに「きっかけを投じろ」の戦略にのせられていることなのだ。企業にとっての「きっかけ」とは、クリスマスをクライマックスに、ヤレ正月だ、ヤレ盆だ、ヤレ子どもの日だ、父の日だ、母の日だ、子どもの誕生日だ、友人の誕生日だ、バレンタインデーだ、悲しみの日だ、と「多種多様なきっかけ」を創造する。近頃は、誕生を祝った友だちにおかえしをするのが子どもの世界でもはやっているとか。こうした「きっかけを投ずる戦略」は、パッカード流でいえば、「快楽主義を植えつける戦略」――「ピューリタニズムのクモの巣を取り払い、大衆を古風な小銭の倹約から遠ざけるように教育する」戦略なのである。

さて、デパートでは一階のソックス売場を物色した。例の米人ゴルファーのワン・ポイント・デザイン、傘、熊、ペンギンなどの刺繍入りソックスが目についた。同じ材質でもワン・ポイントのないソックスは三〇〇円ほど安い。なるほど、こうしてゴルファーとの間に結ばれた契約料一億円が細分化され消費者に転嫁されていくのである。

最近はネコもシャクシも、このワン・ポイント・ウェアを着ている。着ていないものは時代遅れ。これをパッカードは「欲望の計画的廃物化戦略」といっている。そういえば、ついこの間まで、きわどい線までまくし上げていた、あのショート・スタイルはどうなったのだろう？　いまじゃ、ショートに代わって乞食のお姫さまみたいなロングが流行。「女性が考えはじめるとき、最初に頭にうかぶのは新しいドレスのことである」とハイネはいったそうだが、ショートからロングへ、これもまた「欲望の計画的廃物化戦略」にほかならない。

さて次は玩具売場へ。昔ながらの木製の積木売場は閑古鳥が鳴いていた。ところがボタン一つ押せばひとりでに金属製のヘリコプターがバックしたり旋回したりする玩具売場はチビッ子でいっぱい。指先一つ、ちょっとボタンを押すだけ、あとは何もせずジーッと見ているだけ。無為の楽しみ、怠惰の楽しみ、創造性の剥奪、オートメ化への信仰、よりスリルに富む、より高価な玩具への欲望のエスカレーション、「もっと買わせろ」である。

次は文房具売場へ。どの鉛筆もどの鉛筆も透明の美しいプラスチック容器に一ダースずつ入っている。「消費者は製品で買うのでなく、パッケージで買う」という包装戦略の一種である。このデパートではカギつき、プッシュ式鉛筆入れは見当たらなかった。その代わり、手動式、電動式鉛筆削りのデラックス化が私の注意をひいた。卓上電話からピアノを連想させるようなデザインである。削り具合は三段階から五段階まで。デザインを複雑にすることによって、それまで出回っていた単純なデザインのものを陳腐化させる。

これも「欲望の計画的廃物化戦略」なのであろう。

五段階電動式のものは四〇〇〇円以上もする。こんな高価なものを、子どもたちは日に何回となく、まるで茶碗や箸を握る気安さで使う。お金の尊さを考えさせる余地サラサラなしである。早く、便利に削って、短くなったらポイ、また新しい鉛筆を買う、の繰返しである。短くなった鉛筆にキャップをつけることを、いまの子どもは知らない。「捨てさせろ、もっと買わせろ」である。

鉛筆削りはどこか一カ所故障すると全部がダメになる。「計画的廃物化」の一種かも知れない。ナイフならそんなことはない。ナイフを鉛筆にあてる角度、動かす手加減、この総合的な作動のなかで子どもは力学をおぼえる。鉛筆削りはこの「良貨」を市場から駆逐してしまったのである。

あちこちの売場を物色しながら、結局なにも買わずに帰った。何もかもあんまり高いので手が出なかった、というのが本音かもしれない。それにしても、市場獲得のための需要創造は、いまや大人の世界から子どもの世界にまで及んでいるのである。

偽りの豊かさの中で

「ジューサーを買ったが、あと始末がめんどうなのでミキサーを代用している。宣伝にまどわされ購入したことを反省している」（Tさん）「電子レンジの宣伝にちょっと気をひかれたが、買った人は暖めるだけにしか使っていないのをみて買わなかった。買わないでよかったと思う」（Kさん）「体が暖かくなっても室温が低いとトイレなどに起きるとき心臓に悪いので、電気毛布は買ったが使うのをやめた」（Yさん）「安もののジュウタンは掃除がしにくく、結局、部屋が美しくならない。板の間、タタミの部屋、それぞれの美しさを生かせばよい。ジュウタンは不要」（Aさん）。

物を買えば、それだけ家計簿の支出欄がふくらみ、生活水準「向上」の指標となる。が、実際は、この主婦たちの訴えるように、生活の「ムダ」を買っている場合も多い。去年のはじめ、東京都が消費生活モニターを対象に持物調べをした。その結果、「まだ使えるけれど、必要のない」電機製品が一世帯当たり平均〇・八台あることがわかった。都全体（三七〇万世帯）では二九六万台、「もっと買わせろ、捨てさせろ」の見事な標本である。

だから、これまでの古典的な生活水準云々、経済学理論だけでは、真の生活の実態はつかめない。この点に関し、ネーダーは面白いことをいっている。つまり、次のような要因を考慮に入れることが大切だというのである。その第一は、〈意に反するサブ・エコノミー〉involuntary sub-economyと名づけられる要因で、「もし企業が消費者によって購入されるものの製造・販売にあたって、誠実さ、安全性、有用性という初歩的基準を守りさえすれば、何十億ドルという金を消費者は払わずにすむ」というのである。たとえば多種多様なインチキ製品、ウソつき製品に支払う金などがこれに該当する。

第二の要因は、〈価格を転嫁するサブ・エコノミー〉transfer sub-economyで、製造→卸→小売→消費者へと移るにつれ、価格が雪だるまのようにふくらみ、結局は消費者が負担する。さっきのワン・ポイント・ウェアの契約料のようなものである。第三の要因は、〈市場管理によるサブ・エコノミー〉controlled market sub-economy、いわゆる管理価格の形成。第四は〈企業社会主義サブ・エコノミー〉corporate socialism sub-economyで、これは(a)公的基金や特権を不正に企業の支配下に移したり、(b)本来なさねばならぬ支払いや義務をもつ企業が、政府にその債権の請求をさしひかえさせること。

第五は〈強制的消費のサブ・エコノミー〉compulsory consumption sub-economyで、公害・労災による巨額の損失を労働者や消費者がひっかぶること。東京都の江東デルタ地帯の地盤沈下、騒音、振動、大気汚染などの公害によって、年間少なくとも一七五億円の経済的損失をうけ、一般家庭も医療費をはじめ三万円以上の余分の出費を強いられている（『読売新聞』、昭和四十八年十一月二十九日）ことなど、その典型的な例である。最後は〈犠牲であがなわれるサブ・エコノミー〉expendable sub-economy、経済のサービスから、貧乏人がドンドン切りすてられていくこと。石油危機といっても、もともと石油を買うことさえできない貧乏な人びともいるのである。

要するに、「買わされる」消費者は、製品及びサービスそれ自体からも直接的な影響をうけるが、それと同時に、それらの製品・サービスの製造・販売過程を通して派生するさまざまな「負」の要因によっても著しく影響されているのである（ラルフ・ネーダー著『アメリカは燃えている』亜紀書房）。

総評主婦の会では、毎年二月、春闘に備え、傘下の組合員家族の内職・パートに関する実態調査を行っている。去年は二六県、二三単産、五一一人の主婦が回答した。それによると、内職・パートをする理由のなかで、「おやつ代のたしにする」と答えたものが四・二％、「衣服の購入」が一四・三％、「耐久消費財の購入」が二・九％、「レジャーのため」が三・五％あった。計二五％、つまり理由の四分の一は、「買わされる」（？）消費生活を補うための内職・パートなのである。

これらの主婦は、子どもの面倒をみてやれない（二六％）とかこちながらも、七三％のものがパートを続けたいという。一時間働けば二〇〇円、家で廃物利用に精を出すより、古くなったものは、まだ少しは使えてもポイしたほうが得。帰りにインスタント食品、万事は金勘定、便利さと効率、すぐ役立つことが第一なのである。こうした生活態度が親と子の人間関係、心のふれ合いにひびかぬはずはない。「買わされる」消費生活への傾斜は、「心」の世界にまで「ムダ」をもちこむのではないだろうか。

結局のところ、利潤追求を使命とする資本は、口先では「消費者のために」といいつつも、実際には、かけがえのない自然を汚染し、ムダなものをごっそり買いこませ、人と人とのふれあいを奪うことによって、人間にとっての真の幸福、本当に「豊かな生活」を破壊してしまっているのである。現代の「豊かさ」は、決して消費者が望んだものではなく、資本によっておしつけられた偽りの豊かさ（貧しさ？）にすぎない。

陳情型を突き破る運動の萌芽

去年（一九七三年）の消費者運動をふりかえって、特徴的なものはなんだったろうか？　まだハッキリした形では出ていないが、薄氷のはりつめた地表の下で、春を待つ草木のようなうごめきがきこえてくるような気がする。「買わされる」消費者から「買ってやらない」消費者、「つくらせる」消費者へのうごめきが——。

インフレ下で苦しむ三鷹市の主婦が、一円でも安いものをと、一昨年、ノー包装の買いものをはじめた。小石を池に投げたように輪は広がり、またたく間に「過剰包装ヤメナサイ」運動が盛り上がった。これがゴミ公害追放運動へエスカレート。これらの活動のなかで主婦たちが知ったことは、粗大ゴミといっしょにプラスチックやあきカンがゴミ公害の凶悪犯人であるということだった。「ゴミなんとかならん会」が生まれ、八月の炎天下、プラ・ゴミのいっぱい入ったビニール袋を主婦たちは手に手にもって通産省、石油化学工業協会、プラスチック処理促進協会へ押しかけた。もって来たプラ・ゴミはお偉いさんの机のうえに「このゴミ、なんとかしてちょうだい」とやった。

日立市の住民も「ノーポイ運動」を提唱、国道六号線の沿道から拾いあつめたあきカン五万個を、それぞれ分類してメーカーへ送り返した。なかには直接メーカーへ出向き、「……資源の再利用を考えるのは財界としても当然。企業は利潤追求だけでなく、資源再活用の節約施策を早急に樹立すべきだ」と訴えた。守勢から攻勢へ、「市場の外べり」から中枢へ、これまでの単なる陳情型を突き破る、そこにはなにか激しい怒りのようなものが感じられるのである。

六月の「かけがえのない地球と生命を守ろう」東京集会では、その一環として〝ひとりひとりが考える消費者のつどい〟が開かれた。文字通り組織動員によらない、ひとりひとりの自発的な参加だった。有楽町の消費者センターは百数十人の主婦たちであふれた。ひとりの主婦は訴えた。「ゴミも、洗剤運動も石油タンパク禁止の運動も、根ッコは一つ、石油文明への挑戦です」と。ついで「四つの買わない運動」――合成洗剤、過剰包装、森永製品、サリドマイドの大日本製薬のクスリ、を買わないことが約束された。

東京西多摩の羽村町に、「買わない、食べない、売らせない、作らせない」の〝四ない〟運動をしている主婦たちのグループがある。数年前から暮らしの簡素化などを話し合っていたのだが、チクロ騒ぎ（昭和四十四年）がきっかけで、「安全食品を求める会」が発足した。会員九〇〇人。「理由もわからず、ガンで死ぬ人がふえ、一〇〇人にひとりの赤ちゃんの背骨に異状がみられ、オバケハゼが海にふえ、川は白く泡立ち、中性洗剤のために水が死んでいきます。あらゆる種類の公害が去年よりことしへと重苦しさを増しながら迫ってくるように思いませんか？　ほんとうの小さな正常化への歩みとして、私たちは長年、食品添加物と合成洗剤の害について叫びつづけてきました。今年も環境週間を迎えて、もう一度、考えてみませんか？　羽村町の住民あげて、地球を、いのちのひろばに、するために」、とこの主婦たちは去年の環境週間で催した「みんなの健康を守るつどい」のビラのなかで、訴えている。

「かわいい子どもや孫たちに健康な体質をつたえてあげることが、二〇世紀の公害をつくった私たちの責務なのです」。この強い信念が、遺伝子に影響するのではないかといわれている防腐剤ＡＦ２の入らない豆腐づくりの運動を成功させた。立川短大の先生の口添えもあって、町の豆腐屋さん五軒と話し合った。豆腐屋さんも協力を約した。「こちらから頼んでつくってもらった以上、自分たちにも責任がある」。口コミ、ビラくばりに主婦たちは一生懸命になった。おかげで豆腐の売上げは三倍になった。

筋書きは簡単だが、道のりは険しかった。運動を成功させた理由を、「消費者が責任をもったこと、豆腐屋さんが本当によく協力してくれたこと、地元の業者をえらんだこと、専門家の協力をえたこと」だと会員のＡさんはいう。しかし、最後に、「でも、豆腐の原料はアメリカから来るのでしょう？　どんな農薬を使ってるのかしら？」とつけ加えた。全地球からいっさいの公害をなくさないかぎり、一〇〇パーセント安全な食べものはない、というのがＡさんの持説らしい。

羽村町にかぎらず、昨今はあちこちで、無添加ハム、ソーセージを業者につくらせたり、無農薬栽培の米や野菜、果物を地方の農家とタイアップして共同購入する動きが目立っている。

三里塚闘争で名を馳せた農民たちも、いまではせっせと無農薬野菜を都市の私たちに運んでくれる。

さらに一歩すすんで、「卵の会」は茨城県に二ヘクタールの農場を借りうけ、〝薬漬け〟でない、〝薬を使わなくても済む〟飼育法による生産――技術――消費を一体化した養鶏を営み、デメ金のような黄身の盛り上がった卵を週一回、東京各地に散在する一三のグループに配布している。このグループの人びとは、ひとりひとりが確固たる決意をもって、儲けるための〝薬漬け〟養鶏から生まれた卵を「買わされる」ことを断固拒否し、独自の運動をすすめているのである（『朝日ジャーナル』昭和四十八年九月七日号「ある農場からの報告」参照）。

重要な労働者との連帯

合成洗剤追放大会が去年の秋、西と東で開かれた。「……〝不便だが安心なもの〟を選ぶのか、〝不安だが便利さ〟を選ぶのか、私たち消費者自身の意識を確立することがたいせつです。私たちは、業界、政府、自治体にたいしてきびしくその倫理性・社会的責任を追及し、危険性が指摘されている合成洗剤について『疑わしきは認めず』の厳重な措置を早急に実現させるよう運動をひろめましょう」と、二八県、一三団体、七〇〇人の代表を結集した西日本大会は、力強いアピールを発表した。

だがこの素地をつくったのは、四十七年秋に開かれた愛知県地方労働組合評議会主婦の会主宰による合成洗剤追放消費者大会だった。この大会では、「私たちが『合成洗剤問題』を重視したのは、①人体に害毒を蓄積させ、②水資源を破壊し、③土壌を汚染するもとになる商品に、どうしてお金を支払わなければならないのか」というアピールが出されている。この思想が大阪の合成洗剤追放大会となって実をむすんだのである。

東日本集会は、主婦と労働者がはじめて手を結んだ画期的な大会だった。主婦は合成洗剤を「買わされる」ことを拒否、全水道の労働者は公害タレ流し企業の水道のバルブを締める、と約束した。今後の消費者運動の成否は、労働者と消費者がどれだけ手を結べるかにかかっている。なぜなら、インチキ製品、欠陥製品、公害タレ流し、一切合切の秘密は職場で働く労働者が握っているのだから。彼らが消費者のほうに顔を向けるか、企業への忠誠心を優先させるか、消費者運動の前途は大いにこのことと関係する。その意味で、この東日本の大会は、労・消提携という新しい頁をつくり出した。

このことと関連して、「買ってやらない」「つくらせる」運動への労働者及びその家族の参加は、一〇年も前から一つの分野ではじまっている。「一〇〇円化粧品」がそれだ。三十六年頃、『社会新報』が読者にアンケートをとった。「化粧品が高すぎる」の答が出た。当時、アゼリアという化粧品の訪問販売を経営していたS氏とK氏は、早速『社会新報』編集部を訪ね、「安くて良い化粧品」の製造を提案した。彼らは化粧品の原価を誰よりもよく知っていた。しかし新報は化粧品づくりには慎重だった。総評の『新週刊』の一件(注1)があったからである。そこでS氏とK氏は独力で「ハイムKK(注2)」をつくった。『新報』は間接的にバックアップした。「一〇〇円なら日本の勤労大衆は、さぞ喜ぶだろう」との期待は、しかしながら見事にはずれた。「カブレるんじゃないか?」と誰も寄りつかなかった。

その頃、総評主婦の会で仕事をしていたX氏は、かねがね化粧品大メーカーの超過利潤をにがにがしく思っていた。そこでX氏は考えた。「一〇〇円化粧品」を一つの足がかり、素材として、あらゆる大メーカーの超過利潤に挑戦しようと。労働者家族の組織から組織へ、口コミで、重い化粧品の箱をもって歩いた。

しかし、心の奥深くにくいこんでいる彼らのブランド・イメージへの迷信は強固で、これを打ち破るには二、三年の努力が必要だった。

この間、ハイムでも、一〇〇円以外のコンパクトや口紅を発売し、経営の危機をのりこえた。四十三年秋、S氏はハイムから出て「ちふれ」をつくった。以上は「一〇〇円化粧品」おいたちの記である。四十八年の「ハイム」出荷数は一〇年前に比べ二〇〇倍以上に伸びている。この成長を支えたものは、実に、労働者家族の主婦たちであり、「メーカーものは買ってやらない」彼女たちの根性だったのである。

自立への意識革命

自国にない資源を前提に、高度経済成長のレールをシャニムニ突っ走ってきた石油文明は、とうとう行きつくところまで来てしまった。しかしながら、この同じレールのうえを日本の消費者運動もまた、「おしつけられた需要」のあとを追っかけながら、その後始末の掃除をしてきたのではなかろうか。

「おしつけられた需要」を、あたかも自分の創りだした「必要」であるかのように錯覚し、なんのためらいも、なんのとまどいもなく、無意識にうけ入れてきた。そこには、「買わされる」対象としての消費者はあっても、自らの意志において「買う」ところの自立した消費者の姿はまことに希薄であった。消費者運動のリーダーとは、「買わされる」客体としてもたねばならぬ「創られた需要」に関する山ほどの知識を身につけることであった。

いま、大きい地響きをたてて石油文明の虚構がグラグラ揺らいでいる。石油文明にどっぷりとつかって創り出された「需要」を、あたかも自分の「必要」と勘違いして、これを追っかけてきた消費者運動は、いまこそ自らの本質を問いたださねばならない。その検証を行うこともなく、再びまた「需要」の創造者たちの号令に踊らされ、「消費は美徳」の旗ふりを演ずるとするなら、悲劇はいっそう深まる。いま必要なことは、「買わされる」客体としての消費者から、必要なものを自らの意志において「買う」ところの自立した消費者への意識革命、真の意味での消費者主権の奪還である。

そのためにはまず、「買ってやらないぞ」の絶縁状を「買わせてきた」ものにつきつけることが必要だ。このことが、今後の「浪費への挑戦」のニセとホンモノを見分ける要石となるのではないだろうか。

（月刊『エコノミスト』一九七四年二月号）

注

1　昭和三十三～四年に週刊誌ブームがおこり、総評も週刊誌『新週刊』を出そうとしたことがあった。

2　ブランド品に対抗して良品の一〇〇円化粧品でスタートした化粧品会社（一九六一年創立）。

二　個々の珠玉をつなぐ糸を紡ぎ出そう

――八〇年代後半に求められる消費者運動の生活哲学

消費者運動ってなんだろう？　多くの人々は、あれはオシャモジもったオバチャマ運動だと思っているにちがいない。あるいは、台所をうろつき回る〝ゴキブリ運動〟だと思っている人もあるだろう。たしかにそういう一面もある。

しかし、消費者運動は時代の流れとともに、また国によっても、違った衣装を身につけている。例えば、世界の消費者運動のメッカといわれるアメリカでも五〇年前に運動が始まった当初は、製品テストが革命的な意味をもっていた。が、いまはそれもあるにはあるが、ラルフ・ネーダーに代表されるような消費者の権利にまつわる法律づくりや法の実施の点検活動に主力が注がれている。

かと思うと、地方の草の根では学生パワーが大いにはりきって住民とともに公益事業制度にメスを入れ、貧乏人に薄く金持ちに手厚い電力料金制度の変革を求める運動や、税の不公正を是正する活動などを推進している。欧州ではまだ製品テスト運動に力が注がれているが、それでもＥＣ内の消費者団体が力を合わせ共同でテストをし、その結果を分かち合うといった合理化・共同化のスタイルが登場している。また、第三世界では「なぜ自分の国は貧しいのか」が中心テーマになっている。そして今、西欧世界に代わって、この第三世界が世界の消費者運動の主導権を握るようになってきた。

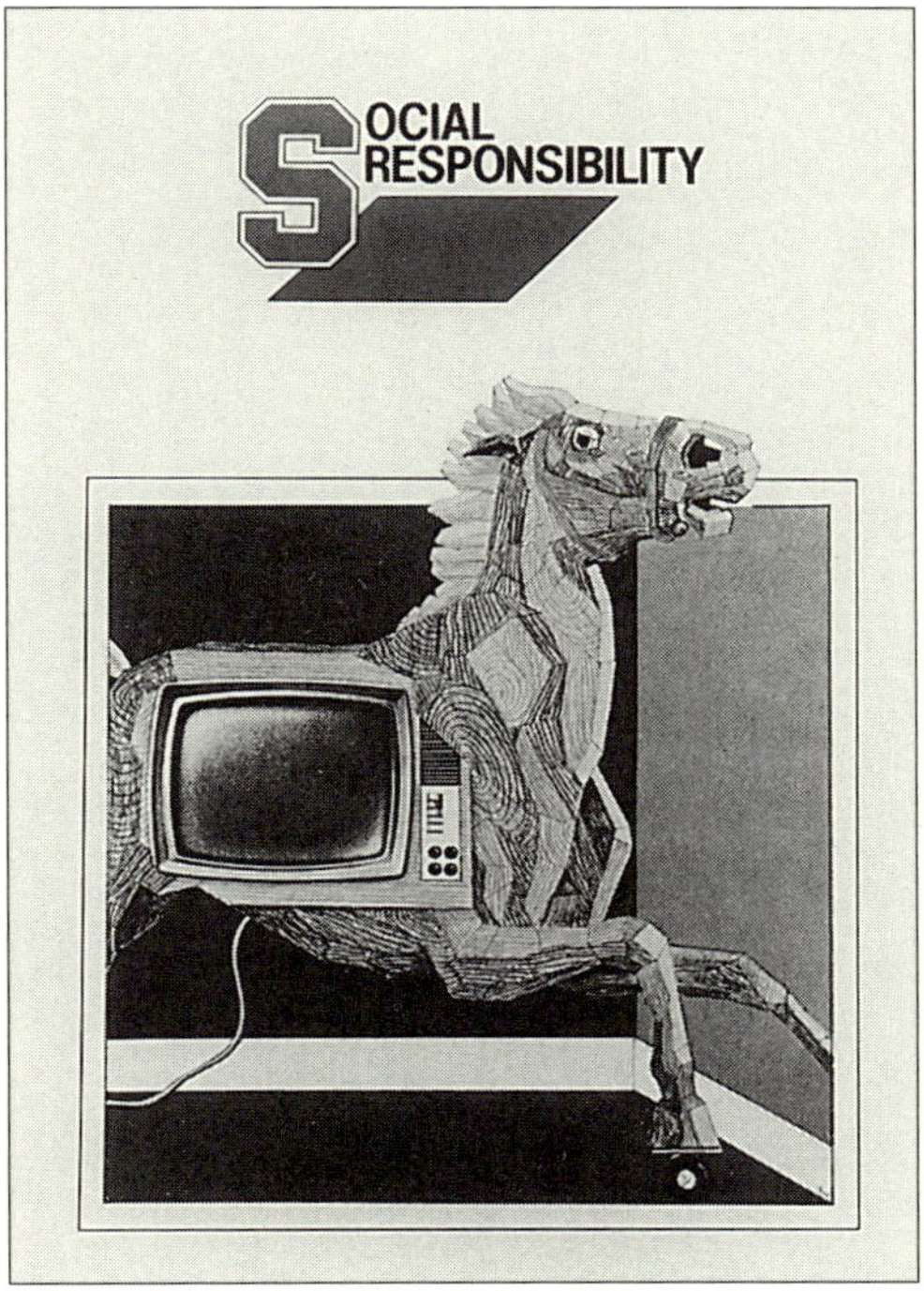

消費者の社会的責任　IOCU（国際消費者機構）

消費者運動という表現がよくないのかもしれない。生活者運動といった方が適切なような気もする。なぜなら私たちの生活は昔とは違って市場における売り買いだけの関係が生活の中心ではなくなってきているからだ。早い話が、税金が不公正に分捕られるのも腹が立つし、政治の腐敗も困る。このほうが、納税者として、野菜の「一円高い、安い」よりもより重要でさえある。

しかし、消費者運動という既定概念では生活者のこうした主要な関心事を包摂するのはムリだ。今日のわれわれの生活実態はそれほど複雑多岐で多くの問題をかかえている。消費者運動も生活者運動に改名し、より多く人々にアクセスしてもらう必要がある。

ついでに、アメリカの故ジョン・F・ケネディ大統領が一九六二年に議会へ送った教書の中で述べている消費者の四つの権利を紹介しておこう——からだの安全が守られる権利、知らされる権利、選ぶ権利、意見が政府の政策決定にきき入れられる権利、である。これに環境破壊から守られる権利を私はつけ加えたい。

さて、日本の消費者運動は戦後どのような筋書きで三十余年のドラマを演じてきたのだろうか?

敗戦直後の消費者運動はなんといっても「食う」ことが最大の課題であった。一粒の米はダイヤモンドより貴重だった。東京のあちこちで〝米よこせ大会〟の火の手があがり、皇居前広場では〝芋よこせ大会〟、〝食糧メーデー〟が壮大に行われた。中心は生協。地下タビにモンペ姿の生協の主婦たちは「ザラメの配給で腹がふくれるか!」と連合軍総司令部(GHQ)へ押しかけた。これがキッカケで生活協同組合法が一九四八年に制定された。

大阪でも主婦たちが食糧配給公団へ〝風呂敷デモ〟をして主食の速やかな配給を迫った。大阪主婦連のはじまりである。これに刺激され、東京でも〝燃えないマッチをもちよる大会〟が、当時生協に関係していた奥むめおさんの旗ふりで開かれた。マッチの棒の先についた硫黄の質が悪く、なかなか点火しなかった。ガスやプロパンのなかったそのころは、コンロで煮炊きをした。たった一本のマッチでもムダにできなかった。配給だったからだ。マッチの製造業者を大会に呼んで吊るし上げた。こうして東京の主婦連が誕生した。同じ四八年のことだ。大阪と東京におけるこうした動きの背後には司令部の思惑があった。日本の赤化を極度に恐れていた当時の司令部は、日本政府を介して日本の婦人に民生安定、ヤミ撲滅の一端を担わせようとしたのであった。悪いことではなかったので私も協力した。

一九五二年に平和条約が結ばれ、わずか三カ月後に全国地域婦人団体連絡協議会（略称、地婦連）が発足した。大日本婦人会が名を改め、再出発したのだ。人々はいぶかった。なぜなら、司令部はこの団体の「全国組織の結成を、かつて戦争に利用されたことを理由に、戦後かたく禁じていた」からである。しかもその再出発には文部省が絡んでいた。警察予備隊の発足、朝鮮戦争、三鷹・松川事件の判決、〝血のメーデー〟などが相ついだ時だった。なぜ、こういう状況下で大日本婦人会が仮面をかぶって登場しなければならないのだろう？　心あるものが首をかしげたのもムリはなかった。

しかし敗戦という非常事態の下ではこんなドロドロしたことはこのほかにも山ほどあった。私だって戦争協力者ではなかったか⁉　大切なことは、その後の運動のなかで主婦連や地婦連が何をしてきたかである。ユリア樹脂の食器からホルマリンを検出して私たちの健康を守ってくれたこと、その他数え切れぬ業績を主婦連はもっている。実売価格と正札の二重価格だった〝カラーテレビ買い控え運動〟（一九七〇～七一年）の先頭に立ち、いままた反核運動でも旗を振っているのは地婦連ではないか。

六〇年代に始まった高度経済成長は国内需要の喚起を一つの至上命令とした。消費者は〝王様〟に仕立てられ、〝浪費は美徳〟が流行した。『浪費をつくる人々』の著者バンス・パッカードの〝欲望の計画的廃物化戦略〟が電通の〝販売戦略十訓〟となって地についた。「もっともっと買わせろ、捨てさせろ、ムダ使いさせろ」などである。広告費は五五年の九億円が六五年には三八二倍に。食品添加物も四八年の六一種類が六一年には四・五倍、六六年には六・三倍の速度で伸びた。石油漬け生活がごくあたりまえのことになった。

「賢い消費者づくり」の運動に矮小化

政府はアメとムチで消費者を手なずけはじめた。一方では〝王様〟に、一方では〝賢い消費者〟づくりに。消費者保護基本法が六八年に実施され、消費者保護に関する審議会が各省庁に、そして地方段階では消費者センターが設けられた。現在二五四カ所ある。ここでは、製品・サービスに関する消費者のための啓発講座が設けられ、製品テストや苦情処理もやっている。

アメとムチの政策はプラスとマイナスの結果を生んだ。プラス面はセンターの啓発講座で婦人活動家が巣立ったこと。マイナス面は、消費者問題をお買いもの上手のすべを学ぶこと、製品テストをすること、苦情を扱うことだというふうに矮小化させ、そういう問題意識を消費者に植えつけ、以前として「お上」にたよる行政依存型消費者づくりに寄与したことであった。

高度経済成長のツケが昭和四十年代（六五～七四年）に入って一挙に噴き出した。日本列島は公害列島と化した。四大公害、サリドマイドやスモン、森永ヒ素ミルク事件などの薬害、海の汚染による赤潮の発生、ハマチの大量死、食品添加物や残留農薬の恐怖など、数えあげるときりがない。

こういう状況にたいして、当時の消費者運動はどう対応しただろうか？　七二年六月、ストックホルムで開かれた人間環境会議に呼応して東京でも集会が開かれた。しかし消費者団体からの参加者は皆無だった。公害に対する問題意識の低さの現れであった。が、環境破壊にたいする問題意識に大きく一石を投じたのは合成洗剤反対運動だった。当時、東京都衛生研究所にいた柳沢文正氏はすでに六一年に合洗の危険性を警告していた。この時点から石鹸に切りかえる主婦が出はじめた。その無数の小さな力が一つの流れとなり、合成洗剤追放の全国集会となって現れた（七三年）。そしてさらに、それが昭和五十年代に入って、滋賀県条令の制定を突破口に、合成洗剤締め出し行政が多くの自治体へ広がった。

しかし昭和五十年代後半になって、運動のなかで二つの顔が出はじめた。一つは「無リン」ならいいではないかという顔、もう一つは「石ケン・オンリー、石油文明サヨナラ」の顔である。この二つの顔は昨今の反核運動のなかでも出没する。「安全性さえ確保すれば原発もOKだ」、「いや、反原発抜きの反核はマヤカシだ」と。この二つの顔は、消費者運動が生活者の立場から科学の進歩をどう考えるかの根本的な命題を突きつけている。先端的な科学技術、遺伝子の組み換え、試験官ベビーなどの問題に対しても消費者運動はきっちりと答えねばならないと思う。

さまざまな火の粉が生活に降りかかってきた。素早く払いのけねばならなかった。だが既存の全国組織はあまりにも図体が大きく身動きがとれない。そんな制約から解放され、機敏に動くことができ、みんなが平等で、ひとりひとりが運動の主人公であるような組織が必要だった。それに食べものの安全性についても学者の間でさえ意見の分かれることがある。消費者はどちらにくみすればよいのか、自分の好みや好き嫌いで決めるわけにもいかない。だとしたら何をモノサシにしたらいいのか。

食品衛生法第四条に「疑わしきは製造・使用せず」とある。そうだ！　メーカーや「お上」、学者が、〝安全〟の太鼓判を押しても、「疑わしいものは使わない」ことだ。安全であることと、選ぶこととはまた違った次元の問題だ。選ぶことは消費者の権利に属する問題だ。にもかかわらず、それを押しつけるのは消費者権利への侵略だ。ひとりひとりの消費者が考え、自分の意思にもとづいて決定し、行動しよう。こんな考えをもつ新しい質の消費者グループが七〇年代の後半、問題ごとに触発されて出てきた。私は〝草の根ゲリラ〟と呼んだ。「ひとりひとりの××の会」というような呼称もこのころから使われ出した。

草の根から新しい経済秩序の創造を

このころ、素人の消費者には安全性の謎ときがむつかしい石油タンパクやAF2（豆腐やハム、ソーセージに入っていた合成殺菌料）、サッカリンやリジン（学校給食のパンに入れられた強化剤）の発ガン性問題が現れ出した。〝草の根ゲリラ〟が最初にかみついたのは石油タンパクの問題だった。厚生省はこれを動物のエサにしようとひそかに計画していた。『朝日新聞』がこれをすっぱ抜いた。発がん性の疑いのあるエサを食べた動物の肉やミルクを人間が食べたらどうなるのか、生活者の素朴な感覚が厚生省へと足を運ばせた。電光石火のような機敏さだった。飼料化はストップになった。以下、AF2その他についても〝草の根ゲリラ〟は大奮戦した。

同じころ、もう一つの〝草の根ゲリラ〟が蜂起した。電気料金が一挙に五十数%も上がった。こんなべラ棒な！　納得いかない。こんな気持ちのものがゲリラを組織し、「旧電気料金で払う会」と名乗った。一方、原発に反対していた「ひとりひとりが原子力の恐ろしさを考える会」の会員たちは、この大幅値上げの値上げ分のなかには原発の建設費も入っているに違いない、ハッキリ分かるまで自分たちも旧料金で払おうと合流した。送電ストップを覚悟でロウソクを用意した。運動の後段では、電気が止められる寸前に支払うというやり方に変えた。いまでもこれをやっている者もいる。が、ともかく、自分の納得いかないものはテコでも動かない「個」の確立と「市民的不服従」の精神を日本の消費者運動の歴史に刻んだ。

ところで、前述の石油タンパクの禁止を求める〝草の根ゲリラ〟の後日談だが、マスコミにチヤホヤされるに従って、いちばんはじめの約束ごと、「疑わしきは使用せず」の考えが、崩れていった。それに代わって六角形の亀の甲型化学方程式を話題の中心とするようになった。生活者、大衆運動者としての視点を忘れて、科学者としての土俵に乗ったことで、〝普通の人〟がついていけなくなった。ゲリラの活力は衰え、会は空中分解した。これに代わって「土を活かし、石油タンパクを拒否する会」が登場した。

単に目先に浮かんだ石油タンパクという現象だけを叩くのではなく、石油にどっぷりつかった生活とサヨナラし、「土を活かす」生活を原点にしようという、これもまた新しい草の根であった。会員の中には、当時すでに茨城県八郷町に自給農場を開いていた「たまごの会」の会員が多かった。彼らは農場でとれたものを都市の生活者に運び、都市の生活者は農場へ努めて出かけ、「土を活かす」作業をした。つくるもの、運ぶもの、食べるものが、「金」でなく「人間」として結ばれる新しい経済秩序を創り出そうというのであった。「たまごの会」は近年分裂したが、彼らの投げかけた精神はその後も生かされ、農民と都市の消費者・漁民と消費者、その他の生産者と消費者の「人間的信頼」で結ばれた輪がいま全国いたるところで着実に根づくようになった。巨大な市場経済のメカニズムにこのアリのような小さな営みが挑戦している姿はドン・キホーテに映るかもしれないが、歴史は、アリも巨象を倒すことを教えている。

三十余年の長い階段を上りつめたいま、主婦だけで出帆した日本消費者運動丸は、多彩な顔ぶれが勢揃いしている。男性あり、弁護士あり、科学者あり、である。活動の分野も、従来のものに加え、嫌煙権の確立をめざすもの、情報公開法の制定を求めるもの、テレビコマーシャルの規制を求めるもの、農漁業者と消費者との絆を求めるもの、はては反核・反原発を国際舞台にまで訴えるもの、三〇年前に誰がこのような多面的な姿を想像しえただろう? 消費者運動は、いま生活者運動にすっかりさま変わりしている。

そしてみんなそれぞれの分野で一生懸命だ。オシャモジのオバサマたちはみずみずしい生活感覚で男性や学者先生が容易に気づかない生活にまつわる、こまやかなデータを集め、それを武器に企業や官僚とわたり合っている。だいたい、日本の男性や学者は彼女たちのこうした活動を次元の低いもののように見下す悪いクセがある。それでいて自分がガンになるのをこわがっている。だとしたら、なぜ発ガン性の石油タンパクの飼料化やAF2、リジンを食べものから追い出したオバサマ運動に脱帽しないのだろう? しかしながら、オバサマたちもまた、なぜ自分たちだけが年ごとにふえてくる幾種類もの重たいオシャモジをかつがねばならないかを自問し、夫や子たちにそのことをなぜ訴えないのだろう?

運動のレパートリーが多様になったことは嬉しい。だが、どうもテンデンバラバラなところがある。一つ一つの行動についての知識や経験は立派で豊富だが、それらをつなぐ一本の糸がない。だから個別の珠玉はあってもネックレスにならない。いまのところ、物とり主義に終わっているきらいもある。それにしても、その一本の糸とはなんだろう? それは生活者の立場に立つ生活哲学でなければならない。だが、その中身は? そのことをみんなで求めていかなければならない。

第三世界に対する加害者認識の欠如

現在の運動でもう一つの欠落点は、故ケネディ大統領の消費者の四つの権利のなかの四番目にあたる

「意見が政府の政策決定にきき入れられる権利」を行動に移す運動が弱いことだ。早い話が、二年に及ぶ臨調の答申がこのほど出たが、この間に、消費者運動は生活者の視点から臨調にモノ申す機会を一度だって求めたことがあるだろうか？　また政治決戦の時期が迫っている。これに向かってどんな戦略戦術を用意しているのだろう？　政治への介入＝特定政党支持という誤った図式にわざわいされ、政治を避けて通ろうとする悪いクセがある。これは改める必要がある。フランスの「地球の友」からはブリス・ラロンド(注1)が、西独の反原発・反核運動からは「緑の党」のペートラ・ケリー女史(注2)が、米環境保護主義者のバリー・コモナーは市民党に身を寄せ、例外なく積極的に政治に発言している。

さらに、日本の消費者運動に最も欠落している点は、国内にあっては消費者は被害者かもしれぬが、第三世界に対しては加害者であることの認識の欠如である。いったい自分たちが毎日たべているもの、着ているもの、住んでいる住宅の原材料はどこの国から来ているのか、そしてそれらの原材料を入手するために日本の商社や企業は現地の人々をどのような労働条件で働かせているのか、原材料の入手が現地の物価を吊り上げる結果をもたらしてはいないか、日本から輸出するジャンク・フーズ（ガラクタ食品）や高度な技術がはたして現地の庶民の生活に本当に役立っているのか、こんなことはいっこうに日本の消費者運動のなかで話題にならない。

二年ほど前、国際消費者機構（ＩＯＣＵ）のファザール会長の出身母体、マレーシアのペナン消費者協会（ＣＡＰ）を訪れた。東洋の真珠といわれる美しい島であるペナン島での昼食で、エビのカレー煮が出された。大きくおいしいエビに、われわれの仲間が、「まわりが海で、いつでもこんなおいしいものが食べられていいですね」と言った。ところが、接待してくれた同協会のイドリス会長は、ロイドメガネの奥の目を丸くして、「とんでもない。ここでエビはとれますが、ガッポリ日本が買って持っていく。われわれは高くて買えない」と答えた。
つい先日も、フィリピンへ行った。職のないものが中近東へ出かせぎに行く姿も見た。その他国でも彼らは二束三文で働かされるにちがいない。彼らの汗の結晶である石油をわれわれはいま使っているのかもしれない。
だが、われわれが運動の中で問題にするのは、今のところ、ＯＰＥＣの原油価格が下がったから灯油の値段を下げろ、だけである。

（『朝日ジャーナル』一九八三年四月一日号）

注
1　フランスのエコロジー運動家。一九八一年に環境保護運動の「地球の友」から大統領選に出馬した。
2　ドイツ人、アメリカン大学（ワシントンにある）を卒業した。在学中にベトナム反戦運動に参加した。ドイツにもどり、社会民主党に入党し、ＥＣの社会政策担当職に就く。一九八〇年「緑の党」の創立に参加。九〇年十二月退任。

三 ネッスル・ボイコット運動の教訓

去年（一九八四年）の十月四日、国際ネッスル・ボイコット委員会は七年に及んだボイコット運動の終結宣言を出した。これは巨大な多国籍企業ネッスル社が世界の消費者運動の前に完全に屈したことの宣言でもあった。といっても、ピンとこない人もあるだろう。簡単に説明すると、ネッスル社を筆頭とする世界の多国籍企業（日本の明治・森永も含む）が第三世界で粉ミルクの販売促進を強行し、その結果、乳幼児の疾病、死亡、貧困に拍車をかけていた。というのも第三世界では水道が完備せず、衛生観念も乏しいため、汚ない水でミルクをとかし、使用後の哺乳ビンを洗わず、再び使うからである。こういう状況であるにも拘らず、ネッスル社は医療機関を通じ、母乳を排除させてまで人工哺育の方が優れているかのように宣伝し、ミルクの販売促進に狂奔していた。一七カ国の消費者団体が立ち上ってこれに抗議、国連の世界保健機構をも巻きこんで追及、そして遂に冑《かぶと》をぬがせたのであった。

「よかったですねえ、おめでとう！」、「いや、こんどは核兵器ですよ」、運動の中心人物の一人ダグラ

IOCU（国際消費者機構）ポスター

ス・ジョンソン（米）はそういって、「ＩＮＦＡＣＴ（Infant Formula Action Coalition）ニュース」を私にくれた。昨年十二月、タイで開かれた国際消費者機構（ＩＯＣＵ）第十一回世界大会での再会の一駒であった。ニュースは次のように「核兵器メーカー退治キャンペーン」の模様を伝えている——。

核兵器競争の推進者はそのメーカーだ。ＭＸメーカーはアメリカに一三社ある。彼等はミサイルの生産だけでなく、国の核兵器政策に関する政策決定にも大きな影響力をもっている。だから彼等の正体を大衆の前に明らかにし、兵器生産をやめさせねばならない。

そのためのキャンペーンの第一段階は、ボストン、シカゴ、ミネアポリスを中心にしたリーフレットの〝電撃的宣伝活動〟の開始。一カ月ほどで六万九一〇八人の人々がそれを手にした。

第二段階は、一九八三年に世界で使われた軍事費六六〇〇億ドル（一分間に一三〇万ドル）をクイズ風にしたリーフレットをつくって道ゆく人に問いかける。例えば、クイズの第一問は、「ＭＸミサイルを生産するのに会社は〇〇〇〇の補助金を受けとる。その額は、①三五〇億ドル以上か、②八一年度予算（宇宙開発、農業、教育、保健）より多いか、③アラスカ・パイプライン費用の三倍くらいか、④一〇〇〇万人に及ぶ低収入子どもたちの学校朝食費の一〇年分に相当するか、⑤上記の金額全部に相当するか、といった具合のクイズ。こういったクイズが六問ある。四七〇〇人が答えた。そのうち三一〇〇人が一ドルのバッジを買って運動の協力を誓った。

目下進行中の第三段階は、ニューヨーク大学の「ホール・オブ・フェイム」（米国につくした偉大な人々の胸像を飾ったホール）をもじった「恥しらずの核兵器メーカーホール」という一連のリーフレットをつくって、毎月二人ずつMXミサイル生産会社の重役を紹介する。道ゆく人はこれを読んで、もし核兵器生産反対であるなら、INFACTが用意した「投票」用紙に署名し、それを重役宛に送るのである。その用紙には、「核兵器生産をやめる個人的・企業的責任を貴下はとるべきだ」と記されている。「投票」キャンペーンがはじまって一週間、二二三九人がこれに署名した。マサチューセッツ州ブルックリンから来た一二歳の少年は、「私は一二歳です。少なくとも七〇歳になるまでは死にたくありません。ほかの人も死んでほしくありません。だから兵器づくりはやめて下さい！」と書いた。またミネアポリスでは、「毎晩、よく眠れないでしょうねえ、あたりまえですよ」とだけ書いた人もいる。

これらのキャンペーンがはじまってから、最初の数週間のあいだに、一五〇〇人をこえる新しい人が積極的に運動の中にとびこんできた。それというのも、ネッスル・ボイコットという生活に根ざした七年に及ぶ運動がその前提にあったからだ。日本の反核運動にはこうした側面がいささか欠落してはいないだろうか。

（公労協『斗う権利』一九八五年二月号）

四　日本の消費者運動と国際連帯

「日本は欧米に向かってはおとなしい〝生徒〟だが、アジアに向かっては〝暴力校長〟だ。アジアに向かって指導者面をするな。戦争で汚れた手を洗ってから出直せ」。これは韓国の梨花女子大学のイ・オリヨン教授が昨年、日本で開かれた国際シンポジウムで発表された日本人論でした。日本の消費者団体が国際連帯を考えるとき、この指摘は貴重な示唆を与えております。

いま日本は欧米から、日本製自動車の集中豪雨的輸出への非難と、それに伴なう農産物の市場開放を迫られています。とくにアメリカからのその要望は極端に強いものです。たしかに日本車の輸出が、多大の失業者を、とくにアメリカでつくり出していることは事実です。しかしだからといって、日本車の輸出が今日のアメリカ経済の地盤沈下をきたし、失業者の増大をもたらした唯一の原因なのでしょうか？　多分、アメリカ政府もアメリカの国民もそう思っているにちがいありません。だからこそ、それとひきかえに、農産物の市場開放を日本に迫っているのです。そしてその結果、日本の農業はますますやせ細り、消費者もまた生命の安全を脅かす恐しい薬づけ農産物を黙っておとなしく食べろ、という結果になりそうなのです。あるいはそうなっているのです。

しかし、それはおかしな話じゃありませんか。いったいアメリカの人びとは、アメリカが日本に輸出するグレープ・フルーツにOPP（オルト・フェニール・フェノール）という発ガン性の疑いのあるカビ防止剤が塗布されているということを知っているでしょうか？　また地中海ミバエでやられたカリフォルニア産オレンジはEDBという恐しい発ガン物質の薬でくん蒸され、それを日本の消費者が食べているのを知っているのでしょうか？

さらに、日本がアメリカから輸入した小麦には遺伝毒性のあるマラソンという農薬が検出されたことを知っているのでしょうか？　一九八二年に愛知県衛生研究所が検出しているのです。

もちろん、私たち日本の消費者は、日本車の集中豪雨的輸出に対してはもっと慎重であるべきだ、と日本政府にも業界にも要請しなければならないと考えております。そして日本の農民に対しても、市場開放に耐えられる体質の農業をしてほしいと要望しております。

しかし、日米貿易摩擦の問題の本質は、こういう個々の現象面のはざまにあるのではないと思います。問題の本質はもっと深いところに根ざしております。それは海外、とくに第三世界の人びとの生命の安全を無視してまで、貿易拡大をしようというレーガン政府の貿易政策の構造そのものに問題の本質があると私は思っております。

前カーター大統領が一九七八年のなかばから、二二の省庁の責任者を集めて、有害物質の輸出にどのような歯どめをかけるかについて審議し、その結果を〝大統領命令〟という形で、一九八一年一月十五日、すなわちカーターが大統領をやめる四日前に発表しました。この命令は不十分な内容ではありましたが、ともかく有害物質の輸出に歯どめをかけようというアメリカ政府の最初の試みだったのです。

しかしながら、こうしたカーターの〝大統領命令〟を、レーガン大統領はいとも簡単に破棄してしまいました。そして、それに代わって、有害物質であろうと、有害技術であろうと、有害施設であろうと、輸出先の政府へその有害性についてあらかじめ通報しておけばよいではないか、貿易拡大のためにはやむをえない——という政策をとったのです。

今日、日本の消費者がEDBの残留したオレンジを食べ、去る二月一日から禁止するはずだったBHAが、その前日突如、禁止が延期になったこと、さらにまた、これまで食品添加物は〝極力制限すべきだ〟という国会決議があったにもかかわらず、いっきょに九品目も指定しようとしていること、これらはレーガン政権の貿易拡大政策の基本構想と決して無縁ではないと私は思うのです。

ところで、アメリカの市民団体もDDTやその他アメリカで禁止されている殺虫剤が第三世界で売られていることに対して、一九七五年に、合衆国国際開発局を相手どって訴訟をおこしました。そして今なお、かれらはレーガン政権の反消費者的な貿易拡大一本ヤリの政策に異議申し立てをしているのです。

だが、そういうアメリカの良心的な市民グループでさえも、日本の消費者がいま、アメリカの薬づけ農産物の押しつけで困っていることを、どれだけ知っているでしょうか？　また逆に、日本の消費者は、アメリカにも訴訟をおこすほどの良心的な市民グループのあることを、そしてかれらが、多国籍企業の第三世界における横暴を糾弾するすばらしい〝Multinational Monitor〟というような月刊誌を出しているというような事実を知っているでしょうか。

両国の消費者団体のあいだに横たわるこうしたミゾを、どうすれば埋めつくすことができるのでしょうか？　それは対等なパートナーとして相互に情報を交換し、いずれの国の政府、企業であれ、かれらの誤った反消費者的政策ならびに行動には、連帯して闘っていく以外にありません。

さて、こんどはアジアに向かって目を向けましょう。まずその前に、アジアの一員としての私たち自身の運動をふりかえってみましょう。私はそこに一つの大きな穴があいているような気がします。そして、その大きな穴の周辺で、私たちはいろいろな運動の花を咲かせております。

なるほど、花だけみていると立派で、多様性にとみ、すばらしい。だが、そのまん中にあいている穴をうめないと危険です。その穴とは何か？　大胆ないい方をすれば、それは日本の今日の繁栄は、アジアの人びとの犠牲のうえに築かれていることへの認識の欠如です。

敗戦直後の二十年代の半ばには、朝鮮戦争の特需で私たちはお腹をふくらませました。ベトナム戦争ではアメリカ兵にトイレットペーパーからインスタントラーメンまで売りました。アメリカ軍の武器の修理もさせてもらいました。そしてフトコロを暖かくさせたのです。

ようやくのことでアジアに平和がもどってくると、こんどはアジアの国々からいろいろな資源を安く買いたたいてそれを加工し、再びアジアの国々へ高く売りつけております。

こうしたいろんな時の経過をへて、私たちは今日の繁栄を手にしたのです。みなさんの中には、それは日本人が優秀だからだ、という人もあるでしょう。その通りだと思います。だがそれ以上に、日本人はアジアの人びとの生き血を吸って太ってきたのも事実でしょう。アジアとの連帯を考えるとき、この基本認識をもたないと、穴の中に落ちてアジアの人びとから袋だたきにされてしまいます。

さきごろ、私はフィリピンのマニラへ行きました。めったに泊まったこともない一流のホテルに泊りました。そのホテルのボーイさんに「給料はいくら？」とたずねました。すると日給で四ドル、日本円に換算すると一〇〇〇円位だと答えました。

マニラには、沢山の日本企業が生産活動をしております。そしてかれらは例外なく、こういう低賃金の現地人を使っております。そして生産したものを本国の日本へ送ったり、マニラから海外へ輸出したりしております。失業者がうじゃうじゃしているので労働力の不足のことを心配する必要はありません。

職を求めて中近東へ出かせぎに行く若ものも多い。中近東でかれらが採掘した石油を、ひょっとしたら私たちは毎日使っているかもしれません。

先日、ＯＰＥＣの原油価格が下がりました。すると私たちは灯油の価格を下げろ、といいます。しかしそこで働く労働者のことを考えたことがあるでしょうか。

一方、マニラのスーパーには日本製のいろいろな食べものがズラリと並んでいました。一日四ドルの日給でこれらを買ったら、いくらフトコロに残るんだろうかと、計算してみたらこわくなってしまいました。

また私は、マニラで活動しているキリスト教のグループを訪ねました。そこの指導者の一人が「日本ではどんな品物を買えばよいかが、消費者運動の中心だが、ここではなぜ貧しいのかを問うことが運動の中心だ」といっていました。

アジアの消費者団体は、日本の消費者運動がもっていない、こうした〝貧困〟という重い荷物をもっております。だから、ジャンクフード（がらくた食品）や化粧品やりっぱなドレスといったようなものを、日本企業が現地のテレビを使ってじゃんじゃん宣伝し、貧しい人びとの購買意欲をそそることは、たとえそれらの製品が安全であっても結果として、アジアの貧困に油を注ぐだけであります。私たちがアジアとの連帯を考えるとき、この観点は非常に重要です。

さて、具体的にどういうふうに連帯したらいいのでしょうか？　やはり情報の交換が必要だと思います。例えば、韓国消費者連盟は、日本製の超音波美顔器の侵入を初期の段階で韓国市場から追放しました。これは日本消費者連盟発行の『消費者リポート』の美顔器の記事を韓国の消費者が読んでいて、それがインチキ製品であることを知っていたからです。

もう一つの例は、マレーシアのペナン消費者協会（ＣＡＰ）の機関紙"Utusan Konsumer"に掲載された〝人間の胎盤〟の記事が契機となって、日本消費者連盟が現在この問題を取り上げ、日本の関係会社を告発しております。

ＣＡＰの記事というのは、シンガポールを根城に、マレーシアの産婦人科の病院から出産直後の人間の胎盤を買い集め、それを日本を含む海外の化粧品会社に売りさばいている業者があるというのです。この胎盤エキスを抽出して、化粧品に混ぜ、さまざまな効能書をつけ高い値をつけて売っているのです。日本消費者連盟の今回の告発は、ＣＡＰとの連帯があったからこそ効を奏したものでありました。

このほかにも、国際的なネッスルボイコットに呼応して乳児用粉ミルクを取り上げているグループもあります。また、兵庫県スモンの会は医薬品についてこと細かに調査し、その結果をＩＯＣＵに伝えております。このように、〝コンシューマー・インターポール〟（国際消費者監視行動網）への小さな芽は、日本でも少しずつ出かかっております。

しかしながら、こうした個々の情報の交換と並行して、私は次のようなことを考えてはどうかと思います。

まず、アジアの消費者団体と共同テストを実現すること。また、日本にあるすぐれた公的テスト機関をアジア諸国の消費者団体へ開放するように、関係機関に要請すること、そしてテスト技術のトレーニングセミナーを開催すること、言葉の障壁をとり除くことも含めて人事交流を行うこと——など、日本の消費者団体が率先してやるべきことは沢山あります。そのことがせめてもの私たちの運動にあいていた、これまでの大きな穴をうめる一つの役割でもあるような気がします。

多国籍企業の反社会的行動は地球的規模で拡大の一途をたどっています。これにトドメをさすために私たちは欧米に向かってもアジア諸国に向かっても、連帯の速度をもっともっと早めねばならないと思います。たとえ、私たちの努力は巨象に向かうアリのようなものであっても、アリもまた巨象をたおすことがあることを、歴史は教えています。

（IOCU日本国際セミナー歓迎委員会『健康・安全と消費者』一九八三年四月）

五　地球的規模で考え地域で行動を

――独自活動の花を多様に咲かせよう

もっと貪欲に

先般の日米構造協議で日本は「消費者重視の政策を打ち出せ」とアメリカから叱られた。具体的にはどういう原則に立った政策を企画立案すればよいのだろうか?

私が役人なら、まず、消費者とは男女性別を超えた生活者であるとの前提に立って、故ジョン・F・ケネディ大統領が発想した消費者の四つの権利――安全の権利、知る権利、選ぶ権利、政府の政策形成過程に介入しうる権利――に、さらに国際消費者機構（IOCU）が追加した四つの権利――基本的ニーズが満たされる権利、被害に対し救済をうける権利、消費者教育をうける権利、健康的な環境で暮らし働くことのできる権利――の実現に向けて政策をつくり、実行する。なかでも「知る権利」=情報公開法と「救済される権利」=製造物責任法の制定は第一の優先順位とする。

アメリカの叱責をうけてから、もうかなりの日時が経過した。どんな政策を政府は打ち出そうとしているのだろうか？　消費者運動はもっとせっかちに貪欲に問い正さねばならない。このことが「政府の政策形成過程に介入する消費者権利」の行使なのである。「お手やわらかに」式の日本的美徳はもはや国際化時代の今日、通用しない。日本の消費者運動に欠けている基本的な欠陥の一つは「権利要求」のセンスの弱さだ。「地球的規模で考え地域で行動する」ことが国際的運動の不文律とさえなってきた。足元ばかり見つめて歩いていると電柱にぶつかることがままある。日本の消費者運動にはそうした側面がある。だから、それをよいことに政府は国連で決議された消費者保護ガイドライン（一九八五年）についても積極的に国民に報告しようとしない。国連総会で日本政府が賛成票を投じた以上、もっと一般の消費者が目で見、耳で聴くことのできるような方法で、報告する義務がある。それを怠っているのは、ガイドラインの重要性を外務省が認識していないか、あるいは消費者をバカにしているのかのどちらかである。

消費者運動側にも国際的認識の弱さの非がある。自分さえ、自分の家族さえ、八つの消費者の権利が充足されればよいというような身勝手さが。だが、「空にスプートニクが飛び、地上で四億五〇〇〇万人が飢餓寸前にある。新生児の四分の一が栄養失調で四歳までに死んでしまう。これは社会的不正義ではないか。世界の消費者運動はこの現実にどう応えているのか！」。一九七八年、四〇〇人が一堂に会した第九回IOCU世界会議で基調演説に立ったアンワ・ファザール氏（マレーシア）が開口一番こう切り出した。

他人の痛みをわが痛みとし、不当に痛めつけられた他国の名もなき人々の苦しみを我が苦しみとする、地球的規模のヒューマニズムこそ消費者運動の源泉だ。消費者運動とは「安いか、高いか」のゼニ金だけの運動ではない。「PPM以下だから安全だ」式のフラスコを振るだけの運動でもない。それらを含みながら、地球的規模で喜びも悲しみも苦しみも分かち合い、苦悩の原因を究明していく連帯の精神と行動が今日ほど要求されている時代はない。とくに経済大国日本の消費者に対して。

なぜなら、わたしたちの胃袋も、わたしたちの着ている衣類も装身具も、その原材料のほとんどは、貧しい国々の資源と低廉な現地労働力の収奪に依存しているからである。日本の消費者運動に欠けているセンスは、自分の生活との関連においてこれらの事実関係を的確につかむ認識の弱さである。「日本の消費者運動はエゴセントリックだ」と国際会議で他国の消費者団体から叱られたことがある。自国内だけで、安全に、無難に暮らすことができれば、としか考えない運動だ、と。

悪条件からの脱出法は

たしかに、そうにちがいない。だが、自他ともに日本の消費者運動がおかれている諸条件を冷静に見つめてみる必要がある。戦後半世紀近く、亭主たちは家庭を顧みることなく企業戦士オンリーの道をまっしぐらに突っ走り、息子や娘たちも父親に右へならえ、である。いったい「消費は美徳」がタレ流した消費者問題の数々の害悪と闘ってくれるものがいたのか、といいたい。社会的良心のうずきに駆り立てられたお人好しな主婦たちが、ひそかにヘソクリを足代に注ぎこんで、ナイナイづくしの条件のなかで、今日まで消費者運動をつづけてきたのである。前述したようないくつかの運動上の欠陥があるとしても、その責めの一切を主婦型消費者運動だけが、なぜ、背負わねばならないのだろうか。

しかも運動の相手は大抵政府や大企業の反社会的行動だ。彼らは膨大な資金力と優秀で豊富な人的資源を湯水のように使う条件のなかにある。ヘソクリとわずかなパート代が資金源の主婦たちがよくも今日まで運動を続けてきたものだと感心する。

では、こうした悪条件からの脱出法は？　それは各分野の専門家が消費者問題に対する評論家的立場から降り、自らも一生活者として生活の場で自らの専門を生かしつつ、反社会的・反人間的勢力と互角に渡り合う独自活動の花を多様に咲かしてもらう以外に道はない。

アメリカの消費者・市民運動の手法は、この専門家集団の機能をフルに活用することによって展開されている。とくに昨今、日本でも話題となっている、地球環境を救うためのヴァルディーズ原則（一九七頁参照のこと）の順守を企業に迫るCERESの動きの発想の斬新さ、組織化のダイナミズムに驚かされる。CERESとは「環境に責任をもつ経済のための連合」の略称で、昨年（一九八九年）秋発足、四つの主力部隊で構成している。その①は五〇〇〇億ドルの資産を動かすことのできる「企業責任に関する超宗派センター（ICCR）」、②は四五〇〇億ドルの資産をもつ「社会的投資フォーラム」、③は自治体・大学・労組などの年金基金を動かす財務監査部のような機関投資家、④は有力な環境保護団体と市民グループ、である。

この四者の膨大な資金力を合わせると巨大な額となる。この資産をどの会社の株の購入に投資するか、四つの主力部隊はそれぞれ意思決定権をもっている。六〇年代の大行進やベトナム反戦活動、七〇年〝地球の日〟キャンペーンとはちがって、CERESの運動は資産にモノをいわせて迫る運動である。企業も軽く鼻であしらうわけにはいかない。

なにが、このようなスタイルの運動を可能にさせたのか？　ながい歴史的背景がある。CERESの種は一九世紀末、ニューイングランドの富裕な人々の手でまかれた。彼らは酒・タバコ・ギャンブル・ポルノ向け投資を拒否した。第二次大戦後、教会と組合が人殺し武器を製造する会社の株の購入を拒み、平和産業の株の組み合わせを求めるようになった。株の仲介業者はこの動きをいち早く察知、やがて社会的投資フォーラムの創設へと導いた。

九〇年代に入り、かつては公民権運動、ベトナム反戦、〝地球の日〟を打ち上げた階層が自分の可処分所得を利回りのよい、だがあくまでも倫理的に投資したいと考えるようになった。こうしたながい歴史的な客観的条件が次第に成熟し遂にCERESを結実させた。この間、南ア問題が条件の成熟を促した。一九七七年にサリバン牧師が南アで活動する企業行動に灸をすえ、サリバン原則（一九九頁を参照のこと）を発表した。これにヒントをえてヴァルディーズ原則がつくられた。来る十一月二日、CERES代表のジョアン・L・バーバリア女史が〝企業の環境主義をめぐって〟のフォーラムのゲストとして来日する。だがCERESの歴史は一日にして出来上がったものではない。

（『エコノミスト』一九九〇年十月三十日号）

六　アメリカにおける消費者運動の歩み

はじめに

まず、アメリカの消費者運動・市民運動に何故興味を持つかをお話ししたいと思います。それは、アメリカの状況が一〇年おくれて日本の消費者運動に入ってくるからです。従って、アメリカの消費者運動・市民運動の動向を見ていれば、日本の消費者運動の将来を占うことができるように思うのです。

例えば、日本で最近話題になっている情報公開法はアメリカでは一九六六年に制定され、一九七四年に改正されました。日本は約十余年の遅れをとっているわけです。しかも、法改正の中心勢力はネーダー・グループでした。これもアメリカの市民運動の大きな特徴の一つでしょう。集団訴訟にしても同様です。日本の灯油の集団訴訟はアメリカのクラス・アクション・シュート（集団訴訟）からのヒントによって始まったものでした。また単位価格表示（たとえば一〇〇グラムいくらと基準数量の価格を表示する制度）も同様です。

そんなわけで、アメリカでの問題を先取りするのが大変参考になります。
ところで、アメリカの場合、消費者運動と一口に言っても、日本のように主婦を中心としたオシャモジ型の運動だけに限定されていません。男性も、弁護士などの専門家も、大学生を網羅《もうら》し、とりあげる問題も、タクワンから原子力発電まで。ですから、消費者運動と市民運動との間仕切りといったものがないのです。

そのようなことを念頭に置いて、アメリカの消費者運動の流れをみてみると四つの時期に分けることができると思います。もちろん、まだその前史もありますが。

一　運動の流れ

第一期

（イ）全国消費者連盟（National Consumers League）

一九三六年に、アメリカ消費者同盟（Consumers Union　以下ＣＵ）がスタートするわけですが、それにさかのぼること三七年、一八九九年に全国消費者連盟が結成されています。この連盟の結成は、国会議員を父にもったフローレンス・ケリーという一二歳の少女が父親といっしょに工場見学をし、年少労働者の劣悪な長時間労働をみて衝撃を受けたことに端を発します。

ケリーは成長するに従って、この劣悪な労働条件をかえなくてはならないと考えるようになりました。それと同時に、この労働者も家庭にもどれば地域社会の一住民として生活せねばならない。だから、単に労働者としての権利や労働条件の改善だけでなく、消費者としてだまされ、搾取されていることにたいしても闘う必要があると考えました。

そして、労働者としての、また消費者としての、この二つの側面から、その権利を守っていかなくてはならないという問題意識から消費者連盟が結成されました。

このようにしてスタートした消費者連盟はいまでもその精神的伝統が守られています。最低賃金制の問題をとりあげたり、労働問題の政府の審議会委員等にも人を出しており、その活動には定評があります。

（ロ）コンシューマーズ・リサーチ（Consumer's Research, Inc）

一九二九年のアメリカの経済恐慌に、コンシューマーズ・リサーチの出発点があります。

その二年ほど前に、『あなたのお金の価値』という題名の本がベストセラーになりました。たとえ一セントでもムダな買物、ムダな消費をしないようにという内容のものでした。これを読んだ多くの読者から著者に質問が寄せられました。

これに応えようとして始められたのが製品テストです。そして、一九二九年にコンシューマーズ・リサーチというテスト・研究機関が創設されました。機関誌にテスト結果を掲載し、消費者に役立つ情報を提供しました。

こうして、企業がつくりだした製品のテストを中心とした消費者運動がスタートすることになります。

（ハ）アメリカ消費者同盟（Consumers Union of United States）

コンシューマーズ・リサーチに内部分裂が起って、そこから出ていった人達によって、一九三六年にアメリカ消費者同盟が創設されました。コルストン・E・ウォーン会長を先頭に積極的な活動を展開しました。やはり製品テストをし、機関誌にその結果を公表しています。そして、世界の消費者運動をリードし、一九六〇年に発足した国際消費者機構（IOCU）の火つけ役を果しました。

この同盟は企業からの広告や寄付はもらわない、CUの役員は他の団体の役員を兼任しないということで、国内的、国際的に、高い地位と信頼を得ています。また月刊誌『消費者情報』は、製品テスト結果を、特選、優良、可、不可の四段階で評価し、それに従って購入すれば間違いないといわれ、二〇〇万部以上発行されています。しかし、厳しい倫理性をもった団体であるため、読者の信頼をかちえる一方、赤字を出し、最近では運営が経済的に困難になっていると聞いています。

消費者同盟の現常任理事となったカーバトキンさんの夫君は、有名な公民権運動のリーダーでした。夫君も進歩的な思想の弁護士でしたから、彼女がCUの常任理事になったことでCUの運動が左旋回するのではないかと『NYタイムズ』は大きく報道したことがあります。このへんまでが第一期だと言えます。

第二期

（イ）コンシューマリズムとラルフ・ネーダー

一九六〇年代半ばから七〇年代にかけて「コンシューマリズム」という新語が台頭してきました。「コンシューマリズム」とは、従来のような単なる個々の製品の善し悪しを云々するだけでなく、巨大企業の非社会的諸悪と対決する批判勢力であり、その非社会的行動を法の規制によって封じこめようとする立法勢力だともいわれています。それは単なる製品テスト活動から大きく一歩をふみ出したラジカルな社会変革の性格をもっています。その代表的なチャンピオンがラルフ・ネーダーです。

巨大企業にたいするネーダーの第一弾は、一九六五年に出た『どんなスピードでも自動車は危険だ』の本でした。この本は、当時、世界の自動車王だったゼネラル・モーターズの新車コルベア号が欠陥車であることをバクロした本でした。自動車が国民の足になっている欧米では、この本の与えた衝撃は測りしれないものでした。こうした背景の中から、全国交通自動車安全法、全国ハイウエイ安全法が制定されました。そのほかにも食肉加工工場の非衛生極わまりない状況や４Ｄと呼ばれる危険な加工食品をネーダーはやり玉にあげ、その結果、安全食肉法《ホールサムミート・アクト》が生れたのです。４Ｄというのは、死んだ《デス》、死にかかった《ダイイング》、病気の《デイジースト》、障害をもった《ディスエイブル》、牛・馬・豚が屠殺され、加工され、市販されているというものです。その他にも、全米を横断するパイプラインの腐蝕、鉱山労働者の黒肺病など、十指を数える法律をネーダーはつくらせました。このようにコンシューマリズムの運動は、法体系の制定、或はそれをかえていく大運動となって展開されたのです。

（ロ）アメリカ消費者連合会（Consumer Federation of America）

こうした、コンシューマリズムの高揚は、一方では、二〇〇余の消費者団体による全米消費者大会の開催となり、大会後は全米消費者連合会（ＣＦＡ）となって結集されていきます。その背景には、一九六四年にジョンソン大統領が消費者問題に関する大統領の特別補佐官（エスター・ピーターソン）を任命し、また消費者保護に関する一二の法案を上程しようとしていたので、それを消費者団体が観客席から眺めているのでなく、主体的にかかわり、その動きを監視しようとして、全米の消費者団体が力を合わせてＣＦＡを創っていったのです。六六年には情報公開法が制定されましたがその背景には、消費者団体のこうしたダイナミックな動きがあったのです。

第三期

（イ）「地球の日」（Earth Day）

第三期は反公害市民運動の勃興に特徴を見出すことができます。その第一歩が「地球の日」です。

この頃は、ベトナム反戦運動が激化の一途に向っていました。こうした激しい流れのなかで一九七〇年四月二十二日、デニス・ヘイズという青年の提唱で「地球の日」というキャンペーンがおこりました。

彼は、ベトナム反戦の過激なやり方では一般大衆を捲きこむことができないと考えました。そこで、当時問題となっていた煙公害、河川公害、空缶公害などから、大地や空気を守ろうと「地球の日」を提唱して、全米の青年に呼びかけました。二五〇〇万の青年が立ち上りました。「エコロジー」という新語が流行し出したのも「地球の日」からです。この運動を契機に七〇年代には三〇ちかい環境保護法が次々に制定されていきました。一〇年後の一九八〇年四月二十二日は、首都ワシントンでは「地球の日」の一〇周年を記念する行事が行われましたが、まるで国定祭日のようでした。さて、「地球の日」が運動面で果した役割は、消費者運動と市民運動を大きく合体させたことだと思います。

（ロ）コモン・コーズ（Common Cause）

「地球の日」のキャンペーンにつづいて、秋にはジョン・ガードナーによって「コモン・コーズ」（第四章一参照）という団体が発足しました。ガードナーはジョンソン政権下で保健教育福祉省の長官をつとめた人物です。日本流でいえば厚生大臣に当ります。政治にたいする一般市民の不信感はウォーターゲイト事件以前から全米に拡がっていました。政治を金で買い、密室で公の仕事をする悪い習慣を打破して、政治に新しい息吹きを蘇らせる力は、目覚めた、意識の高い市民の力を結集する以外に道はないという考えからコモン・コーズはスタートしたものです。わずか数年のあいだに会員はゼロから三〇万に拡がり、ネーダーの運動とともにアメリカ市民運動の二大潮流の一つになりました。公費による選挙制度の確立や、サンセット法を一九七五年にコロラド州ではじめて制定させるなど、コモン・コーズの影響力はたいしたものでした。ついでですが、サンセット法というのは、行政機関の存続が議会で証明されない限り、その行政機関は自動的に廃止されるというものです。その後三二州でこの法が制定されています。いまはもっと多くなっているかもしれません。

（ハ）反原発運動のもり上り

「地球の日」を皮切りにはじまった七〇年代は市民運動が大きくリードし、反原発運動が脚光をあびてきます。この面で火つけ役をしたのは、マサチューセッツ工科大学の物理学教授ヘンリー・ケンドル氏を会長とする「憂慮する科学者連盟」（Union of Concerned Scientists　以下ＵＣＳ）でしょう。事務局長のダニエル・フォード氏は、当時はまだ二二歳で、ハーバード大学の経済調査プロジェクトの一員として電力を産み出すいろんな方法を研究していました。一九七一年の春、フォードは何気なく官報をみていました。彼の目にふと入ったのが原発認可に関する公聴会の開催に関する記事でした。ケンドルとフォードはこの公聴会にのりこみ、コンピューターではじいた原子炉の緊急冷却装置の安全性については大きな疑問があると主張し、大論陣をはりました。このため、当初予定されていた六カ月間の公聴会は延々二三カ月間にも及びました。この間、ネーダーは、外野からＵＣＳを声援、新聞に、ＴＶに、講演に、原発の安全性を問う大キャンペーンをはりました。そして「クリティカルマス」という全米規模の大会を七四年と七五年の二回に亘って開催しました。また広島原爆三〇周年を記念して、七五年八月六日には二三〇〇人の著名な科学者が反原発宣言を出しました。そして反原発の住民投票が一九七六年にカリフォルニア州を皮切りに数州にわたって展開され、七八年にはマサチューセッツ州のシーブルックで反原発大集会が催されました。こうした動きを背景に、原子力委員会（ＡＥＣ）は一九七五年一月に規制局と調査開発局に分れ、ＡＥＣ委員長のシュレジンジャーはＣＩＡに配転、さきの公聴会でさんざんやっつけられた原子力開発技術課長ミルトン・ショウ氏は「帝王」の座から辞職へ転落しました。多くの市民団体——エンバイロメンタル・アクション、シェラ・クラブ、地球の友、ナチュラル・ディフェンス・カウンシル、その他定評ある諸団体は総立ちになって、七〇年代を反原発の火で燃やしました。そして彼等にとって反原発は同時に反核運動でもあるのです。アメリカの反核運動にはこうした背景があり、決して「いま成り金」な運動ではないのです。

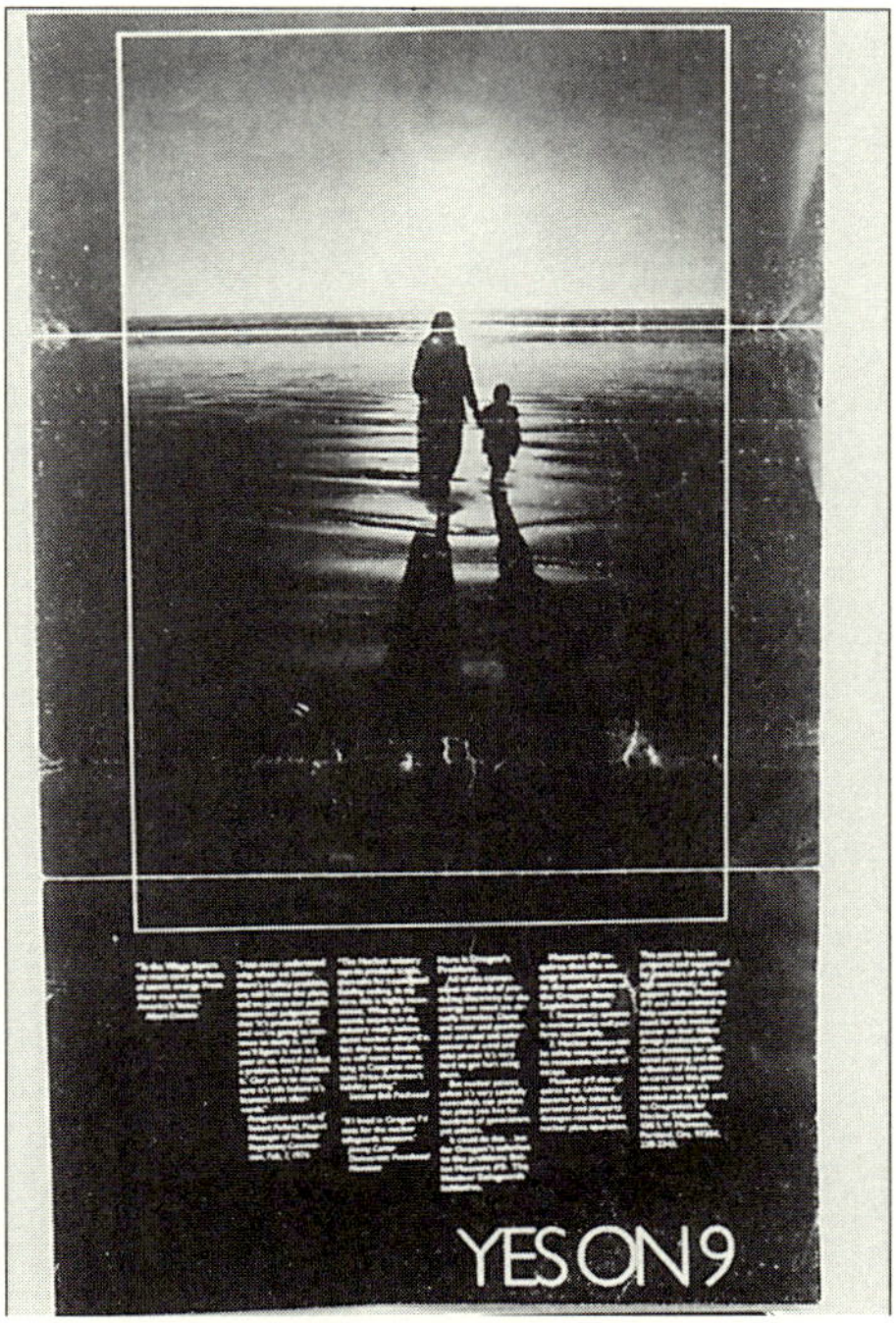

安全なエネルギーを
オレゴン州反原発運動のポスター

二　運動の特徴

さて第四期は八〇年代、レーガン政権下からということになりますが、この点は最後にお話しすることとし、ここでアメリカの消費者運動とそれをとりまく環境・条件の特徴点を若干あげてみることにします。

（イ）製品テストから議員のテスト→反原発運動まで

まず、目につくことは活動領域が日本の運動とはちがって非常に広く、どこまでが消費者運動で、どこからが市民運動なのか、境界線がハッキリしないほど活動の幅が広い、ということです。議会に消費者保護や自然保護の法律を数多くつくらせたり、各議員が消費者のために議会でどんな活動をしているのか勤務評定をつくってそれを点検し、公表する。選挙の時は、その勤務評定一覧表を消費者がみて投票する、といった具合です。では、製品テストや苦情処理はどうなっているのかという疑問がおこります。これは日本とちがって、少くともレーガン政権に至るまでは行政機関がしっかりしていたこと、企業側の対応もベーター・ビジネス・ビューロー（B・B・B）というような組織などがあるので、様々な問題はこれらの機関に吸収されているという背景があります。例えば、一九七八年に創られた消費者製品安全委員という政府機関がありますが、この機関はいつ、どこで、誰が、どういう危害をうけたのかの情報は全米の各地からホットラインで中央機関につながり、迅速に処理されます。この機関は非常に厳しくメーカーを監視し、取締っています。また、公正取引委員も同様に厳しい行政機関です。市場における消費者の〝守護神〟とさえいわれているくらいです。完全に消費者サイドに立った行政機関です。その他、環境保護庁、労働者の職場における安全を確保するための職場安全保健局、欠陥自動車をとり締る全米道路交通安全局など、市民から高い評価と尊敬をうけています。また業界がつくったB・B・Bや消費者問題専門家会議（SOCAP）などもよい活動をしています。〝買う前に調べよう〟をモットーにしているB・B・Bの事務所へ行けば、どのメーカーの、どの品が一番苦情が多いか、そういうデーターがきちんと整備されています。ですから消費者はこのデーターをみて買物をすればよいわけです。SOCAPは〝八〇年代の企業戦略はどうあるべきか〟といったような高次元の問題を扱っています。

このように消費者をとりまく条件がかなり整備されていますので、製品テストだけに運動がこり固まる必要がない、と言えそうです。

（ロ）専門家集団の活躍

アメリカの消費者団体には弁護士の資格をもっている者、自然科学者や化学者などの専門家がスタッフとして活躍しています。こうした集団がワシントンだけで二〇〇ぐらいあるんじゃないかと思います。今後の消費者運動は、こういうような専門家を核にしていくべきだということを提唱したのはネーダーです。行政機関も専門家集団に包囲されていればオチオチしていられません。逆にやられてしまうからです。しかし私は、こういう姿が一概にいいとは思いません。消費者運動はやはり大衆を基盤とすべきだ、と思います。これに専門家集団を加えた形が一番いいのではないでしょうか。日本でも大阪消団連や食品安全基本法の提言で弁護士の方々の参加がみられるようになりました。専門家の方々が肩書をはずして一人の生活者として、大衆とともに問題に取り組むという姿勢がぜひほしいものです。

（ハ）大学生の参加

つぎに、学生の消費者運動への参加があげられます。ＰＩＲＧ（Public Interest Research Group）と呼ばれる組織が全米の半分ぐらいの州にできています。これはネーダーの発想からうまれたものです。ネーダーは若者をいかにつかむか、ということを考えた。家庭責任から開放されている若者―学生―に将来のビジョンを与える必要があると考えたわけです。どういうものかと言いますと、市にはいくつかの大学がありますが、この学校ごとにＰＩＲＧをつくって、市の段階で横の連絡をとり、それが州の規模で連絡をとって州のＰＩＲＧをつくる。各段階ごとで住民と一緒になって種々の問題を扱うのです。

ＰＩＲＧをつくろうとする時は、それぞれの大学で署名活動し、学生の三分の二以上の賛成署名を集める。次に大学当局と交渉します。大学がＰＩＲＧの事務所を学内に設置することを認めるように交渉するのです。許可がおりるまでには教育委員会とか、学校当局の理事会とか、いろいろな関係との折衝がありますから簡単にはいかない。半年から一年位はかかるようです。次にＰＩＲＧの財政が問題になりますが、それは会費収入です。会費は授業料と一緒に納入し、学校当局が会費を切り離して学校の構内にある事務所へもどす仕組みです。これが有名なチェックオフシステムと呼ばれる方法です。

ＰＩＲＧはその会費収入で専門家を雇用し、専門家と一緒に市段階での問題、州段階での問題をそれぞれとり扱います。例えば、アキ缶回収の問題など。この場合学生自身が専門家と一緒にアキ缶回収の法案をつくったりして市当局と交渉し、その過程で学生は行政のしくみというものを学びます。アメリカの学生は、こうした実践活動を通して生きた知識を身につけます。しかしこのような活動をしていると勉強の方がお留守になりはしないか、との心配もありますが、ほとんどの学校ではＰＩＲＧで一週間何時間以上、専門家のもとで活動し、それをレポートにして提出すると学業の単位に組みこんでくれるのです。日本では考えられないことですね。このような実情は日本にあまり紹介されていません。私がワシントンの議会見学に行った時も、ネーダーのPIRGの事務所で働いていた女子学生が実によく議会内を案内してくれました。

(二) 財団の援助

次に、団体の活動資金はどうなっているのでしょうか? 財団の援助があるのです。アメリカでは、この財団が非常によく発達しています。フォード財団、カーネギ財団など有名ですが、企業が利潤を社会に還元する目的でつくられています。財団は企業とは全く独立した存在として運営されています。理事は企業側から極く少数出ています。ほとんどは各界の有識者によって構成されています。どの団体に、どの位の補助金を出すか、を決める配分委員会が財団の中に設置されていて、これも各界層の人々で構成されています。補助金をもらったらヒモがつくのではないか、というような心配はなく、ドライに割り切っているようです。義理、人情が物をいう日本とはひどくちがいます。むしろ財団活動のない企業は社会的な笑いものにされ、国際社会でも通用しない、といった雰囲気です。全米に大小あわせると約二万三〇〇〇位の財団があります。日本でも最近沢山の財団ができましたが、規模的にも小さく、また独立の人格という体質の面においても、日本はまだアメリカの水準までいっていないような気がします。ニューヨークには全米の財団協議会があります。全米の財団の様子がここへ行くと一目でわかります。

財団には二種類あります。今、お話ししたのは企業財団ですが、もう一つはコミュニティー財団です。これは一定地域内の工場、労働組合・資産家・事業家・個人など、ありとあらゆる人達からの寄付によって成り立っている財団です。コミュニティー財団はその地域の文化の向上のために資金を使うことを目的にしています。このような組織がアメリカでは本当によく発達しています。消費者、市民団体の予算の三分の一はこうした財団から出てくるわけです。従って消費者団体は専門家を雇うこともできるのです。学生も財団の補助金をもらって研究している者も多いようです。それから、ボランティアの制度もよく発達していますね。団体にいくと、おじいさん、おばあさんがよく働いていています。電話の受付、オフィスの受付、封筒書きなど、チームを組んでローテイションでやっています。この点も日本とは大きく違うと思います。財政的にも助かります。

三　レーガン政権と消費者運動

さて、レーガン政権下での消費者運動はどうなるのでしょう？　それは一口にいって消費者団体が〝冬の陣〟にさしかかった時期といえそうです。然し「冬来りなば春遠からじ」で、アメリカの消費者運動はいま、薄氷のもとで春を待つ備えをしていると言えそうです。レーガン政権下でどんな変化が起ったのでしょう？　行政面と立法面からみましょう。

一　行政面での変化

カーター政権下では、消費者団体の指導者が大量に行政機関の重要ポストを握りました。例えば、ラルフ・ネーダーの片腕だったクレイ・ブルック女史は連邦政府の道路交通安全局長という重要ポストにつきました。また、先程いいましたようにアメリカ消費者連合会の事務局長キャロル・フォーマン女史は農務省次官に。そしてエスター・ピーターソン女史はカーター大統領の消費者問題特別補佐官に就任されました。

レーガン政権になると、これらの人々は一斉にその地位を下りることになりました。これに代って、どちらかといえば反消費者的な立場の人が消費者行政機関の重要ポストについたのです。例えば、公正取引委員会の委員長にジェイムス・C・シラーⅢが就任しました。彼はニクソン、フォード両大統領の経済顧問をしていた人で、完全に企業サイドに立つ人です。ですから公正取引委員会が従来もっていた消費者保護の権限をシラーⅢは極力弱めようとしています。たとえば全国に散在する公正取引委員会の事務局を半減したり、職員の数を大幅に削減するなど。ですからシラーⅢの委員長就任に際しては消費者団体から猛反対がおこりました。経済問題で有名なマーク・グリーンとラルフ・ネーダーも議会の公聴会で大反対の演説をぶちました。また環境保護

エスタ・ピーターソン
（民主党大統領消費者問題特別補佐官）

庁長官には、アン・M・ゴルシュ女史が就任しました。彼女はコロラド州議会の元議員でした。彼女は長官就任早々の新聞記者会見で次のように述べています。「自分はレーガン政権の目ざす〝産業の活性化〟の前進に協力したい。もちろん環境保護のためにも力を注ぐが、そのことが業界や州政府の〝過度の重荷〟になってはならない」と釘をさしています。また農務省長官にはジョン・ブロックが就任。彼は大規模な養豚業を経営している人です。「今の食料物価はスーパーのバーゲンなみの低さだ。物価が一二％や一五％上ったって高すぎることはない。中小零細農民の切り捨てもやむを得ない」、ブロック氏は就任早々こんな大胆な発言をしています。労働省長官に就任したのはレイモンド・ドノバン氏。彼はバージニア州の土建会社の副社長です。彼のもとで、職場の労働者の安全と健康が守られるのか、どうか、労働者たちの顔は不安で曇っています。以上のような人々の顔ぶれを見れば、アメリカの消費者運動が大きな困難に直面していることがわかります。

二　立法面での変化

過去二〇年間に消費者団体が築き上げてきた消費者保護立法の弱体化が進められようとしています。例えば、情報公開法の改悪。この法は一九六六年に制定され、七四年に改正されました。九つの除外規定がありあます。レーガン政権は企業秘密の枠を拡大して除外規定に入れるとか、CIAやFBIのような諜報機関は情報公開法の対象から外すといったような改悪を画策しています。また大気浄化法の基準に従って引き下げようとしています。更に、ひどいことはカーター大統領がつくった大統領命令――危険な製品を海外に輸出することの規制――をレーガンは大統領に就任早々、破棄してしまいました。

三　今後の戦略

（イ）〝ねばり強く〟監視し、闘うこと

昨年九月、ネーダー・グループの一つであるパブリック・シティズン（Public Citizen, Inc.）は創立一〇周年を迎えました。祝賀会の席上、ネーダーは次のように述べています、――「われわれのような、たった一握りの人間でも力を合わせればどんなことができるか、そのことを我々は示してきた。そして現に示している。市民運動のエッセンスというのは、この〝辛棒強く、ねばる〟ということだ」と。レーガン政権下のアメリカの消費者団体は、いま辛棒強く、かつねばり強く、政府や議会を監視し、闘いの剣をサヤに収めることなく頑張っていこうと決意しているようです。そして、ことあるごとに問題を訴訟にもちこむ戦術をとっています。例えば、製薬会社はバリウム、ダーボン、その他広汎に使用されている薬については、その安全性と効果を消費者の目にとまるように文字で書き表わし、それを薬の入った箱の中に挿入せねばならないことに、いままでの規則ではなっていたのです。しかしレーガン政権下の食品医薬品局（FDA）はこれをやめてしまいました。そこでパブリック・シティズンの一部門である保健調査グループは、これはけしからんことだと最近訴訟をおこしました。また議会監視の活動では、大気浄化法が今年改訂されることになっているので、公害タレ流し企業はこの法の弱体化につとめていますが、市民グループは議会の監視を一層強化している、と近着の資料は伝えています。さらに原子力発電所の事故に備え、原発の近くに住む住民の安全を守るために市民グループは待避などの積極的な計画をうち出し、これの実施を原子力規制委員会に迫っています。

市民グループの〝絶えざる、ねばり強い闘い〟はレーガン政権下でも、いくつかの成果をあげています。例えば、①レーガン政権は消費者製品安全委員会を商務省の中へ併合させようとしましたが、これを止めさせました。②労働省の職業安全保健局のピーター・インファンテ博士が蟻酸アルデヒドはガンの危険性があるのではないか、との話を他の科学者たちと論じ合ったというだけでレーガン政権は彼をクビにしようとしました。これを市民グループはストップさせました。③全米で稼動している原子力発電所は軽微な事故から重大な事故に至るまで、一九八〇年だけで三八〇〇件以上もあったことをネーダー・グループは暴露し、原子力発電所の神話——原発は絶対に安全だという——の粉砕に成功したといっています。

（ロ）草の根活動の強化

中央舞台では、レーガンの大鉄槌が消費者団体のうえに振りかざされていますが、地方では草の根活動が着実に根づき、拡がっています。今後はこの力を一層前進させる方向が指向されています。草の根活動では、実に多方面のものがあります。例えば、ガソリン代を節約するために通勤の車は相乗りでいくとか、家庭菜園に精を出すとか、農民と消費者が直結して青空市場を開くとか、凹んだ缶詰を製造会社からもらって貧しい人々に配るとか、貧しい人々のために病院が門戸を開放するように病院労働者と市民が提携して活動するとか、貧しい人々のために電灯代の料金体系を変えさせるとか、貧しい人々にも銀行が融資するように従来の「赤線区域」を撤廃させるとか、様々な活動が行われています。ここで言う「赤線区域」というのは貧しい人々の住む地区を地図の上に赤線で囲み、融資対象から外すという銀行のやり口です。こういう地道な活動が横の連携をとり、州をこえ一五州にまたがった組織をつくっているＡＣＯＲＮ（Association of Consumer Organizations for Reform Now）という草の根の大連合もあります。これらの活動の状況については、多分今年の暮頃には亜紀書房から一冊の本が出ると思います。

さらに注目すべき動きとしてＣＵＢ（Citizens Utility Board）という組織が一九七九年にウイスコンシン州で州法によって設立されたことです。ＣＵＢというのは、一口で説明しますと、電気、ガス、水道、電信電話などの公共事業の政策決定に市民が介入し、監視することのできる組織です。消費者は公共事業の料金を払うとき、ＣＵＢの会費を料金といっしょに支払う、会社側は料金から会費分を切り離してＣＵＢへ渡す。先に述べたチェックオフシステムです。ＣＵＢはこの会費を元金にして弁護士、会計士、経済の専門家、技術者を雇用する。ＣＵＢの理事が公益事業委員会やその他の政府関係機関の委員会に参画して、料金の策定や設備拡張、会社のＰＲ計画、その他会社の重要事項の政策のすべてに消費者利益を代表して口ばしを入れるという仕組みです。このような制度を州法が認めたのです。画期的な出来ごとです。これはラルフ・ネーダーが数年前から主張していたもので、ウイスコンシン州の市民グループが現実に闘いとったのです。

この他にもまだ沢山の草の根活動がありますが、時間の都合で割愛します。がともかく今後の消費者運動の戦略の大きな柱として、このような草の根活動を強化していくことが考えられています。「アメリカの消費者運動は死なず」だと私は思います。

講演　昭和五十七年二月十八日

（財）消費生活研究所『消費者問題調査季報』一九八二年十二月号）

参考資料
1 『アメリカの消費者運動』新時代社
2 PIRGについての詳細は『アメリカは燃えている』亜紀書房
3 ウイスコンシン州のCUBについては〝電力料金決定にみる政治と市民運動〟（『公明』五十七年十二月号）
4 原子力の安全性に関するUCSの挑戦についての参考文献 ADVICE and DISSENT—Scientists in the Political Arena-by Joel Primack & Frank von Hipple

七　新たな企業哲学求める米国の消費者運動

——企業はパブリック・インタレストにどう応えるか

市民グループと晩餐会

この春（一九九〇年）、久しぶりでアメリカの土を踏んだ。わずか二週間ほどの駆け足の旅行だったが、首都ワシントン、ニューヨーク市を中心に、ラルフ・ネーダー事務所やその他の市民団体、環境団体、市民調査グループや財団などを訪ねることができた。

アメリカの消費者運動はレーガン政権下での厳冬にもよく耐えた。彼らは健在だったし、生き生きと幅広く活動していた。彼らの専らの関心事はゴミ問題であったり、アメリカの貧困をどう解決するかであったり、環境破壊の問題だった。

つまり、日本国内で大きく伝えられている「日米構造問題協議」にかかわるような問題でなく、生命と暮らし、企業活動のあり方など、消費者、市民の日常に直結し、地に足のついたテーマと真剣に取り組んでいる姿が、印象的だった。

運が良かったのだろう。かねてから資料を読んで興味をもっていたCEP（Council on Economic Priorities＝経済の優先順位を考える会）という市民調査グループが、社会的貢献度の高い会社を表彰する晩餐会がニューヨーク滞在中にけんらんたるプラザホテル（ザ・プラザ）で開かれ、飛び入りで参加することができた。

その席で、私はなつかしい友人、ロナルド・ロス氏に会えた。ハーバード大学に在学中、ラルフ・ネーダー氏の片腕として大活躍していた彼が、紺のスーツを見事に着こなして、ほれぼれするような端整な姿で私を迎えてくれた。いまではロックフェラー・ファミリー・ファンドの経営責任者をつとめている。やっぱり、アメリカはおもしろい国だ。ぎくしゃくした日米構造問題協議を通してみるアメリカとはずいぶん違うなあ、とつくづく感じた。

さて、この晩餐会の話からはじめよう。プラザホテルの広間で催されたこの会の名称は「社会的良心を実践している会社への授賞式（AMERICA'S CORPORATE CONSCIENCE AWARDS）」。

幕が開き、イーストマン・コダック社の会長兼最高経営責任者で、CEPの理事でもあるコルビー・H・チャンドラ氏が挨拶に演壇に立った――「……事業を成功させること、人間の価値に仕えること、この二足のワラジを上手にはいている会社の代表として、ここに立つことをうれしく思う……。第二六代ルーズベルト大統領は『リスクを冒すことなしに偉大な賞をかちとることは不可能だ』といった。……だが、われわれは社会奉仕したり、地域社会に貢献するといったリスクを減らそうと職場で行動しているのではないか？　なん度もなん度も、そのことに光をあてながら倫理の灯をともす灯台となろう」、と。続いて牧師さんの祈祷、やっぱりアメリカだ。

社会的良心

いよいよ授賞式。

▲環境の分野では、オゾン層を破壊するフロンガスの全面使用を一九九四年までに終結させる計画を完成したAT&A社が受賞した。一方、不名誉賞はエクソン社だ。昨年三月のアラスカ湾での原油流出事故の後始末の責任をいまだに果たしていないからだ。

▲慈善の分野では、作業衣の製造販売をしている小さな会社パトゴニア社など二社が賞を受けた。同社は税引き前利益の一割を何百という環境・市民グループに割り当てているからだ。

▲地域社会への貢献で受賞したのはゼロックス社。同社は、従業員が有給休暇を一年間とって職場を離れ、地域で奉仕するプログラムを一九七一年から実施している。偉いもんだ。

▲機会均等の分野では、AT&Tから独立した電話関連持ち株会社、USウエスト社が受賞した。理由は、男性間、女性間の同性愛を支持する従業員グループの雇用を容認し、太平洋・アジア系アメリカ人も、ヒスパニア人も、アフリカン・アメリカ人も、復員軍人も、生粋のアメリカ人も婦人も、百花斉放の労働力を活用しているからだ。これに反し、アメリカ最大の鉄鋼メーカー、USX社は〝不名誉賞〟。同社は環境についても従業員の処遇についても落第点なのだ。

使用者の積極性が買われて、郵便局などで使うさまざまな機器をつくっているピットニー・ボウ会社も受賞した。マイノリティーを雇用し、利益を配分し、子供のために休暇をとることOK、監督官とのゴタゴタを徹底討論して解決させる従業員集会を開かせるなどの点が評価された。これに反し、少数民族や婦人を酷使し、病気になればポイするむごい仕打ちをしている農場は〝不名誉賞〟だった。

これら各地のパフォーマンスはまるで警察官が調べたようによく調査されていた。授賞にあたっては、知名度の高い俳優や演劇プロデューサー、著述家、公民権運動の大指導者故マルチン・ルーサー・キング牧師の未亡人が、代わるがわる登壇し、授賞の理由を説明する短いスピーチをしてから賞が手渡された。

授賞の選考は二つのソースをもとにして行われていた。一つはCEP調査委員会、もう一つは昨年CEPが出した『よりよい世界のためのお買いもの』、それから今秋出版予定の『良心的企業への投資』からの情報、であった。

さて、肝心の授賞の目的だが、この授賞式は、賞の勝利者がアメリカの地域社会でしている素晴らしい仕事を褒めるために企画された。そしてもっとたくさんの会社が社会的良心を競い合い、公的サービスについて既にとっている自社の記録を破り、より大きく社会に奉仕する刺激剤となるように企画されたという。日本企業のアメリカ進出も日増しに多くなっている。いつの日にか、現地日本企業もこんな賞をもらってほしいものだ。

CEPとは

それでは、授賞式を主催したCEPとは、どんな会なのだろう。昨年この会が出した『よりよい世界のためのお買いもの』が、その性格を伝えている――『朝日新聞』夕刊「窓」(一九九〇年一月二十九日)、『毎日新聞』「家庭欄」(三月十六日)――。要するに、一一の分野――慈善、婦人の役員への抜擢、黒人の抜擢、防衛産業との関係、動物実験、情報公開、地域社会への貢献、南アとの取引、原発との関係、環境、従業員とその家族の処遇――について一三〇〇品目の製品をつくっている大手一三八社の各社が行っているパフォーマンスを調べ、その結果を優・良・不可に格付けし、さらに防衛・原発・南ア取引に関与していれば「イエス」、していなければ「ノー」と答える方式をもとり入れ、結果を公表したのがこの書である。

消費者はこの結果を参考に、製品を選び、「買いもの」という経済的一票を市場で投ずることによって市場における社会的正義の実現に寄与しようというのである。

いま、この手引書は全米で五〇万部を突破している。だがここまでくるのに二一年もかかった。会長のアリス・テッパーさん(四〇歳代半ば?の女性)は、マサチューセッツ州のウェズリー大学で経済学、ニューヨーク大学院で経営学を、一九六六から六八年にはボストンに所在するバーナム証券会社で証券アナリストとして労働問題を担当、六九年にはトマス・オコーネル・マネージメント・アンド・リサーチ社へ移り、金融アナリストとして働いていた。当時の社会状況はベトナム反戦運動が火を噴き、キング牧師が暗殺(六八年春)され、環境破壊が進んでいた。

そんなある日、「人殺しの武器を製造していない会社の株の組み合わせ――つまり〝ピース・ポートフォリオ〟を年金基金で買いたいが売り手を探してくれないか?」という依頼がユダヤ教会からテッパーさんの勤務する会社へ舞いこみ、テッパーさんがこの調査をすることになった。このとき、彼女の心に、「こんな考えをもっている投資家も世の中にはいるんだなァー、彼らの要求に直ちに応えられるような調査機関をつくれば、これも一つのビジネスになりうるのでは?」とひらめいた。

というのも、彼女はかつて友人と一緒にユージン・マッカーシー上院議員の大統領立候補選挙キャンペーンを手伝ったことがある。その友人というのはジェフ・コーワン氏。彼は当時ベトナムで使われていた恐ろしいナパーム弾の製造者ダウ・ケミカル社への抗議行動の先頭に立っていた有名な活動家であった。テッパーさんのかつてのこういった経験が〝ピース・ポートフォリオ〟情報の提供機関の設立を思いつかせたのだろう。

一九六九年十一月、彼女はCEPを創設した。CEPの調査領域を四つにしぼり、各領域で各社がどんな行動をしているかを調べ、事実に基づく客観的な情報を社会に提供することを目的とした。四つの領域とは、①マイノリティーの雇用状況——公民権法は一九六四年に成立されていたが現実にはマイノリティーの職場締め出しは続いていた。②は環境への影響、③は防衛産業、④は海外投資——おそらく南アとの関係と思われる——であった。

CEP発足後間もなく「Efficiency in Death」と題する報告書をCEPは発表した。非人間的武器製造会社の実態をあばいたものである。七〇年秋には大手二四社の製造会社の環境破壊の実態報告、七五年には、原発は他のエネルギー源より経済的だという電力会社二社の主張に反論する報告書、そのほか、一〇年間のうちに大手会社の行動に関する一〇〇以上の出版物、一七の重要な研究、数十の報告書、ニュースレターの発行を行った。

これらの調査活動の財源はどこからくるのか? 会費、出版物の売り上げ、個人寄付はいうまでもないが、ロックフェラー・ファミリー・ファンドが当初から一貫して財政援助をしていた。ファンドの最高責任者ロバート・スクリブナー氏はいう、「アリス・テッパーさんは大集団を率いる一匹狼の起動力をもち、抜群のねばり強さをもっている。この力があったればこそ、実に、重要な新しい社会的調査機関を創り、維持してきたのだ。だからこそ、われわれも資金援助に多大の関心をよせてきたのだ」と。（『NYタイムズ』一九七九年十一月二十五日）

企業哲学はいま

旅行の土産話がCEP一辺倒になってしまった。だがCEPの思想と行動を通して企業の顔も財団の顔も少しは見えてきた。二〇世紀の新しい概念〝一般の人々の利益《パブリック・インタレスト》に仕える〟灯がアメリカの随所に見えかくれしていた。一九八一年、デュポンの会長兼経営最高責任者アーウィン・S・シャピロ氏はその地位を去った。そして『アメリカの第三革命――パブリック・インタレストと民間の役割』という本を彼は書き、その中で自分のキャリアを反省して次のように述べている。

「……利潤追求はいまでも支持されている。だがその慣行の許容度が変わってきた。企業の不純な行為に対してはハッキリと地域社会は一線を画し、それを超えるとたちまち《金をつくるのはいいが、そのやり方がいけない》とやっつけられる。企業の古き良き時代が〝ノーマル〟なのではない。いまの時代が〝ノーマル〟なのだ。ひとたび開かれた心は元に戻らない。……第三革命は地域社会の心を開いた。その心は新しい類いの経営の必要性を企業に命じている」と。

氏のいうように、いまアメリカの企業哲学は、「〝貪欲はいいことだ〟の八〇年代から人や地域・環境に優しく、そして企業がいかに社会や市民に貢献するかという〝企業ギビング〟の九〇年代へ移ろうとしている」そうだ（"Caring Replaces Greed in 1990s" by Betty Wong, Reuter News Agency『ソルトレーク・トリビューン』一九九〇年四月一日）。

今回の旅行、ＣＥＰの晩餐会への出席はさまざまなことを教えてくれた。日本においても「借りもの」でない、独自の企業哲学を樹立していくべき時を迎えているのではないだろうか。

（『エコノミスト』一九九〇年八月七日号）

八　地球の日（アース・デー）とは
――一九七〇年から一九九〇年へ

「誰もが、地球は病んでいると気づいている。だが、地球の温暖化、オゾン層の破壊、熱帯雨林の破壊、その他さまざまな地球規模の脅威を前に、多くの人々は無力感を抱いている。……この環境の危機は、地球規模のものではあるが、人知の及ばないものではないし、私たちがくい止められないものでもない。なぜなら、まさにこの危機は、私たち自身が行ってきたことの結果であり、私たちが容認してきた政策や、やり方の結果だからである。地球上に生きる私たち人類が、この泥沼に自らをおとし入れているのだから、私たち自らが、これを救い出すべきだ」

これは〝一九九〇年地球の日《アース・デー》〟キャンペーンの呼びかけの冒頭で、訴えられているメッセージである。昨年（一九八九年）の秋、このキャンペーンの参加呼びかけが、日本にも来た。たしかに現在の環境危機は、降って湧いた自然現象ではない。われわれがつくり出した人為的なものの結果なのである。自ら蒔いた種は、自ら苅りとらねばならない。絶望感に打ちのめされている時ではない。

Down with National Parks.
Up with Government and private enterprise's plans to axe our last public land.
Down with National Parks means down with FOE.
If it means a damn to you, write to
Friends of the Earth. (We need cash to keep them out.)

公有地の木の伐採の監視　地球の友のポスター

また〝一九九〇年アース・デー〟は、いま流行の政府主導による環境危機の国際シンポジウム的風潮に便乗した質のものでもないし、ましてや、即席ラーメンのようなインスタント製のものでもない。それは私たち一人ひとりが立ち上がって、私たちのために、私たちによって、地球を環境の危機から救い出そうとする、自分サイドの自発的な営みであり、今日の環境危機をもたらした自らの日常生活の弱さへの反省と告発であり、この挑戦を奮起に変える決意を誓約する日でもある。

ましてこれを一日だけのイベントに終らせず、「地球を安全で公正で持続可能なものにするための、一〇年にわたる長期的活動の幕開けにしたい」という国際的呼びかけにこたえようというのなら、〝アース・デー〟の二〇年に及ぶ歴史をまずふりかえり、次いで〝九〇年アース・デー〟の意義を確認し、その上に立って、〝二〇〇〇年アース・デー〟へと運動を継承させていかねばならない。そのためには〝九〇年アース・デー〟を何か特別なイベントに終らせず、毎日の生活のなかで、むこう一〇年にわたって〝地球を環境の危機から救う〟日毎の営みをコツコツやっていかねばならない。例えば、買物の時、袋を持参して過剰包装を断り、ゴミを出さない生活に切りかえるとか、猫の目のように変わるファッションを追いかける生活からファッションを追い返す生活へと方向転換するとか、ｅｔｃ．がある。

国際的〝アース・デー〟イベントも、国レベル、あるいは大都市レベルの〝アース・デー〟イベントも、結局は地元の〝アース・デー〟組織者の問題意識と献身の度合いにかかってくる。そしてその組織者を動かすのは、自分自身なのである。これがいま流行の「地球的規模で考え、地域で行動する」ということなのだろう。

七〇年アース・デー

アース・デー〟が初めてスタートしたのは、今から二〇年も前の一九七〇年四月二十二日であった。この頃、アメリカは、一九六五年に大量の軍隊をベトナムに派遣したことから火がついた、ベトナム戦争の真っ最中で、若者、特に学生の反戦活動が猛威をふるっていた。徴兵の通知を街頭で焼き捨てたり、さまざまな過激な行動が展開されていた。一方、これと歩調を合わせるように、環境破壊が進行していた。工場の煙突からは毎年三億トンの煤煙が吐き出され、一億七〇〇〇万トンのゴミが巷にあふれ、一億本の古タイヤが捨てられ、八三〇万台の車からの排ガスが大気を汚染し、四八〇〇億個の空缶空ビンが放出された。人々の大気・水汚染にたいする関心度は、ウナギ昇りに上っていった。六九年一月にニクソン政権が発足して間もなく、サンタバーバラ沖で石油が大流出し、暮にはフロリダ州エバーグレイド国立公園にゼット空港を建設する提案が行われ、市民の環境への関心は、いや応にも急増した。一九七〇年一月一日、ニクソン大統領は、全国環境政策法（NEPA）の制定に署名せざるをえなかった。

　こうした劇的な時代背景が、当時スタンフォード大学の全学学生自治会委員長をしていたデニス・ヘイズ青年を、環境の浄化に立ち上がらせた。「もはやゲバルトの時代ではない。人間が人間らしく生きる環境を求める運動、そして市民の誰もがとりくめる運動――これこそが、六〇年代の運動に欠落していたものではないか」

　大学を卒業したばかりの二四歳の青年の足は、首都ワシントンに向かった。希望と確信が彼の胸を躍らせていた。「三人の友人に呼びかけ、貧しいポケットからそれぞれ一〇ドルずつ出し合った。さあ、やろうぜ！」〝環境を守るために行動する会《エンバイロメンタル・アクション》〟がスタートした。彼らの訴えは、数カ月の間に全米九〇〇以上の大学、四〇〇〇の高校、七〇〇の会社、工場、地域段階から、拍手と支援をうけた。活動資金は、すべて若者たちの献金とカンパで賄われ、運動事務局のスタッフも、全員が無償で働いた。連邦上院議員ゲイロード・ネルソンの支援と協力は鬼に金棒だった。ウイスコンシン州出身のネルソンは、知事時代から、環境問題が政治的争点になりえることに気づいていた。ヘイズ青年とネルソン議員の出会いが、七〇年四月二十二日の〝アース・デー〟を生み、成功させた。

　「一九七〇年四月二十二日、夜が明けると、あらゆる年齢、あらゆる階層の、何百万人ものアメリカ人がアース・デー〟の式典に参加した」、ネルソンは七〇年のこの日の朝をこのように回顧する。連邦議会も休会になった。議員はそれぞれ地元にかえって、〝アース・デー〟の意義について地元住民に語った。二〇〇〇のカレッジや大学、一万の中・高校、数千のコミュニティー、計二〇〇〇万人を超えるアメリカ人が、この国の歴史で最もわくわくする、最も意義深い草の根の行動を起こした。首都ワシントンには五万人が繰り出され、内務省を目指し進行するもの、沿岸汚染への抗議の意志表示として歩道に油をまくもの、NY市の五番街では二時間の交通遮断、自動車を埋葬するものもあった。

環境行動協会のポスター

「私が〝アース・デー〟を計画したそもそもの目的は、環境運動にたいしての広範な、そして意義深い支援のあることを、この国の政治の指導者たちに実物で示したかったからだ。まだわれわれの努力は終ってはいないが、環境を守るのに必要な基本的立法の多くのものが、この〝アース・デー〟以来、法制化され、実施されてきた。例えば、大気浄化法、水質改善法、水質汚染制御法改正など、十指を超える」とネルソンはいう。

　そして七〇年十二月、環境保護庁（EPA）がスタートし、翌年五月には超音速機への政府出資が議会で否決された。ヘイズを先頭とする民衆のパワーこそ、環境保護法やその他の施策の原動力となった。

太陽の日

七〇年アース・デー〃から一〇年の歳月がたち、〃八〇年アース・デー〃も開催された。この間に、原子力発電の代わりにもっと太陽エネルギーを利用しようという呼びかけの〃太陽の日〃キャンペーンも全米規模で行われた。いずれも〃環境を守るための行動の会〃が主役。いずれもその先頭にデニス・ヘイズが立った。私もこの二つのイベントに現地参加した。

太陽の日〃キャンペーンは、一九七八年五月三日に全米規模で行われた。当時、市民の反原発運動は全米に広がり燃えていた。だが「ハンターイ」を叫ぶだけが能ではない、代案を出すべきだ。太陽熱の有効利用に力を注いでいたデニス・ヘイズは次のように語る。

「世界のエネルギー使用は、人口増加の三倍の速度で増えつづけ、このままでいくと、約五〇年後には八〇〇、〇〇〇、〇〇〇、〇〇〇、〇〇〇、〇〇〇、〇〇〇ジュールも要る。だからこれを石炭で賄うとすればどうなるのか、核融合でやればどうなるのかと、いま世界中の学者が頭をひねっている。

その一つに、原子力発電による代替案がある。もしすべてのエネルギーを、原発で賄うとすれば、二〇二五年までに一万五〇〇〇基の原子炉、いいかえれば、毎日一基ずつ、今後五〇年間建てつづけねばならない。金銭的にも天文学的な費用がかかる。それよりももっと問題なのは、恐ろしいプルトニウムが、毎年二〇〇〇万キログラムも排出され、ヒロシマ級原爆が四〇〇万個もこれでつくることができる。

世界の石油価格を演出する「石油危機」の口車にのるつもりは毛頭ないが、どの種のエネルギーをわれわれが選択するのか、発言する権利はある。もちろん、その前に徹底した生活の見直し、運動が必要だ。この行動と並行しながら、最も無害で、再生可能な太陽熱――風力や水力を含む――を優先させようというのが、五月三日の国際連帯日〝太陽の日〟なのである」

さて、人々はこの〝太陽の日〟にどんな行動をとったのだろう？　日本のような中央組織からの指令などというものはまったくない。個人個人の発想、創意工夫が主体である。小学生は太陽の絵や作文をかいたり、山へ登って日の出を見たり、高校生は風車や水力発電の歴史を調べたり、展示会を開いたり。また、一般の人々の中には、この日ばかりは合成繊維を素材にしたものを身につけず、もっぱら木綿の洋服を着て、〝サン・デー〟の意志表示をする人もあった。作詞作曲する人は〝太陽〟をテーマに新作に挑んで街頭で実演したり、お年寄りは果実を太陽で乾燥させ保存食を作る実演を公衆の前で披露するなど、対応は多様であった。

八〇年アース・デー

この年の四月は、まるで〝市民春闘〟のように私には思えた。バリー・コモナー(注1)教授を党首とする「市民政党」の誕生、巨大企業の反社会的行動を糾弾するラルフ・ネーダー主導の〝ビッグ・ビジネス・デー〟、続く〝八〇年アース・デー〟、私は目を白黒させながら、これら一連の四月キャンペーンに参加した。

四月二十二日の〝アース・デー〟は、その一週間前から序曲キャンペーンが、いろいろな場所で、いろいろな団体・個人の手で展開されていた。私はまず〝環境を守るために行動する会〟のワシントンD．C．の事務局を訪れた。デニス・ヘイズ氏の親友で茶目っけたっぷりの、そしてイベント演出家としての天才的な資質をもつハーニック氏が、アメリカの大きな地図を拡げ、しきりと虫ピンを地図のあちこちにさしていた。公害タレ流しの工場所在地を示すための作業なのだそうだ。彼の説明によると、十一月の大統領選挙とともに行われる上院議員三分の一、下院議員全員の改選で、各候補者にこれら公害タレ流しの会社から選挙資金をもらうかどうかを問いただすキャンペーンを〝八〇年アース・デー〟を契機に展開するのだという。議員へ送付する質問状には〝独立への誓い〟という小見出しが付けられ、次のように訴えている。

「私は公害企業からの独立を誓います。この誓いのシンボルとして、下記の公害タレ流し企業——アモコ・ダウ・ケミカル、インターナショナル・ペーパー、オキシデンタル・ペトロリアム、リパブリック・スチール——から、献金を受理することを拒否し、一点の曇りもない良心のもとで、常に私の選挙民を代表できるよう、ここに宣誓を行います」

また、市内のあちこちに会場が設けられ、ティーチ・インをしているところもあれば、コンサートをしているところもあった。〝アース・デー〟を二日後に控えた四月二十日の日曜日は、幸い晴天に恵まれた。アース・デー〟実行団体が一斉にポトマック河畔でコンサートやダンスを楽しんだ。一〇年前には姿を見せなかった魚が戻ってきた喜びのしるしであった。環境浄化の努力の賜であった。

また一方、国会議事堂をとりまく広々とした緑の芝生の一角では、一週間にわたって、さまざまな大規模な展示が行われていた。環境保護庁や住宅・都市開発省が協賛していた。省エネのための断熱材の使い方やコンポストの使用、太陽熱の見本など、すべて実物を展示し、職員が説明、各種の資料を湯水のようにくれた。環境保護のフィルムを上映しているテントもあった。中央官庁の協力ぶりは日本では想像のつかない光景だった。いわば宇井純さんのやっていた自主講座の活動に環境庁や科学技術庁、通産省が協力していているようなものだ。また野外ステージではコンサートとスピーチが行われていた。会場をひと通り詳しく見るには半日では足りない。ともかく、すべてが具体的で、目に見え、手にふれることのできる環境保護の展示であった。

このような一週間の予行デモンストレーションが終って、いよいよ本番の四月二十二日、〃八〇年アース・デー〃がやってきた。ジェファーソン・メモリアルが式典の会場にあてられた。アメリカの独立宣言(一七七六年七月四日)を起草したトマス・ジェファーソンの霊がここに生きている。目の前を流れるポトマック河のさざ波は銀色に輝き、冷たい風を運んできた。午前六時半。参加者の中には毛布にくるまっている者もいた。早朝のせいか、人はまばらで二〇〇人ほどだった。報道陣は早くから大はしゃぎ、日本人記者の姿は見えなかった。ポトマック河にそった道路からジェファーソンの巨像が安置されている殿堂へたどりつくにはいくつもの石段を登らねばならない。ちょうどその中腹に、ちょっとしたスペースがある。何かの催しがあるときはいつもここがステージになる。この日もそうだった。オレンジ色のガウンを風になびかせながら十数人の黒人混声聖歌隊がステージに並んだ。時間かっきり、式典は彼らのコーラスではじまった。その威風堂々たる音律、一つの声かと思われるほど美事に溶け合ったハーモニーは、自然への侵略者としての自分の共犯者を、しばらくのあいだ忘れさせてくれた。

やがて〃八〇年アース・デー〃の議長バイロン・ケナード氏が挨拶に立った。「一〇年前、〃エコロジー〃

という言葉の意味をわれわれに告げることのできたものはいなかった。いまでは学童でさえもその意味を知っている。わずか一〇年のあいだに、全世界にその意味を伝播させた環境主義者の力はおどろくべきものだった。われわれはまた、わずか一〇年のあいだに、クリーンで安全で健全な環境づくりという新しい倫理を制度化することに成功した。一九七〇年四月二十二日の〝アース・デー〟は、この制度化を国のアゼンダのトップに設定させ、それを定着させ、今日に及んだ。われわれはまた一〇〇万人の人々のために新しい雇用の機会を環境保護運動によって創り出した。環境を保護するということは最善の反インフレ・プログラムの一つだ。なぜならインフレの根源的原因は再生不可能な資源の枯渇にあるからだ。宿題はまだ山積しているが、これまでかちえた成果の源はいったいどこから来たのだろうか？　それはわれわれだけの力によってできたものはない。有名無名を問わず、さまざまな人々・さまざまな運動の数えきれない流れの力によって産み出されたものだ。

セオドア・ルーズベルトからレーチェル・カーソン、シエラ・クラブの創設者ジョン・ミュアーからマーガレット・ミードまで、偉大な政治家たち、科学者たち、ライター、芸術家が彼らの才能とエネルギーを環境保全の大義へと注ぎこんでくれたのだ。またわれわれは、いつもガミガミ文句を言う一匹狼——こういう人がいなければ社会運動は継続しない——や、木が伐り倒されるのを防ぐために体を木にくくってこれを阻止した婦人たち、一〇年前の〝アース・デー〟に自動車の埋葬式をした学生たち、開発と称されるプロジェクトのムダと欺瞞をバクロした勇気ある役人たち、環境的大義の正当性を実証するために上司や有力な同僚たちの激怒と嘲り《あざけ》を物ともしなかった勇気ある科学者たちの小さな群れ、母なる大地が法のもとでも平等に守られることを主張するために、無報酬またはそれに近い報酬で働いてくれた法律家たち、これら偉大な、しかも無名のすべてのリーダーたちに、われわれは繰り返し繰り返し〝ありがとう〟といいたい……」

これをうけて、環境保護につくした先達者たちの言葉が朗読された。下院議員のスチュワート・ユーダル氏はトマス・ジェファーソンの言葉を朗読し、上院議員のチャールス・パーシー氏は『スモール・イズ・ビューティフル』の著者シューマッハーの言葉を、その他の名士たちもヘンリ・ディビッド・ソローやレーチェル・カーソンの言葉を朗読した。先駆者への礼を忘れぬアメリカ市民運動の一側面に接し、私は身のひきしまる思いがした。

式典より少し遅れて、ホワイト・ハウス前のラファイエット公園では、三〇〇〇人の人々が自転車集会を開いた。アカデミー賞にノミネートされた自転車レースに青春を賭ける若者の映画『ブレイキング・アウェー』（邦題『ヤング・ゼネレーション』）の主役デニス・クリストファーも来ていた。彼は〝七〇年アース・デー〟の経験者でもあった。「環境浄化と省エネは、ペダルを踏んで灯火を消すことだ」と訴えた。運輸長官も自転車で参加した。「自転車通勤者はいま四〇万だが八五年には二五〇万人にしたい」と公約した。ここでも官民一体のうるわしい光景が展開された。

この日、カーター大統領は、次のような意味あいの声明を出した――「安全で健康な環境を築き維持するために、そしてまた生活の基礎となる天然資源を賢明に取り扱い、自由に流れる流れ、壮厳な森林、生命の鼓動をもつ都市景観を守るために、国民のいっそうの献身を〝アース・デー〟に期待したい」と。また連邦議会上下両院は大統領声明に先んじて、〝アース・デー〟の決議を年のはじめに採択した。いわばこの国では、〝アース・デー〟が国定記念日のような地位をもっているように私は思えた。

地方でも、全米一〇〇〇カ所で多彩な試みが催された。内容は核問題から食生活まで。ニューヨーク市では七番街が一〇町にわたって交通を遮断してこの日を記念した。フロリダ州のある大学では「秒読み地球の日」灯火管制という奇抜な試みが行われた。学内三九〇のステレオ、三三二の冷蔵庫、二一六のテレビ、一〇一のポップコーン機、六二四のヘアドライヤー、一九四のトースターやオーブン、湯わかし器が〝秒読み〟とともに一斉に機能を停止、一時間半に及んだ。七〇〇〇キロワットの電力とエネルギー代六五二ドルが節約できたという。学生・教授・職員・学校当局の完全な協力のたまものであった。

このように〝八〇年アース・デー〟は、四月二十二日をピークに、その一週間も前から、中央・地方、全米いたるところで、さまざまな形で、またさまざまな階層の人々によって記念された。議会も大統領もこの日を無視することはできなかった。だがそれは〝七〇年アース・デー〟を起点としてくりひろげられた、さまざまな人々の努力の結晶の上に築かれた記念日だったのである。そしてこの運動が〝九〇年アース・デー〟へと引きつがれてきたのである。

九〇年アース・デー

「この日のイベントは、どのように行なえばよいのか?」、こんな問い合せが私のところにもくる。だが最初に述べたように、〝九〇年アース・デー〟は〝二〇〇〇年アース・デー〟へ向かう、〝環境の一〇年〟の出発点なのである。多種多様な生物が共生し、人々が健康に暮らし、更新できる農業が栄えていくことができる、そんな〝環境の一〇年〟を自分たちの手で築きあげるのを目ざして出発するのが〝九〇年アース・デー〟なのである。なかでも、以下のような目的が達成できればどんなに幸いなことだろう、とカリフォルニア州スタンフォード大学内に設置されている〝九〇年アース・デー〟国際事務局から希望を伝えてきた。

九〇年アース・デーにむけて

▼フロン化合物の世界的規模での禁止を五年以内に完全に実施したい。

▼地球温暖化の速度をゆるめる。それには自動車の燃料効率の基準をいっそう高め、化石燃料によらない輸送システムを早急に採用しながら、二酸化炭素の排出を劇的に継続的に削減していくことだ。

▼温帯・熱帯いずれの地域の森林も大切に保存したい。

▼リサイクルもできないし、分解することもできないような包装は禁止し、もっと効果的にリサイクルできるような計画をどの地域でも実施したい。

▼再生可能なエネルギー源へ早く切りかえたい。

▼家庭用であれ工業用であれ、エネルギー効率をもっと劇的に増大させていきたい（訳注・例えばドアの隙間をふさぐとか、カリフォルニア州デービス市のように太陽光線を効果的にとり入れた建築設計をするとか、etc.）。

▼有害廃棄物を最小限におさえる包括的プログラムをたてたい。それにはまず有害廃棄物を出す発生源を少なくおさえねばならない。

▼危機に瀕している種の保存と棲息地をもっと大切にせねばならない。

▼大気圏、海洋、その他の地球的共有地を国際的脅威から守る権限をもつ有力な国際機関を創りたい。
▼個人も地域も国も、地球を大切に守ろうという新たな責任をもっともっことができるようにしたい。
では、これらの目的を達成するにはどうすればいいのだろうか？　こんな方法もあるのではないだろうか、と〝九〇年アース・デー〟事務局はこたえている。
▼一〇億本の植林をしよう——樹木は大気から炭酸ガスを取り除き、その他の汚染物質を吸い込み、浸食をコントロールし、薪を提供し、風を防ぎ、砂漠化を防いでくれる。〝アース・デー〟の参加者は少なくとも一本の木を植えよう。そして木の生命がなくなるまで世話しよう。
▼議員を教育しよう——国会議員、州議員、自治体議員に働きかけ、この日はすべての議員が地元にかえって、地元の人々に〝アース・デー〟の意義について話ができるよう議会を休会させよう。
▼集会やフェアを開こう——〝七〇年アース・デー〟の時のように、環境保護にちなんだ製品を販売したり、フォーラムを開いたりして、地方や国や世界の環境問題について話し合おう。
▼ティーチ・インを開こう——小学校から大学まで、いろいろな創意工夫をこらして、あらゆる年齢の生徒を〝九〇年アース・デー〟キャンペーンにまき込もう。
▼メディアを動員させよう——世界中のテレビ、ラジオ、新聞、雑誌、つまりあらゆるメディアを動員して、四月いっぱいは〝環境〟をテーマに、紙面、画面いっぱい花盛りにしてもらおう。
▼音楽——音楽は文化をつくり、政治を超える力をもっている。音楽家は感じやすい大衆をひきつけ、強力なメッセージを伝え、社会的争点となっている問題への熱い自覚を促す不思議な力をもっている。

例えば最近では〝We Are the World〟といったような歌や、ブルース・スプリングスティーンの〝War〟や、U―2の〝Sunday, Bloody Sunday〟、それにピーター・ガブリエルの〝Biko〟が、新しい世代に政治的な目覚めを呼びおこしている。だから、〝九〇年アース・デー〟にも音楽は重要な役割を果たしてくれる。

▼人名録――〝九〇年アース・デー〟国際事務局は〝アース・デー〟に関心をもつ人びとのリストをつくった。〝アース・デー〟には、この人びとが国内のあちこちで、また世界のあちこちで、環境を守ることの意義について、あるいは人間の生存の問題について、また重要な影響を環境に与えるために人々は家庭のなかで、会社のなかで、地域のなかで何ができるかについて、多方面から語ってくれるはずである。

▼宗教的イベント――人間は〝地球〟の管理を神仏からゆだねられている。だから〝地球〟を管理するということは、当然ながら、宗教にとっての重要な教えである。〝九〇年アース・デー〟には、あらゆる宗教グループからの参加が期待されている。〝アース・デー〟の週間中は、説教も礼拝も、すべてが環境問題に集中してほしい。

▼コンピューター・ネットワーク――新しいさまざまな技術が、革新的なコンピューターやビデオのさまざまな機械を提供してくれるようになった。〝九〇年アース・デー〟は〝エコ・ネット〟をつかって〝アース・デー〟のあらゆる活動を伝える放送委員会システムをつくった。オルガナイザーの人々は、直接互いに連絡し合って、イベントのための情報やアイデアを分ち合ってほしい。

▼みどりの服装――多くの人々にとって、服装というものは連帯をあらわすのに非常に便利な道具の一

つである。〝アース・デー〟には、みんながみどりの服を着てはどうだろう？　いま地球は病気にかかり、その運命はどうなるのか心配だ。その気持ちを表わすためには、〝アース・デー〟にはみんながみどりの服を着てはどうだろう？

このように〝アース・デー〟の行動について国際事務局は示唆している。しかし、各国それぞれが抱えている問題はちがうし、同じ国内でも大都市と農村、また大都市と近郊都市とではそれぞれ異なった環境問題を抱えている。環境を守る行動が、Aで成功したとしても必ずしもBでも成功するとは限らない。しかしそれらのちがいを超え、〝アース・デー〟の行動のあるところには、必ず中心になって組織と行動をまとめるオルガナイザーがいるはずだ。〝アース・デー〟が成功するかどうか、結局は、この地元のオルガナイザーの質と熱意如何にかかってくる。そしてこのオルガナイザーに自分の主張を伝え、彼または彼女を支え、ともに行動するのは、最末端の草の根市民あるいは生活者一人ひとりなのである。だから〝アース・デー〟とは、市民あるいは生活者一人ひとりが主体的に〝アース・デー〟をどのようにとらえ、行動するかに、結局、すべては帰結するのではないだろうか。

（『社会運動』一一八号一九九〇年一月十五日号）

注

1　バリー・コモナーは現在、セントルイスのワシントン大学の植物生理学の教授。「自然システムにおける生物学」研究センターの主任。

結びに代えて　市民が企業社会を変えていく

――〈インタビュー〉聞き手・船瀬俊介（注1）

船瀬　冷戦が終わり、社会主義は崩壊しました。それ以後は圧倒的な市場経済の世界です。「規制緩和」、「自由な市場」、「自由な企業行動」というスローガンが叫ばれています。市場経済の担い手は企業ですが、経済の急速な拡大の中で地球さえ滅ぼしかねないようなところまできています。そのグローバルに展開する企業行動を市民運動はどうコントロールすることができるのでしょう？

新世界経済秩序とＷＴＯ体制

野村　最近「企業帝国」という短い論文を友人の若島礼子さんと二人で訳したんですが、これまでモヤモヤしていたものがすっきりしました。労働組合の総評で働いていた頃の流行語は「敵は誰か？」でしたが、いま起こっているいろんな社会問題の、主犯格は〝企業帝国〟だということが、この論文でよく分かったからです。

筆者はワシントンDCに本拠を置く、Institute for Policy Studiesの二人のスタッフです。雑誌『マルチナショナル・モニター』（九六年十二月号）が掲載しています。冒頭部分だけ紹介しましょう。

「巨大企業二〇〇社は、世界のGDP（国内総生産）の四分の一を凌《しの》ぐ販売を行っている」

船瀬　それは、スゴイ。

野村　「これら企業のほとんどは、多くの国家よりも経済規模が大きい。フィリップ・モリス社の売上高はニュージーランドのGDPよりも大きく、一七〇カ国で営業している。これらの企業は調和ある〝地球村〟を創り出す代わりに、せいぜい見積もっても世界の三分の一の人々にしか経済的恩恵を与えないような生産・消費・金融が織りなす網をはりめぐらせている。世界の三分の二の人々（富める国々の下位二〇%と貧しい国々の下位八〇%）は、こうした世界中にくもの巣のようにはりめぐらされた活動から除外されたり、取り残されたり、あるいは痛めつけられたりしている」

船瀬　多くの弱者を踏みつけにしている〝企業帝国〟ですか……。

野村　世界規模で拡大する企業集中はケタ外れに大きいですよ。たとえば、「世界の上位一〇〇の経済単位のうち五一は企業で占められ、国家は四九である。第一二位のウォールマート（六二年創業、米アーカンソー州ベントンヴルに本部をおいた小売業）売上高でさえ、イスラエルやポーランド、ギリシャなど一六一カ国の国内総生産を上回っている」。さらに「三菱は人口で世界第四位のインドネシアよりも高い売り上げを挙げており、ゼネラル・モーターズ（GM）はデンマークよりも、フォードは南アフリカよりも、そしてトヨタはノルウェーよりも大きい」。

船瀬　すでに、企業は国家を超えているわけですね。

野村　また、この論文は末尾に〝一九九五年の経済活動・世界トップ一〇〇〟のチャートを加えています。それを見ると、日本はアメリカにつぐ第二位に位置しています。三菱が二三位、三井物産が二三位、伊藤忠が二五位、住友二七位、丸紅が二八位、トヨタ自動車が三六位、日商岩井が四〇位、日立が四六位、松下電器が五四位、日産自動車が六二位、東京三菱銀行が六七位、東芝が七〇位、東京電力が七六位、兼松が七八位、本田自動車が八五位、富士通が九三位、日本興業銀行が九四位、三菱自動車が九七位、三菱電機が九九位です。

船瀬　まさに言うところの「新世界経済秩序」ですね。

野村　「ローマは一日にしてならず」です。第二次世界大戦が終結する前の一九四四年の半ば頃、国際通貨基金や世界銀行、少し遅れてガット――つまり、ブレトンウッズ体制が滑り出しました。そしてついに、今日の新世界経済秩序を実現させました。ここまでくるのに半世紀かかっています。この間にＷＴＯ（世界貿易機関）が一九九五年一月一日に発足しましたが、これは単なる協議体に過ぎなかったガットを正式の国際機関に昇格させたものです。ＷＴＯは私の知る限りでは、食料や農業問題では非常に反消費者的な国際機関です。ここで決まったことは事実上の国際条約として私たちの頭上に君臨します。このＷＴＯが現在の新世界経済秩序を支えているのです。

船瀬　いわば企業帝国の〝政府機関〟ですね。

野村　ところが、この新世界経済秩序というパンドラの箱をあけてみたら、出てきたのがシャンペン・グラス（図）だったのです。「富める者は益々富み、貧しい者は益々貧しく」のオバケだったのです。このシャンペン・グラスは国連開発計画（UNDP）が一九九二年に発表した『ヒューマン・ディベロップメント・レポート』に出ていたものです。新世界経済秩序がいかに経済的に不平等なものであるかがよく分かります。

船瀬　貧富の差が益々拡大しただけでなく、地球を滅ぼしかねない環境汚染、〝人類の未来を奪う環境ホルモン〟もブレトンウッズ体制から新世界経済秩序にいたる政治的ドラマの落し子ですね。

野村　船瀬さんもご存じのマレーシアのアンワ・ファザールさんから、デビッド・C・コーテン（民衆中心型発展フォーラム会長）という人の素晴らしい論文が送られてきました。前述したブレトンウッズ体制が産ぶ声を挙げたブレトンウッズのホテル、その同じホテルで、九四年十月十三日に、環境支援基金協会（The Environmental Grantmakers Association）の秋期研修会が開かれました。その全体会の開会式でコーテン氏がスピーチしたのです。「持続可能な未来を求める私たちの希望と世界経済の力学はどのような関係にあるのだろうか」がテーマでした。スピーチの中で、コーテン氏は次のように述べています。

「……第二次世界大戦の終結に先だって、このホテルに密かに集まった経済界の指導者たちは、戦後の経済的繁栄によって平和に統一された世界を実現したいと考えていた。その理想を実現するために、彼らは特に国際機関を作りたいと考えていた。

まさにこの部屋で開かれた開会式で、当時のアメリカ財務長官で、会議の議長でもあったヘンリー・モーゲンソーは、ルーズベルト大統領から託された歓迎メッセージを読み上げ、ついで開会のスピーチを行なった。

このスピーチが、この集まりの雰囲気と精神を決定したのです。モーゲンソーは、『あらゆる国の人々が、

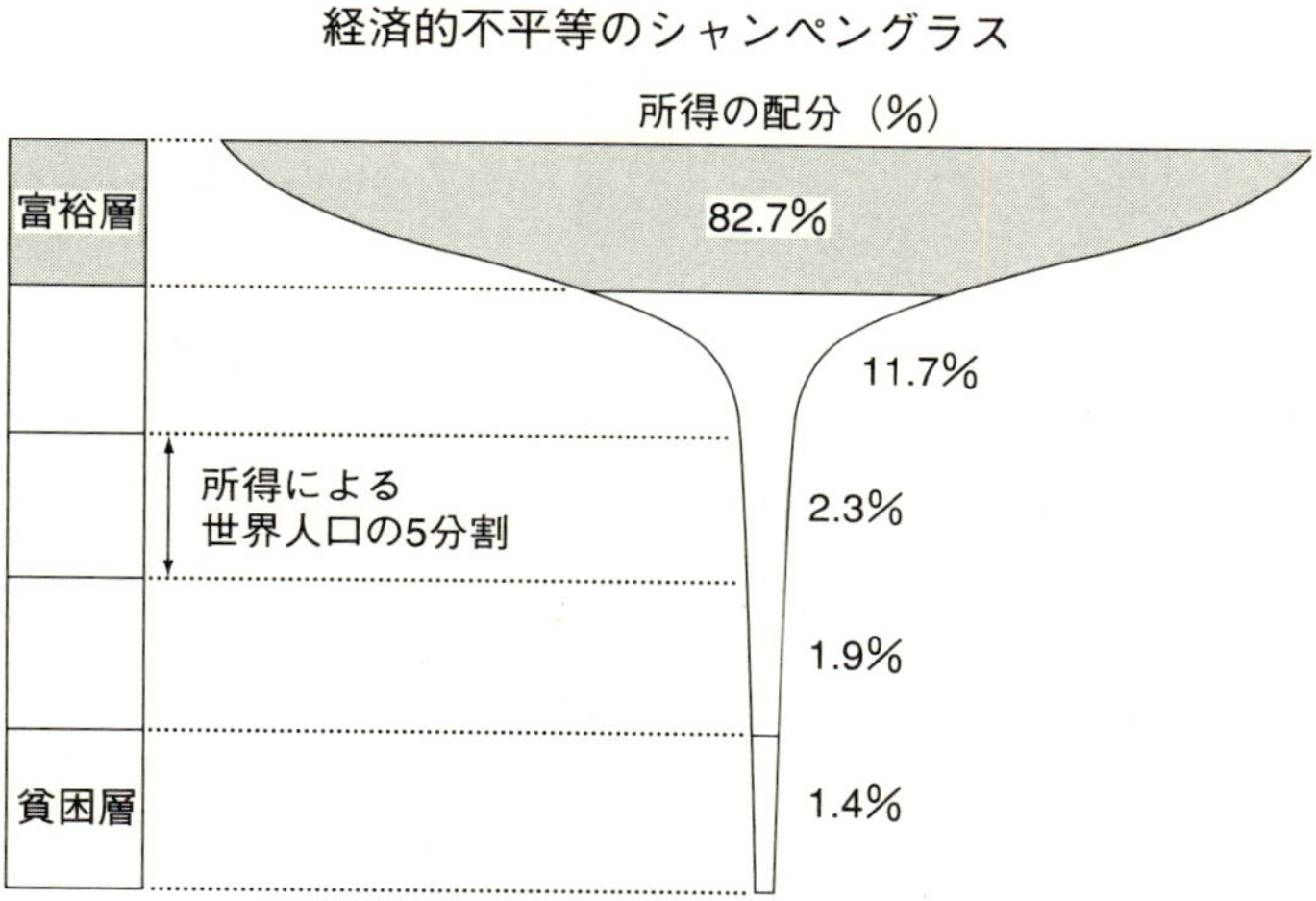

参考：『ゆがむ世界ゆらぐ地球』（アースデイ日本編、学陽書房）より重引。

自分たちの持つ潜在能力を平和的な姿の中で生かし、つきせぬ自然の富に恵まれたこの地球で、これまで以上に物的進歩の果実を享受できるようになるような、活発な世界経済の創出』という理想を語った。そして参加者たちに、『繁栄には、固定的な限界というものはない。繁栄は、分割によって減少していくようなものではない……という初歩的で基本的な経済の原理』を受け入れるように求めた」

船瀬　驚くほど楽天的ですね……！

野村　こうしてモーゲンソーは、ブレトンウッズ体制設立の指針となった経済学パラダイムの前提のひとつを打ち立てたわけです。コーテン氏は、こういう考えにたいし次のように批判しています。

「重大な欠陥が二つあった。ひとつは、経済成長と貿易の拡大は何びとにとっても利益になる、というもの。もうひとつは、経済成長は、この惑星が持つ限界によって束縛されることはない、という前提である」と。

船瀬　実に、的を射た指摘ですね。二一世紀に向かっての世界の市民運動の戦略目標がハッキリしましたね。で、差し当たって、日本の市民運動はどこから手を着けますか?

市民とは何か

野村　今年（一九九八年）の二月二十六日、東京国際フォーラムで、都が主催の「地球環境時代の豊かさのあり方――消費者の役割りを考える」という国際シンポジウムを聞きに行きました。なかなか良かったですよ。立教大学の淡路剛久先生が、基調講演で日本の消費者運動の歴史を大まかに述べ、最後に、「これからは体制を変えていくことだ」と結ばれました。わたしはハッとしました。かねてから考えていたことだったからです。

船瀬　なるほど……。パラダイムを変えていく、と。

野村　続いて、パネリストのジュリア・ヘイルズさん（英国の環境コンサルタント）が、「グリーン・コンシューマーリズムの到達点と今後の展望」と題してスピーチ。ご承知のように、彼女はベストセラー『グリーン・コンシューマーズ・ガイド』の著者です。環境によい品物を買い、悪い品物を買わないというグリーン・コンシューマーリズムで社会を変えていく話かな、と思っていましたら、そうではなく、「これからの運動は、もうコンシューマー（消費者）ではダメだ。シティズン（市民）の時代だ」と言うんです。そして、「ひとりひとりが力をつけて行動しよう、優先順を決めよう、知る権利を闘い取ろう、より大きい全体像を摑もう、生物世界を尊重しよう、幸福は金では買えない」と言って、スピーチを閉じました。びっくりしました。的を射てますねえ。〝市民の時代だ〟と。

船瀬　そこで、言われている市民とは何でしょうか？　日本では中曽根さんと菅さんたちが「市民とは何か」ということで議論しましたが、「市民というのは庶民が少し程度がよくなったようなものだ」とか、そんな的外れの議論が行われているんです。

野村　私は農民も労働者もみんな含めて、人民（ピープル）が政治の主人公だ。だから、権力がひとかたまりの資本家と政治家に握られているのを人民が取り戻すというのが現代の運動の課題だと思うのです。市民というのは、ピープルのことだと思います。

政治を人民の手に取り戻す。その取り戻し方としては、ひとりひとりの市民自身が、自分は有権者だ、納税者だ、労働者だ、消費者だ、直接的であれ間接的であれ機関投資家だ、という五つのカテゴリーを自覚し、身につけることからスタートします。

船瀬　つまり市民とは、自らが、①有権者（ヴォーター）、②納税者（タックス・ペイヤー）、③労働者（レイバー）、④消費者（コンシューマー）、⑤直接的または間接的機関投資家（インベスター）である、と自覚している人のこと。

野村　その通り。「民主的二一世紀を切り開く鍵」という論文の中で、ラルフ・ネーダーがそのことを強調しています。有権者といっても、公職選挙の時だけ一票を投ずる有権者ではなく、〝デイリー・デモクラシー〟を実践する人こそ真の有権者だと。

船瀬　ネーダーの思想的源泉はアメリカの独立宣言を起草したトマス・ジェファーソンの思想だそうですね。「政府の正当な権利は、被治者の同意に由来する」、有名なセリフです。

野村　そのアメリカの建国の精神が今でも現実に行われているかどうか、そのことを毎日の生活の中で検証し、実現に向かって突き進んでいく、それが〝デイリー・デモクラシー〟です。それも「誰かがする」のではなく、「自分がする」。だから、胸を張って「自分は国の主人公としての有権者だ」といえるんです。

船瀬　〝デイリー・デモクラシー〟の具体的事例がありますか？

野村　一九七九年に制定されたウィスコンシン州のCitizen Utility Board（ＣＵＢ）法が光ってます。市民が立案して勝ちとった法律です。ＣＵＢ法は、市民が少しずつお金を出し合って、「公益事業を監視する会（ＣＵＢ）」をつくり、専門家を雇用して行政機関の公益事業委員会へ送り込んで、市民の利益を代弁して実現化させていくしくみです。今、五州ほどにこの法が制定されています。（第四章一参照のこと）

船瀬　野村さんと一緒に訪問したイリノイ州ＣＵＢは、イリノイ州の市民が三基の原発建設費一三億四〇〇〇万ドルを電気料金に組み込んで先払いしていたのを払い戻させることに成功しましたね。相手は州最大の電力会社コモンウェルズ・エディソン社でしたね。

野村　一九九三年の出来事でした。電力の需給関係からみて、もはや原発に依存しなくてもよい条件がととのったので先払いした金をかえさせたのです。この事件は、当時、日本の電力関係のニュースにも、「アメリカの歴史はじまって以来の多額の払い戻しだ」と書いていました。

機関投資家としての市民

船瀬　「市民は直接的にせよ、間接的にせよ、機関投資家である」このことの意味は大きいですね。特に現在の日本にとって。一九九〇年の春、野村さんと一緒に訪問したニューヨーク市のthe Office of the Comptrollerが機関投資家ですね。

野村　そうだと思います。辞書によるとComptrollerは「会計・銀行などの検査官、監察官」とありますから。つまりこの、Officeはニューヨーク市の市民や労働者が納入した五つの年金基金、総額にして三五〇億ドル（一ドル＝一四〇円として四兆九〇〇〇億円）を監督し、投資権限までまかされていた。だから、エクソン社の株六〇〇万株を保有していたのです。

ところが、私たちが訪問したその前年の八九年三月に、エクソン社のタンカー〝ヴァルディーズ号〟がアラスカの南海岸で原油流出の大事故を起こした。そこで、ニューヨーク市のこのOffice of the Comptrollerや、同じような権限を持つカリフォルニア州の行政機関やマサチューセッツ州の行政機関、そして投資顧問会社や、「企業責任に関する超宗派センター（ICCR）」が中心になって、「環境に責任をもつ経済のための連合（CERES）」を発足させました。CERESの議長は二人。一人は〝アース・デイ〟国際協議会議長のデニス・ヘイズ氏。七〇年四月二十二日の〝アース・デイ〟を創った人です。もう一人は投資顧問会社社長のジャン・バーバリアン女史でした。彼女は九〇年十一月、東京で開かれた「企業の環境主義をめぐって」の討論集会にパネリストとして来日されました。私もその一人だったので意気投合しました。気さくな方でした。

CERESは企業に環境を守らせるための一〇項目からなる〝ヴァルディーズ原則〟を作って、エクソン社へはもちろん、その他の大会社へも送付し、討議させ、回答を求め、原則の実践をフォローアップする運動を展開しました。その波が日本へも押し寄せ、日本でもヴァルディーズ研究会が誕生、日本版〝アース・デイ〟がオープンしました。
ところで、CERESの主力メンバーの一つだった「企業責任に関する超宗派センター（ICCR）」は一九七〇年にスタートした組織で、カトリック系教会二〇〇、プロテスタント系教会二一〇、その他の教会を合わせた超宗派センターです。その保有する株の総額は、私たちが訪問した頃で五〇〇〇〇億ドル（七五兆円）を超えていたそうです。当時の米国の対日赤字は四九〇億ドルでしたから、五〇〇〇〇億ドルという数字がどんなに大きいものだったか想像がつきます。ICCRは発足以来、主として南アフリカ共和国のアパルトヘイト（人種隔離政策）に反対してきましたから、南アと取引していたアメリカ企業に、機関投資家として圧力をかけ、取引を断ち切らせる技術を展開しました。他の機関投資家もこの動きに同調しました。たとえば、州や地方自治体を含む一〇三の機関投資家は、南アと取引する企業の排除――つまり、そういう企業へは各種年金基金を投資しないように努めた。そういった行動が効を奏し、八四年以降、南アに直接投資していたアメリカ企業の三分の二が投資を引き上げたそうです。九二年三月に、アパルトヘイト体制の解体を南アの白人有権者に問う国民投票が行われました。七〇％近い賛成票を得ました。この勝因の一つには、アメリカにおける社会的倫理投資の南アへの経済的圧力があったからではないでしょうか。
船瀬　ICCRや、州・自治体のthe Office of the Comptrollerのような機関投資家たちが、自分たちに預託した市民や労働者の年金基金を、どういう類の会社に投資するか、しないかで、社会全体が大きく変わる可能性もあるんですね。ところで、エクソン社は原油流出事故の後始末をどうしましたか。
野村　まず、消費者がエクソン社のガソリンをボイコット。エクソンの石油クレジットカード一万枚以上をエクソン社へ突き返したそうです。ラルフ・ネーダーの実働部隊であるパブリック・シチズンや学生のＰＩＲＧ（Public Interest Research Group）などは、ずっと以前から物資共同購入組織「BUYERS UP」を作って、「企業との交渉能力を身につけるんだ」と言っていましたから、すぐ対応できたのでしょう。法的には、「九〇年油濁法が制定され、汚染除去費用が二〇億ドル（二八〇〇億円）強と言われている。そのほか、エクソン社には一一億ドル強の罰金が課せられ、漁業者・住民等からの懲罰的民事賠償として五〇億ドル（七〇〇〇億円弱）の判決が下級審で下されたが、上級審で争われている最中である。（以下省略）」と、東京海上火災に勤務されていた後藤敏彦氏（現在は環境監査研究会代表）が「アメリカ社会が、ヴァルディーズ号の事故から学んだこと」と題し、『アースデーニュース』（九七年二月号）に書いています。

船瀬　ニューヨーク市の the Office of the Comptroller を訪問していろいろ話を聞いたおかげで、機関投資家というものを身近に感じました。日本でも、東京都は東電の第三位の株主だと聞いていますが、東電へ投資する基金は都民の各種年金基金が原資でしょう？

野村　東電だけでなく、動燃にも、昨今問題を起こしている様々な証券会社、金融機関にも間接的に投資しているかもしれませんね。肝心なことは、年金基金を拠出しているのは私たち市民だという自覚が日本では皆無だということです。したがって、日本には市民を主体とした株主運動がないということでしょうね。

アメリカの市民株主アクティビズム

船瀬　しかし、アメリカでもここまでくるのに長い歴史があったんでしょう。

野村　その通り。ニューヨーク市で新聞記者をしていたルイス・ギルバードという人が同市のガス会社の株一〇株を持っていました。初めて株主総会に参加してみたら、〝ジャンシャン総会〟だった。彼は、その帰途、「他人の金で相撲をとる沈黙独裁者と闘ってやろう！　株主の大義のために生涯を捧げよう！」と決意。まず弟のジョン、そして数人の株主を誘っていくつもの会社の年次総会に（年によっては年一〇〇回も）出席し、会社を改革するために会長に質問したり、フロアから提案したり、ねばり強い活動を展開しました。一九三〇年代初期のことです。

一九四二年になって、連邦証券取引委員会がついに新しい規制を出しました。それは、株主が提案する決議案が全ての株主にとっても妥当だと考えられる内容のものであれば、その株主提案の決議案は株主総会通知書に織りこむことを義務づけるという新しい規制でした。

一九六四年、NY州ロチェスター市でFIGHT（Freedom, Integration, God, Honor-Today）という株主運動が起こりました。六〇〇人の黒人失業者が苦しんでいました。彼らのために「職業訓練の機会をつくれ！」と、同市に住む黒人牧師が組織づくりの達人ソウル・アリンスキー（一九〇九～一九七二）を呼び寄せ、FIGHTを結成したのです。同市最大の雇用者コダック社にかけ合い、同社の株主総会でその要求を認めさせました。

ベトナム戦争下の「株主の権利」活動は、学生を主体にしたダウケミカル社のナパーム弾製造反対、ハウエル社の兵員殺傷兵器製造反対の運動が中心テーマでした。

そして、七〇年代の初めには、「ゼネラル・モーターズ社に責任をとらせるキャンペーン」略して「キャンペーンGM」という株主運動が始まりました。以上が、アメリカの市民株主運動の概略です。

キャンペーンGM

船瀬　キャンペーンGMとはどういうものですか。

野村　キャンペーンGMは、株主投票という方法を使って、実に広範な領域の社会問題をGM株主総会に突きつけた全米最初の運動でした。フィリップ・W・ムーア、ジョセフ・N・オネック、ジェフリー・コーワン、ジョン・エスポジットという四人の弁護士が七〇年二月に始めたのです。

船瀬　なぜGM？　なぜ社会問題を？

野村　GMはアメリカの巨大企業のシンボルだからです。それに、「巨大企業の力というものは政府の力より勝るとも劣らない。彼らの下す政策決定は、一般の人々がまったく関知しないところで、しかも国の政策決定に大きな影響を与える大衆の圧力からも絶縁されたところで、自選による内輪の少人数の人々によって決められます。彼らの下す決定は、社会の隅々、人々の生活のあらゆる面に影響します。にもかかわらず、巨大企業は自分たちがつくった政策決定の結果に対し責任をとらない。だから責任をとらせるようにし向けねばならない」と、キャンペーンGMは考えたのです。

そこで四人は、とりあえずGMの株を一二株買ってGMの株主になり、株主総会に次のような三案を骨子とする決議案を提案しようと考えたのです。ラルフ・ネーダーの示唆によるものでした。彼らは当初、ラルフ・ネーダーをGMの理事会メンバーに入れることを考えたのですが、ネーダーから断られました。また、彼らは、ジョージワシントン大学法学部のドネイド・シュワルツ教授をキャンペーンGMの顧問弁護士として迎えました。

決議案の骨子は、①GMの経営陣は定款を修正し、一般の人々の健康・安全・福祉を業務の柱とせよ。②企業責任に関する委員会を設置せよ。③GM理事会メンバーの枠を広げ、「一般の人々の利益を守る」代表をも理事会のメンバーに入れよ、でした。

船瀬　株主総会はいつですか。

野村　七〇年五月二十三日ですが、前哨戦があったのです。キャンペーンGMは、「GMは容積トン数でアメリカの大気の三分の一を汚染している。GMの大気汚染調査費は、キャンペーンGMの調べでは、年間一五〇〇万ドル、宣伝広告費には二億五〇〇〇万ドルを使っている」と厳しく指摘。一方、GM側は前哨戦に五〇万ドルを投入し、パンフレット〝GMの進歩の記録〟を発行し、「わが社は自動車の安全性、低コストの公共輸送機関、公害防止、マイノリティの雇用など、各分野で奮闘している」などとPRしました。

この間、キャンペーンGMは株を買いたくても買えない人々をも〝友軍〟として迎えながら、他方、GM株の大量保持者である大学という機関投資家にも着目、オルグ活動を展開しました。ハーバード大学は大学名義のGM株二八万七〇〇〇株を保有、マサチューセッツ工科大学は二九万一〇〇〇株、ミシガン大学は二万八六九六株を保有。大学当局は大学生から集めた授業料をGM株購入にあてることを、果たして社会的倫理的投資だと考えているのかどうか、キャンペーンGMは大学をめぐりながら大学当局に訴えました。同時に、市民や働く人々の年金基金を所管監督・投資権限をもつ自治体の機関投資家めぐりもして、この点を聞きただしました。

株主総会の開催に先立ち、キャンペーンGMは連邦証券取引委員会（SEC）との闘いで大きな勝利を闘いとっていました。SECの従来の規制を変更させ、社会問題の決議案を株主総会に提案することのできる権利をキャンペーンGMは闘いとることができたのです。その勝利を可能にさせたのは、キャンペーンGMの顧問弁護士シュワルツ教授でした。

船瀬　そして、いよいよ株主総会の幕開けですね。

野村　Investor Responsibility Research Center Inc.のスタッフであるローレン・テイラー氏が書いた『株主運動の起源』は、GM株主総会の様子を活き活きと書いています。かいつまんで紹介しましょう。

「株主総会は五月二二日に開かれ、六時間半に及び、一〇〇名あまりの報道関係者を含む三〇〇〇人が参加、会社の社会的責任に関する白熱した討論が繰り広げられた。企業の社会的責任を追及する超教派センター（ICCR）の理事長ティモシー・スミス氏もGMが南アフリカでどんな活動をしているかについて、いくつかの問題を提起し、キャンペーンGMの提起した諸問題が総会のテーマとなった。

GMの会長が小槌を叩いて開会を宣言すると、すぐに、キャンペーンGMが提起した二つの争点である公害とマイノリティ雇用の分野におけるGMの活動を描写した二五分間フィルムが株主に上映された。長時間に及ぶ総会を通して、キャンペーンGMの支持者はGMの会長ロッシュに会社の社会的活動に関して質問した。ある時点で、キャンペーンGMのコーディネーターであるG・コーワンは、会長ロッシュ氏に、大気汚染は役員会でいつも討議されているのかどうかを尋ねた。その後、黒人の法学部学生バーバラ・ウィリアムズ氏が、なぜ会社の重役には黒人や女性が起用されないのかと、会長に執拗に質問した。ベティファーネス女史、ノーベル賞受賞者のジョージ・ウォルド氏、スティワート・モット・ジュニア氏など、すべてがキャンペーンGMを支持して発言した。スティワート・モット・ジュニア氏の九四歳になる父親は、GM重役の最長老として役員席に座っていた。新たに選出された全米自動車労組会長レオナルド・ウッドコック氏はキャンペーンGMの提案の一つを支持した。彼が初めて出席したGMの株主総会はこんなに活き活きとした行事であることに驚いて、『あなたのところの総会がこれほど楽しいものとは知らなかった』と会長にコメントした。

キャンペーンGMの提案の票決に移ると、予想通り、経営者側はキャンペーンGMの案をわけなく無効にした。(中略)GM会長は投票結果を『大変喜ばしい信頼の表現だ』と称したが、キャンペーンGMのフィリップ・ムーアは、『勝利のモノサシは投票数ではない。株主と一般市民との間にどれだけ様々な対話が交わされたかにかかっている。だから、我々は、今後も新しい道の開発に努力し、企業が一般市民から責任をとらされるようにしていきたい。そのことが可能であることを、この総会は我々に示した。』と言った。

総会が終わり数ヶ月がたった。この間にGMはいくつかの処置をとった。それはフィリップ・モリスの勝利の定義〃にもとづいてキャンペーンGMが勝利したことを確認するものであった。八月に開かれたGMの役員会で、公共政策委員会の創設が決まった。その数ヶ月後、GMは最初の黒人重役としてレオン・サリバン牧師を任命した。GMは大気汚染の専門家であるカリフォルニア大学のアーネスト・スタークマン教授を環境問題担当の副社長に任命した。さらにGMは、GM製品の環境への影響を研究するために、ノーベル賞受賞科学者や前大統領科学顧問を含む科学者の特別委員会を発足させた。」

『株主運動の起源』はこのように記しています。そしてキャンペーンGMの活動はその後も第二ラウンドとして展開されていきます。

キャンペーンGMの株主運動に刺激され、日本でも六九年九月、ベ平連が兵器メーカーの三菱重工業の株を買って反戦アピールをしたり、「七一年五月二六日、チッソ株主総会で〝水俣病を告発する会〟の一般株主五五四人がガードマンによって暴行を加えられた」りしました。

これと前後して「合成洗剤に反対する株主運動」があって私も一株主になったことがありました。九州では、当時一世を風靡《ふうび》した『暗闇の思想』の著者、松下竜一さんが、やはり電力会社の株を買って九州で原発反対をしていらしたように思います。が、日本には市民による株主運動の前歴がなかったので、立ち消えみたいになったんじゃあないですか。

船瀬 その点、私の日本消費者連盟時代の僚友、高橋安明君が、九〇年六月二十八日の四国電力の株主総会に参加し、社員株主から着席位置で、不当差別された事件で裁判を起こし、最高裁で実質勝利の判決を勝ち取っています。早朝、降りしきる雨の中から並んで開門と同時に真っ先に入場したのに、会場前列は数多くの社員株主が占拠。「『株主平等』という商法の大原則に反する」と弁護士も立てず、自ら訴状を書いて六人の仲間とともに提訴したのです。「一人あたり慰謝料一〇万円を請求」という訴えです。しかし一審、二審とも敗訴。原告仲間も脱落する中で、彼ともう一人は上告。そして、九六年十一月十四日、最高裁は「社員株主を一般株主より優先的に着席させたことは、適切でなかった」と画期的な判決を下しました。慰謝料請求は退けられたものの、実質勝訴です。友人として、これほどの誇りはない。とりわけ若い人たちに、彼の後に続いてほしい。

野村 高橋さんは、ほんとうによくやりました。

船瀬　彼が自ら書いた上告書二八枚。彼は「慰謝料が目的ではない。判決は全面的にぼくらの主張どおり」と淡々と語っています。この社員株主による一般株主〝排除〟は、ほとんどの株主総会で行われています。その意味で企業への衝撃も大きかった。

結局、最初に戻って、真の市民とは自分が①有権者であり、②納税者であり、③労働者であり、④市場における消費者であり、⑤直接的にせよ間接的にせよ機関投資家であるという五つの側面を自覚している個人である……ということに尽きますね。とくに⑤投資家とりわけ機関投資家の一員であるという意識は、日本ではこれまで皆無だったはずです。知識人といわれる方々でも、盲点だったはずです。

野村さんのお話は、その日本人の盲点を鋭くつかれています。世界の巨大なパワーとなった企業の不当な横暴を押さえるのは、こうした自覚的な市民の活動を除いてはないということですね。

（『世界』一九九八年九月号）

注

1　船瀬俊介氏（一九五〇〜　）は、早稲田大学卒業後、日本消費者連盟に参加。著書に『あぶない化粧品』、『ほんものの酒を！』などがある。

付論　私の野村かつ子論

石見　尚

1　出発点

野村かつ子さんにとって「生きる」ということは、一般的にいう人間的尊厳を保障された生き方をするということではない。もちろんその一般的意味を含むが、その上に人間の証のような独特の意味が重なるのである。その心象を解き明かそうというのが、この小論の目的である。

彼女にとって「生きる」とは、神のパートナーとして、人間社会と共存して生きるというバルト神学的生き方をする意味合いをもっている。と言って、それは例えば、女子パウロ会のような宗教共同体の人として生きるのではなく、ベレー帽とみどりのセーターがよく似合う市井の人として生きるということである。

以上は私の勝手な解釈であって、野村さん自身はバルト神学について語ることはほとんどない。実際、彼女から信仰告白を聴いた記憶がない。しかし彼女は同志社大学在学当時の多感な時代に、中島重教授

（一八八八〜一九四六）の「神と共同社会」論をむさぼるように読んだ。卒論にはカール・バルト（一八八六〜一九八六）(注1)の学説を選び、「ドイツ語4週間」を買って来てにわか勉強をし、「命令と秩序」の原書に立ち向かったというから、中島―バルトのキリスト教の思想は、その後の彼女の血となり肉となったにちがいない。

野村かつ子（以下敬称略）は自分の歩いてきた道について、比較的に多く語りまた書いている。「神と共同社会のために――終戦までの私の歩み」（『回想の江東消費組合』、江東会、一九七九年）、「回想　生協・消費者運動五〇年」（雑誌『エコノミスト』一九九四年九月連載、白井厚氏との対談）、協同組合経営研究所「私が歩いてきた道」（『研究日報』一九九五年十月号）、『消費者運動・八八年の歩み』（おもだかブックス、一九九九年）などがある。このなかで、「神と共同社会のために」が彼女の出発点である。

2　七転び八起きと人間的成長

野村かつ子の自伝を読んで気づくことは、不確実性の時代に生きた波乱万丈の人生であることである。絵に画いたような七転び八起きの人生である。

その起伏の多い人生は、一九三七年、伴侶の野村治一（同志社大学助教授）との死別から始まる。戦時下、食料も少ない時代、二七歳の彼女は四歳と三歳の幼児を抱えて悲嘆にくれた。彼女は実家に帰り、嶋田啓一郎のすすめで同志社大学文学部神学科に入学した。バルト神学に触れたのはこのときである。この頃、日本の各地で消費組合の設立の機運があり、その先頭に賀川豊彦が立っていた。賀川の運動に共鳴する嶋田啓一郎は、消費組合運動に人材を投入することを理想としており、東京の江東消費組合で働くことを彼女にすすめた。彼女は男の子を嶋田夫妻に預け、女の子は姉に引き取ってもらって、江東消費組合運動に飛び込んだ。

江東消費組合は関東大震災時に賀川が始めたセツルメントから出発した地域の消費組合で、賀川や木立義道の努力で地域住民による本格的な消費組合に成長し、賀川系消費組合運動の関東における拠点となっていた。彼女は「神と共同社会」の社会的実践として、戦地に赴く思いで、京都をあとにしたのであった。その時は一九四四年、太平洋戦争の末期であった。着任した時には、男子は兵役に徴収され、職員はほとんどいない状態であった。男手のない職場で、彼女は簿記を独習し、便所掃除も学んだ。毎日の売り上げ金を銀行へ運んだ。台帳の帳尻が合うまで、ソロバンを何度も弾きなおす仕事のなかで、彼女はひとつの真理を発見したという。それは「金銭上の間違いというものは、一億円ちがっても一銭ちがっても、間違いは間違いなのだ。正しい答え――真理というものは、たった一つしかないのだ。人はそれをとことん追求していかなければならないのだ」と(『回想の江東消費組合』二〇五頁)。もう一つの人生の教訓を学んだことは、専務の木立義道[注2]が黙々と便所掃除をしている姿に、キリストが人の足を洗った黙示的光景を体験したことである。江東での運動は、一九四五年三月、米軍による大空襲で組合の建物が消失したことで中止せざるを得なくなった。

終戦後まもなく、一九四五年一〇月、協同組合再建を目指す日本協同組合同盟に書記として参加し、生協づくりに奔走した。しかし生活必需品の人民管理の思想をもつ彼女は事務局長と対立し、単位生協に配置転換の通告を受け、左遷と感じて、四九年に協同組合同盟を去った。この間、生協法の法制化のためのGHQとの折衝で、アメリカの進歩的人士を知る機会を得た。これは当時の日本人としては、視野を広げる数少ない幸運に恵まれたことになる。

一九四九年、日本婦人有権者同盟（一九四五年十一月結成）に参加し、常任中央委員、政治教育委員長の仕事を一〇年間つとめ、女性の参政権を実質的なものとする運動を続けた。ここで市川房枝や藤田たき、加藤しずえ等の婦人運動家と知り合い、政治のあり方に視野を広げた。一九五〇年、アメリカ国務省の招待で、「同盟」を代表して「日本婦人指導者代表団」の一員として渡米した。

一九五九年、総評主婦の会全国オルグとして入り、翌年、三池闘争が始まるのである。彼女はここで三池の主婦の会の活動を通じて、インテリの垢を洗い落して、裸の自分を発見することになる。この人間革命はその後の野村かつ子を決定することになった。しかし一九六九年、突如、辞職勧告をうけ、総評の労働貴族的雰囲気が嫌になっていた時期でもあったので、総評を去り、東大社研の藤田若雄研究室で戦後労働運動史の編纂のための資料整理を手伝った。

一九七〇年に再度渡米し、全米消費者大会に出席した。その際、ラルフ・ネーダーの事務所を訪れ、ネーダーから訪日の約束を日本人としてはじめて取り付けた。この交流を通じて、環境破壊に立ち向かう地球的規模の消費者運動の存在を知り、国際情勢に疎い日本と日本人のために情報を知らせる必要を痛感した。そこで、一九七五年に「海外市民活動情報センター」を設立した。そして、同志社時代から身につけていた英語力を役立てて、国やマスメディアではできない海外市民活動の実際を情報として広く知らせる活動を、現在まで精力的に展開し続けることになった。この情報のなかには、狂牛病の原因が工業的畜産にあること、また利潤のために非良心的なレンダリング（家畜の死体やクズ肉を溶かして、動物の飼料に使う蛋白質や化粧品、栄養補給剤、医薬品などにすること）を行なう処理工場にあることをあきらかにしているものがある（海外市民活動・別冊、一九九六年九月参照）。

一九九三年、彼女はこれまでの社会活動にたいして、韓国のイルガ賞を受賞した。(注3)彼女は受賞の意味を再考して、受賞はキリスト教でいう「グレイス」（宇宙の絶対者の前に自らの罪を詫び、それに対して赦しがたいものが赦される天の恵み、恩寵）にあたると述べている（一家賞、「海外市民活動」別冊一〇号、一九九三年）。日本が朝鮮にたいして行なった植民地支配に対して謝罪し、またそれゆえに罪を赦すというキリスト教の信仰がそこにある。（第二次大戦後、バルトはナチと同調者にたいして赦しを呼びかけた）。

以上の略歴からわかるように、野村かつ子の生涯はただの七転び八起きではなく、失意転生のたびごとに、新しい人生を切り拓き、人間的に成長してきた人生の記録である。彼女の心（しん）の強い生き方、またある種の幸運に支えられた強運には、彼女が認めるか否かは別として、バルト神学の思想があるのではないかと、私は密かに思っている。

これに付け加えるべき事柄は、彼女の七転び八起きの歩みを陰で支えた人たちがいることである。賀川系キリスト教の仲間、姉の鑓《やり》田貞子、子供たち、また経済的に支援した生活クラブ生協（東京、長野）、仕事の資金援助をしてきた大竹財団、また多くの友人など、有形・無形の暖かい手に守られているのである。そのほかに、なんと言っても、日本におけるキリスト教社会主義運動の歴史的背景があることを付記しなければならない（石見　尚『日本におけるキリスト教社会主義の軌跡』、協同社会研究会ブックレット第四号．二〇〇二年八月参照）

3　労働の現場感覚を共有できる知識人

野村かつ子の市民運動における活動家としての生き方を創り出したものは何であろうか。京都西陣で織物の道具を売る生家で、子供の頃から家の仕事を手伝いながら、そこに来る貧しい人たちを目にせざるを得なかった環境、また生家の自由な雰囲気、進取の気性に富んだ姉――鑓田貞子――の影響があったこと、当時としては高等教育である同志社女専の英文科に進んだことなどが、その前提になっている。ここで意識改革の直接的な動機が問題である。

彼女の心に社会改革の炎が点火したのは、同志社女専に入学した一九二八年である。それは哲学の時間に講師、戸坂潤から唯一度、聴いた次の言葉である。「哲学者は社会をいろいろと解釈する。だが問題の要は社会を変革することだ」。この言葉はマルクスから戸坂が引用したと思われるが、若い彼女の心を強く揺り動かした。この時代、日本は後発資本主義からアジアの帝国主義国家にまで急成長をとげてきたが、大正デモクラシーへの移行につれて、国内では階級闘争が激しく燃え上がっていた。

階級闘争の活動家といえば共産主義者、無政府主義者、右翼国家主義者の言動が目立っていたが、それだけではなかった。資本主義社会に代わる社会主義の創造をめぐって、ソ連・国際共産主義路線に批判的なキリスト教社会主義の思想家のなかから、新しい行動グループが台頭してきた。その一つの流れは、彼女が師と仰ぐ憲法学者で熱心なキリスト教徒であった中島重らが一九二七年に設立した「同志社労働者ミッション」であった。「労働者ミッション」の設立趣旨を見ると、労働者階級を中心とする社会変革を主張する点で、左翼社会主義者の主張とほとんど変わらない。違うのは、唯物論的社会主義にかわって労働大衆にイエスの福音を伝導し、「神の国」を実現するという点である。「労働者ミッション」のキリスト教観によれば、「イエスの宗教は単なる個人の救いの宗教ではない。自我完成への瞑想宗教ではない。それはあくまでも実践的な、倫理的社会的なる宗教である。社会生活のうちに神を生かし、吾等全体が神にまで達せんとする宗教である。それは神の国運動である」（同志社労働者ミッション設立宣言書による）。この運動はおそらくバルトの思想の影響をうけた「社会的キリスト教」に連携するもので、ＹＭＣＡなどの学生のなかに多くの支持者を獲得した。「労働者ミッション」はその後、「あらゆる分野におけるプロレタリア解放運動に参加し、全プロレタリア階級と共に、帝国主義戦争その他一切のブルジョア的反動に対して最も果敢なる闘争をなさんことを期す」（一九三二年ＳＣＭ支部責任者会議「宣言」、渡辺達也著『あしあと』二五頁）という趣旨の「社会的キリスト教」の運動に移行した。これらの一連のキリスト教社会運動から多くの逸材が出た。たとえば社会運動家の杉山元慈郎、大阪の水上生活者のセツルメントから発展した水上隣保館（大阪府三島郡島本町山崎にある）の中村遙などである。また江東消費組合の活動家で賀川系の四羽烏と言われた駒井四郎、渡辺達也、里見寛、野村かつ子も、「労働ミッション」の運動に共鳴するグループの出身である。

野村かつ子は「社会的キリスト教」の思想に共鳴したけれどもは、運動には深入りしなかった。彼女の社会運動の活動の仕方を見ていると、不確実性の時代のなかで、観念ではなく、実存する確かなものを手探りによって、探し当てたいという意志が働いている。人間の実在を確かめ得る唯一のものは、自分が呼吸し、労働をする人間であるということである。そして生きている存在であることは、消費者であるという疑いのない事実である。

この実存主義的人間観をより強固なものにしたのは、三池闘争で炭坑の町に入った時からである。「労働者ミッション」、「社会的キリスト教」は運動としてはインテリの運動であった。三池闘争を経て、彼女の人間観が一変した。人間的確かさを基準に人を視るようになった。彼女はしばしば木立義道のような学歴がなくても、地道な運動のなかで見識と指導力を身につけた人間を高く評価するようになった。それは「脱インテリ」への蟬脱《せんだつ》というべきものである。しかしそれはインテリが単純な労働者になり変わることを意味するのではなく、労働の現場感覚を共有できる新しい知識人となることであった。

4 「神の国」と「地の国」の巡礼としての消費者運動

野村かつ子の人間観が変化した動機は、たしかに三池の炭坑労働者の主婦たちのたくましい生活力をみたことによるが、心情の変化をその一点に結論づけるとすれば、それはいささか早計であろう。それ以前から徐々に培われてきた彼女の心象風景を、時代状況に即して考えてみたい。

カール・バルトは一九三四年、ヒットラー総統にたいする公務員の忠誠宣誓を拒否して、ボン大学を追放された。第二次大戦が始まると、バルトはスイス政府の敗北主義に抗議し、レジスタンス（抵抗運動）に武器をもって参加した。レジスタンスはファシストの暴力支配に屈従しない人間たちが、将来に一縷《いちる》の希望を託して挑戦する抵抗闘争である。それはまさしく実存主義的極限状況での決断である。

サルトルはこの実存的状況を短編小説『壁』（一九三七年）で、文学的に表現した。スペインの内戦で人民戦線に参加した若者がフランコのファシスト党に捕えられる。拷問の末、壁の前に立たされ、順番に銃殺される日を待つ。今日がその日であり、夜明けとともに処刑の銃声がすでに鳴りはじめている。死の恐怖におののくうちに、ついに順番がきた。そのとき、居直った嘘の告白と真実の偶然が重なり、若者は思いがけなく釈放される。希望ともつかない虚妄の運命に、若者は笑いころげる。レジスタンスに参加したサルトル流実存主義の名作である。

ここで『壁』を持ち出したのはほかでもない。その小説が発表された一九三七年こそは、野村かつ子の七転び八起きの人生のスタートの年であり、彼女の生きた時代を彷彿《ほうふつ》させるからである。いまでは考えられないことであるが、「社会」という言葉を使うだけで、官憲に睨まれたのである。実際、彼女は一九三一年に女専を卒業したが、卒業直後、机をならべていた学友の二人が地下にもぐったことに、彼女は衝撃をうけたと述べている。彼女に社会意識をはじめて目覚めさせた戸坂潤は一九三八年に検挙され、四五年に獄死した。「社会的キリスト教」の同調者のなかに検挙され投獄された人もいた。

市場の自己調整能力を失い不確実性の時代をさまよう資本主義の経済構造は、一九三〇年代も七〇年代あるいはそれ以後の現在も基本的に変わっていない。しかし、三〇年代と七〇年代以降の二つの時代には、政治の上でファシズムと民主主義との違いがある。ファシズムの時代の銃をとるレジスタンスに替わって、体制にたいする不服従の意志を言論によって示すことができる。

「社会的キリスト教」の運動はファシズムに抵抗して「神の国」の実現を追求した。抵抗運動の戦場は現実社会、「地の国」であるべきであるが、「社会的キリスト教」は世俗での現実的な闘争方法を示すことができなかった。彼女は「地の国」に足場を置いて、「神の国」に一歩一歩接近する道を選んだ。本書はその足どりを丁寧に書き記した記録である。これについては「解説」で述べたから、これ以上繰り返す必要がないであろう。

第一章で著者が述べる「良心的兵役拒否」は、不確実性の現代においてレジスタンスを行なう一つの方法である。現代の巨大資本の支配体制維持のために恣意的に仕組まれた経済システムは、インフレ、失業、資源の浪費、環境の破壊、食生活の不安全、人間の生き甲斐の奪取、文化・モラルの崩壊など、かつてないほど生命を危険にさらす社会をつくりだしている。その最たる不安は地域紛争による武力衝突やテロ、また核戦争の準備である。現代資本主義の人間疎外たいするレジスタンスの一つの方法は「良心的兵役拒否」である。「良心的兵役拒否」は一九三〇〜四〇年代の暗い抵抗運動とは違い、兵役拒否のかわりに社会奉仕への参加など、新たな人間関係の形成などの積極面も提案されている。

第五章で著者が述べるのは、「良心的兵役拒否」と同じ趣旨で、しかも、だれでも日常的にその意志があれば参加できる消費者運動である。消費者運動は本質的に主体性なく買わされることに対する「購入拒否」の運動である。それは不公正な商品と資本を拒否する意志表示であり、人間を軽視する企業社会への抗議である。したがって野村かつ子の説く消費者運動は、「より良い物をより安く購入する」無自覚な経済主義の運動ではないのである。消費者運動は資本企業の倫理を問う運動であるから、多国籍企業の不公正にたいしては、北と南の諸国の人々が国際的に連携し、地球的規模でレジスタンスの戦線を張ることができることを説くのが本書の趣旨である。

前に述べたように、実存的に人間存在を確かめることのできるのは、思想やイデオロギーではなく、より確実に存在し生活する自己である。不確実性の時代に七転八倒しながら、消費者のこの実在的概念に到達したのは、野村かつ子であった。経済学の概念として「消費者」を発想した人は、ほかにもいるかもしれない。しかし、彼女の「消費者」とその運動の発見には、インテリの弱点を自ら破棄した独自の人生過程がある。彼女の「消費者」概念には非倫理的な多国籍企業への不服従を表明する地球市民の意味が込められている点で、まったく独自な概念となっている。

5 現代デモクラシーと知識人

野村かつ子は現実主義者である。しかし単純な現実主義者ではない。「労働者ミッション」、「社会的キリスト教」に共鳴した自分にたいしての自己否定を経たリアリストである。彼女のリアリズムは、バルト流、もっと遡るとヘーゲル流の弁証法的レアリズムである。テーゼ—反テーゼ—高度テーゼへ発展し、正—反—合の自己検証の過程を限りなく歩み続けるリアリズムである。

彼女は海外市民活動情報において、しばしばアメリカン・デモクラシーをとりあげている。これはアメリカを民主主義の天国と見ているわけではない。弁証法的なレアリズムの眼で分析しているのである。その例を示しておこう。その理解の前提として、アメリカ憲法の成立事情および修正第九、一〇条を見ると、アメリカの政策決定の複雑性がわかる。政策決定の権限は基本的にはピープル（人民）にあるが、現実には連邦政府が委任をうけた特定の権限については連邦政府に決定権があり、各州または人民が留保してる部分についてはピープルにあるという二層構造になっている。独占資本主義の時代に入ってからは前者の連邦政府の権限が大きくなった。現代では超国家企業の出現によって、既往の二層構造はさらに国際的構造に発展している。これにともなって、知識人のカテゴリーは国際的パワー・エリートと草の根デモクラシーの国際的知識人に二分化しつつあるのではなかろうか。

ここでわれわれに関心のあるのは、国際的パワー・エリートの対極にある草の根デモクラシーの知識人像である。本書の諸章を通じて、彼女は高く評価する人物と運動を紹介している。

たとえばその一つは、コモン・コーズの運動である。コモン・コーズは、政府機関は市民の直接参加によってのみ生命を保ち、責任を果たすことができるという思想のジョン・ガードナー(注4)が創立した市民組織である。その運動は制度・機構というものは必ず硬直化し衰退し、官僚的な鋳型にはまっていくという認識が基礎にあり、パワー・エリートのつくる制度の老朽化や腐敗を市民の目で監視している。

またラルフ・ネーダーが提唱して生まれた「公益事業を監視する市民の会」（CUB）の例がある。公益事業会社の料金値上げなどの経済問題にたいする反対運動は、国の制度のような明確な目標を設定することができないから、それとの闘いがより難しい。企業の採用している価格や技術などにたいする異議申し立てには、単なる反対運動では犬の遠吠えにおわるので、会社側の専門家と互角に渡り合える専門家が必要になる。

草の根民主主義が連邦政府の政策を変えさせるには、パワー・エリートの権力に立ち向かうことのできる有能で正義感のある人材が必要である。ポピュリスト(注5)の復活と言われたテキサス州の農務長官、ジム・ハイタワーの例がそうである。

さてもう一度、現代の草の根デモクラシーの知識人の特徴に立ち返ると、多国籍企業に立ち向かうために、知識と行動力と国際コミュニケーションのネットワークをもっていることである。WTOの驕慢《ごうまん》な決定の仕方を変えさせた二〇〇〇年のシアトル騒動がそれを証明している。野村かつ子にそのような現代知識人に共通した特徴を見るのである。

6 市民運動の可能性

雑誌などの筆者紹介欄などで、野村かつ子は消費者運動家と紹介される場合が多い。それも通俗的な意味での消費者活動家のニュアンスが濃厚である。しかしそれは間違いである。すでに考察してきたところで明らかのように、彼女は単なる消費者運動家であることを超え、グローバル化する世界のなかで、地球市民として超国家企業の体制に立ち向かう市民活動家となっているのである。その例が本書の「結び」となっている「市民が企業社会を変えていく」である。この最終章で真の市民とはなにかを問い、次のように述べている。

「真の市民とは自分が①有権者であり、②納税者であり、③労働者であり、④市場における消費者であり、⑤直接的にせよ間接的にせよ機関投資家であるという五つの側面を自覚している個人である」。そして世界の巨大なパワーとなった企業の不当な横暴を押さえるのは、こうした自覚的な市民の活動であると結論づけている。彼女においては、巨大企業が「地の国」に君臨している状況下では、消費者運動と市民運動は互いに交錯し、厳然と線を引くことができないのである。この意味で、「野村かつ子」とは何かと問うとすれば不確実性の時代が育てた市民運動の活動家であり、「地の国」から「神の国」を目指す現実主義的オルグであると答えよう。それはもう一人の明日のあなたなのである。

（二〇〇三年二月三日）

注

1 一八八六年、スイスのバーゼルの牧師の家に生まれた。ドイツのベルリン、マールブルグ、スイスのベルン大学などで哲学、神学を学んだ。一九〇九年、ジュネーブの労働者の多い地区のプロテスタント教会副牧師となった。それが機運となって、労働問題と宗教社会主義に関心をもち、一九二〇年代に人間と神に関する弁証法神学を編み出した。三〇年、ボン大学教授となり、カソリックや実存主義哲学とも対話し、また戦時中は反ナチ運動、戦後は反核、反ベトナム戦争の運動を行なった。かれの宗教実践は、著作や講演をつうじて宗教界と一般社会に大きい影響を与えた。

2 神戸造船所の鋳物工出身。賀川豊彦の影響で神戸購買組合（のち灘神戸生協）の設立運動に加わり、その後、江東消費組合の専務となる。戦後、賀川らと日本協同組合同盟を創立した。

3 イルガ財団は、韓国農村の荒れ地の開拓に生涯を傾けたキム・ヨンギ博士が提唱した福民主義を記念して一九八九年に設立された財団である。その基金は福民主義に賛同する一般市民からの募金によっている。福民主義とは、貧困と無知に打ち克つ開拓者精神を鼓舞する主義である。イルガ（一家）とは「一つの家」のこと。イルガ賞は、イルガの開拓者精神を賞賛するだけではなく、他の人々を助けることに貢献してきた知られざる功労者に対して与えられる賞である。

4 第四章の二、注1を見よ（一四五頁）。

5 一八九一年、シンシナティで結成された農民と工業労働者の政党で、「人民党」と訳されている。その前身は農民共済組合と農民同盟の代表組織であった。銀貨の鋳造権、鉄道と銀行の国営化、所得税の累進制、開拓民への公有地払い下げを要求した。選挙では民主党と人民党が同一候補を支持した。

あとがき

戦後、生協運動、市川房枝らとの婦人運動、総評での労働運動、ラルフ・ネーダーとの出会いによる米国型市民運動の日本への導入試みなど多様な行動に一貫して流れるものは、国内外のマイノリティの権利擁護に自分がどれだけ己を空しくして徹し切れるかの自己検察であり、若き日のピューリタニズムである。

私が「若い日の私」を回顧した短いエッセーの末尾にこう書いたのは、一九八七年の『毎日新聞』の紙上であった。本書に収録した評論集は、この回顧文の年を挟んだ、総評時代の一九七〇年から海外市民活動情報センターでの活動に幕引きした年の一九九八年までに発表したものから選んだもので、そのすべてが私の歩みの道しるべである。その間に、本書に見る内外の人々のほか、書ききれないほどの実に多くの人々の知遇をえたことに厚く感謝している。

本書がこれからますます国際化する消費者・市民運動において、次の日本を背負う人々のために何らかの参考になれば、まことに幸せである。また運動の歴史を研究する上で、事実を正確に判断する手がかりになることを期待している。

最後に私の個人的なことで恐縮であるが、私は一九八五年に自然のなかでのシンプルライフを求めて、東京から八ヶ岳高原の山梨県長坂町に居を移した。そこで一九九四年から「田舎の学校」の人々との交流を三年あまり楽しんだ。しかし海外市民活動情報センターの仕事や東京での社会活動を行っていたので、山梨県と東京の間を金帰火来する生活が続いた。その間にも環境問題、WTO問題など、地球的規模で市民活動を広げる必要のある事態が進行してきたので、一九九一年に生活の重心を東京の世田谷区にあるもとの鑓田研一宅に移した。

鑓田研一（本名　徳座研二）（一八八二～一九六九）は私の姉、貞子の夫である。トルストイに親しんだ文芸評論家で賀川豊彦の協力者である。農民文学運動の推進者であり、ハワイの砂糖キビ労働者として出稼ぎする日本農民の家族を題材とした小説「ハワイの空」（一九五一年。家の光協会『土とふるさとの文学全集第一巻』に収録）がある。

ここが私の活動の本拠であって、多くの仕事をしてきたが、九〇歳を過ぎても身体は丈夫である。健康の秘訣は毎日朝晩、家の近くを一時間歩いていることである。ただこの一、二年は、ものを書く体力の衰えを感じるようになった。今回の評論集は、友人の石見　尚氏、緑風出版社代表の高須次郎氏、編集の同ますみさん、斎藤あかねさんの御助力のおかげで完成したものであることを付記し、改めてお礼の言葉としたい。

二〇〇三年三月三一日

野村かつ子

初出一覧

第一章　良心的兵役拒否
一　もう一つの平和への道　　公労協『生きる権利』一九八二年三月号
二　欧州〝反核パワー〟の源泉　　右同　一九八一年十一／十二月号
三　コンピューターで戦争ごっこ　　公労協『斗う権利』一九八五年六月号
四　日本はどうなっている　　公労協『生きる権利』一九八三年十一月号
第二章　多国籍企業と南北問題
一　ネーダーの多国籍企業論　　『エコノミスト』一九七三年十一月二十七日号
二　第三世界からの楔　　国民生活センター『今の暮らしのいきつく果ては？』一九八二年一月
三　「菊と刀」――日本資本の進出にみる　　『朝日ジャーナル』一九七四年六月二十一日号
四　日本の経済・技術援助は何をもたらしたか　　公労協『生きる権利』一九八四年一月号
第三章　私の半生
一　私を育てた総評と三池のヤマ　　市民セクター政策機構『社会運動』一九九七年六月十五日号
二　主婦会活動の歴史と展望　　月刊『労働組合』一九七〇年四月号
三　「わが社」と「わが家」の間　　月刊『エコノミスト』一九七一年十一月号
第四章　アメリカの市民デモクラシー
一　アメリカの「公益事業を監視する市民の会」の活動に注目する

二　市民の利益を守るコモン・コーズ　公労協『斗う権利』一九八五年四月号
三　食品安全基準の〝国際整合化〟をめぐるジム・ハイタワーの闘い　US大使館『TRENDS』一九八〇年二月
四　アメリカ議会図書館騒動記　『社会運動』一九九〇年九月十五日号
五　八九年恐慌はどうすれば防げるか　『エコノミスト』一九八六年十二月十六日号
六　ネーダリアンはいま米国を変えている　『エコノミスト』一九八八年十月十八日号
七　九〇年代、環境主義に進むアメリカの市民たち　『軍縮』一九八九年十一月号
同右　一九九〇年七月号

第五章　消費者運動とはなにか
一　消費者運動は「浪費をつくる経済」に挑戦する　月刊『エコノミスト』一九七四年二月号
二　個々の珠玉をつなぐ糸を紡ぎ出そう　『朝日ジャーナル』一九八三年四月一日号
三　ネッスル・ボイコット運動の教訓　公労協『斗う権利』一九八五年二月号
四　日本の消費者運動と国際連帯　IOCU日本国際セミナー歓迎委員会『健康・安全と消費者』一九八三年四月
五　地球的規模で考え地域で行動を　『エコノミスト』一九九〇年十月三十日号
六　アメリカにおける消費者運動の歩み　『消費者問題調査季報』一九八二年十二月号
七　新たな企業哲学求める米国の消費者運動　『エコノミスト』一九九〇年八月七日号
八　地球の日（アース・デー）とは　『社会運動』一九九〇年一月十五日号
結びに代えて　市民が企業社会を変えていく　『世界』一九九八年九月号

[著者略歴]

野村　かつ子（のむら　かつこ）

1910年、京都・西陣に生まれる。同志社女子専門学校英文科卒。卒業後しばらく間をおき同志社大学文学部に入学、社会事業と倫理学を専攻。同志社「労働者ミッション」に参加。1944年、江東消費組合に入る。戦後すぐに日本協同組合同盟（現・日生協）に参加。主婦連合会創設に参画。1951年、婦人職業協会を設立。1955年日中友好協会常任委員。1959年から総評主婦の会で活動、日本婦人会議常任委員も務める。1971年、ラルフ・ネーダーを招聘。以後、日本消費者連盟の活動に全力投球、国際消費者機構（IOCU）との交流に尽力。75年、海外市民活動情報センターを設立。現在、生活クラブ生協東京顧問、IOCU名誉顧問。著書、訳書多数。1990年市川房枝基金援助賞、1991年東京弁護士会「人権賞」、1993年韓国の「イルガ記念賞」受賞。

[編者略歴]

石見　尚（いわみ　たかし）

1925年生まれ。東大農業経済卒。全国指導農協連、国会図書館調査局課長、《財》農村開発委員会常務理事を経て、日本ルネッサン研究所の創立に参加。現在その代表。

協同組合研究家、農村開発プランナー。元東工大講師（非常勤）、農学博士。TOES（もうひとつの経済サミット）の1993年、2000年のオルガナイザー。著書に『日本型田園都市』、『農系からの発想』、『第四世代の協同組合論』ほか多数の著書、訳書がある。現在「循環共生社会システム研究所」理事。その理論と手法によって、インド・西ベンガル州の最貧層の村で食と仕事づくり、衛生のためのモデル的農村開発を手がけている。

わたしの消費者運動《しようひしやうんどう》
野村かつ子評論集

2003年5月25日　初版第1刷発行　　定価2800円＋税

著　者　野村かつ子
編　者　石見　尚
発行者　高須次郎
発行所　緑風出版
〒113-0033　東京都文京区本郷2-17-5　ツイン壱岐坂
［電話］03-3812-9420　［FAX］03-3812-7262
［E-mail］info@ryokufu.com
［郵便振替］00100-9-30776
［URL］http://www.ryokufu.com/

装　幀　堀内朝彦
写　植　R 企 画
印　刷　モリモト印刷　巣鴨美術印刷
製　本　トキワ製本所
用　紙　大宝紙業　　E1500
　ISBN4-8461-0306-4　C0036